Auf Gott zugehen

Josef Raischl
André Cirino

Auf Gott zugehen

Exerzitien im Geist des Franz von Assisi

Ein Arbeitsbuch

Claudius Verlag

Abkürzungen

Für die Zitate aus der Heiligen Schrift verwenden wir die Einheitsübersetzung, die vom Katholischen Bibelwerk und der Deutschen Bibelgesellschaft gemeinsam herausgegeben wird. Ebenso entnehmen wir dieser Ausgabe die gebräuchlichen Abkürzungen für die biblischen Bücher.

- FrQuSchr: Franziskanische Quellenschriften, Werl/Westf. 1953 ff.
  Band I: *Die Schriften des heiligen Franziskus von Assisi*, [7]1982
  Band II: *Leben und Schriften der heiligen Klara von Assisi*, [6]1988
  Band IV: *Leben des Evangeliums. Ausgewählte Texte aus den Predigten des Heiligen Antonius von Padua*, 1954
  Band V: Thomas von Celano, *Leben und Wunder des heiligen Franziskus von Assisi*, [3]1980
  1 Celano: Erste Lebensbeschreibung (1228–1229)
  2 Celano: Zweite Lebensbeschreibung (1246–1247)
  Band VII: *Franziskus, Engel des sechsten Siegels. Sein Leben nach den Schriften des heiligen Bonaventura*, 1962
- EG: Evangelisches Gesangbuch. Ausgabe für die Evangelisch-Lutherischen Kirchen in Bayern und Thüringen
- GL: Gotteslob. Katholisches Gebet- und Gesangbuch
- U: Unterwegs. Lieder und Gebete

Die Deutsche Bibliothek – CIP-Einheitsaufnahme

Raischl, Josef:
Auf Gott zugehen : Exerzitien im Geist des Franz von Assissi ;
ein Arbeitsbuch / Josef Raischl ; André Cirino. – München :
Claudius-Verl., 1999
ISBN 3-532-62240-8

Umschlaggestaltung: Werner Richter
Satz: Stahringer, Ebsdorfergrund
Druck: Format Druck, Rosenheim

ISBN 3-532-62240-8

*Für Elizabeth Enoch,
frühere Äbtissin der Klarissen
in New York City,
deren liebevolles Interesse
uns zuerst auf diesen Weg
geführt hat.*

*Für die Franziskanerin
Elaine Bane,
die meinen Weg
weiter begleitet.
(André Cirino)*

*Meiner Frau Bernadette Raischl
und unseren drei Kindern
Jona, Elia und Chiara.
(Josef Raischl)*

Inhalt

Vorwort 9

Das Leben des Heiligen Bonaventura 13

Leitfaden zum Gebrauch dieses Buches 19

Gedankenimpulse und Übungen für jeden Tag 21

Erste Woche	Sehnst du dich nach Frieden?	23
Sonntag	Atemlos	23
Montag	Spieglein, Spieglein …	27
Dienstag	Ich sehne mich nach …	31
Mittwoch	Ich habe in deine Augen gesehen	36
Donnerstag	Francesco Bernardone – Ein Aufbruch	41
Freitag	Clara d'Offreduccio – Führerin der Frauen	46
Samstag	Der ganze Weg	52
Zweite Woche	Von außen nach innen	59
Sonntag	Kontemplation oder was wir von den Wiederkäuern lernen können	59
Montag	Durch die Blume	63
Dienstag	In vollen Zügen genießen	67
Mittwoch	Von den Widersprüchen des Lebens	72
Donnerstag	Gelebte Sexualität	77
Freitag	Von der Sakramentalität der Schöpfung	80
Samstag	Vom Wandern und seinem Ziel	84
Dritte Woche	Ganz Mensch sein	89
Sonntag	Die Ewige Kunst	89
Montag	Vergiß mein nicht	93
Dienstag	Logisch, was sonst!	98
Mittwoch	Ich tue das, was ich will!	102
Donnerstag	Psychische Gesundheit oder was wir vom Dreifaltigen Gott lernen können	106

Freitag	Immer brav gehorsam sein!?	110
Samstag	Mehr als alles	115
Vierte Woche	Wo der Geist des Herrn lebt ...	121
Sonntag	Ihr seid der Tempel Gottes	121
Montag	Kernkraft Glaube	126
Dienstag	Was dich hält	131
Mittwoch	Vom alltäglichen Wunder der Liebe	135
Donnerstag	Die Heiligkeit innerer Ordnung	139
Freitag	Das lebendige Wort	144
Samstag	Die Perspektive der Anbetung	149
Fünfte Woche	Vom Sein und vom Guten	155
Sonntag	Von der Phantasie der Bäume	155
Montag	Die Kunst der Philosophie	158
Dienstag	Eines wie das andere	162
Mittwoch	Vom Brunnen, der überfließt	166
Donnerstag	Vom Grundsatz der Enteignung	170
Freitag	Von der Kunst gemeinsamen Lebens	175
Samstag	Alles dreht sich um ...	179
Sechste Woche	Eintauchen in Gottes lichtes Dunkel	185
Sonntag	Superhelle Dunkelheit	185
Montag	Alles und Nichts	190
Dienstag	Die Angst vor dem Lassen	195
Mittwoch	Kraft und Ohnmacht der Hingabe	199
Donnerstag	Die brennende Liebe des Gekreuzigten	204

Bausteine für die Begegnung und Erfahrung in Gruppen . 209

Des Menschen Wanderweg in Gott hinein 229

Vorwort

Franz und Klara von Assisi schufen Anfang des 13. Jahrhunderts zusammen mit ihren Gefährtinnen und Gefährten eine neue Art, innerhalb der Kirche »religiös« zu leben. Ihre »Bewegung« bewegte viele. Ihre lebendige Erfahrung steckte an und veränderte die religiös-kirchliche und soziale Landschaft der damaligen Zeit. Bis heute berührt die franziskanische Bewegung Hunderttausende von Menschen rund um die Welt.

Am Übergang zu einem neuen Jahrtausend ist die Frage nach den geistig-spirituellen Säulen und Wurzeln unserer Zeit, unserer Gesellschaften nicht nur eine Frage am Rande. Vielleicht ist es sogar eine Frage des Überlebens für das dritte nachchristliche Jahrtausend.

Natürlich fand diese urfranziskanische Gottes- und Welterfahrung und -deutung im Laufe der Jahre stets neue Ausdrucksformen. Der Orden der Minderen Brüder des heiliggesprochenen Franz von Assisi findet bereits 30 Jahre nach seinem Tod seinen sogenannten zweiten Gründer, nämlich Giovanni da Fidanza, einen Arztsohn und Pariser Gelehrten, der sich im Orden Bonaventura nennt.

Bonaventura hat das *Itinerarium Mentis In Deum (Des Menschen Wanderweg in Gott hinein)* 1259 auf einem Berg in der Toskana, auf La Verna, geschrieben. Er wollte der Spiritualität, dem Lebensgeist des Heiligen Franz einen neuen Ausdruck verleihen. Die gesamte franziskanische Bewegung befand sich mitten in einer Zerreißprobe, zwischen der »Treue« zum Ideal und der Anpassung an neue Gegebenheiten und Herausforderungen. In dieser Umbruchszeit – und wir erleben heute durchaus ähnliche Prozesse – brauchte es neue Programme und Visionen.

Im letzten Jahrzehnt des 20. Jahrhunderts, über 700 Jahre nach Entstehen des *Itinerarium Mentis In Deum,* möchten wir eine Übertragung dieser Schrift in die Lebens- und Erfahrungswelt des heutigen Menschen versuchen.

Es war im Winter 1987/88, als wir – André Cirino, Franziskaner aus New York, und Josef Raischl, Mitglied der Franziskanischen Gemeinschaft aus München – uns zum erstenmal begegneten. André erwähnte auf einem der vielen gemeinsamen Spaziergänge nahe San Giovanni in Laterano das *Itinerarium* und träumte von seiner eventuellen Umsetzung in franziskanische Exerzitien. Zunächst hörte es sich nach einer völlig verrückten Idee an. Das *Itinerarium* hat noch selten jemand spirituell fasziniert. Nach den ersten Seiten der Lektüre wird es von den meisten wegen seiner philosophisch-theologischen Sprache wieder beiseite gelegt.

Doch aus dem Traum wurde ein gemeinsamer Weg, ein Projekt, das im Frühjahr und Sommer 1988 schließlich konkrete Züge annahm. Stück für Stück trugen wir unsere Ideen zusammen, nachdem wir uns mehrere Male mühsam durch den Text gearbeitet hatten. Es sollte sich lohnen. Wir hatten immer wieder Aha-Erlebnisse.

Besonderen Dank schulden wir den *Poor Clares* (Klarissen) aus den Bronx/New York, insbesondere ihrer damaligen Äbtissin Sr. Elizabeth Enoch OSC, die uns die erste Gelegenheit gegeben haben, diese *franciscan retreat experience* mit einer Gruppe zu probieren. In der gemeinsamen Auseinandersetzung haben wir viele neue Anregungen bekommen.

Als Frucht einer über 10jährigen Arbeit mit diesem Meisterwerk christlicher Spiritualität legen wir Ihnen dieses Buch vor, das sich in folgende Teile gliedert:

- *Bonaventura erzählt uns selbst seinen Lebensweg* und macht uns so den zeitgeschichtlichen und biographischen Hintergrund dieser Schrift deutlicher.
- *Hinweise zum Gebrauch des Buches* sollen für die praktische Umsetzung den Boden bereiten.
- Die *Gedankenimpulse und praktische Übungen (»Exerzitien«)* für jeden Tag, die die Kernaussagen des ursprünglichen Textes verdeutlichen sollen, stehen schließlich im Mittelpunkt. Am Anfang wird jeweils eine *Auswahl des Urtextes* geboten, die sich auf wesentliche Inhalte konzentriert. Wer den Text ausführlich lesen möchte, kann dies im Anhang gerne tun.
  Unsere Vorschläge sind für eine 40tägige Bußzeit geeignet, zum Beispiel für die vorösterliche Fastenzeit. Wir beginnen die erste Woche mit dem Sonntag und enden mit einem Donnerstag, weil wir an einen Beginn am ersten Fastensonntag und den Abschluß am Gründonnerstag gedacht haben.
  Dabei konzentrieren wir uns natürlich auf den roten Faden und erheben in keiner Weise den Anspruch, den Text in wissenschaftlicher Gründlichkeit bis in seine Details zu interpretieren. Viele Fragen werden offen bleiben.
- Praktische Übungen, *»geistliche Exerzitien«*, die für jeden Tag vorgesehen sind, sollen dazu beitragen, das Gelesene im eigenen Leben zu aktualisieren. Nicht die Vergangenheit ist das Entscheidende, sondern das, was im Geist des lebendigen Gottes im Herzen und Verhalten des gegenwärtigen Menschen und seines Umfeldes daraus wächst!

- Im Anschluß an die 40 Tagesreflexionen werden *Bausteine für ein wöchentliches Gruppentreffen* vorgestellt. Wenn Sie diese Übungen gemeinsam in einer kleinen Gruppe machen wollen, eignen sich regelmäßige Treffen zum Austausch der Erfahrungen, beispielsweise wöchentlich an einem Abend.
  Entscheidend für eine fruchtbare Erfahrung ist, unsere Vorschläge Ihren persönlichen Gegebenheiten und denen einer Gruppe anzupassen.
- Im Anhang ist der Gesamttext des *Itinerarium Mentis In Deum* in einer sehr freien *Übertragung in unsere Zeit* und die Welt des heutigen Menschen abgedruckt. Das Ziel der Textparaphrase ist weniger wissenschaftlicher als existentiell-spiritueller Fortschritt. Diese einmalige Weisheitsquelle, die so lange der großen Mehrheit der (franziskanischen) Welt verschlossen geblieben ist, soll gerade aus den Studienzimmern von Professoren und Studenten hinausgetragen werden.

Wir gebrauchen bei den *Gedankenimpulsen und praktischen Übungen* die persönliche Anrede »Du«, weil wir Sie als Leser unmittelbar und direkt ansprechen möchten. Exerziten sind etwas »Höchstpersönliches«! Wir verwenden um der besseren Lesbarkeit willen im Text einmal die weibliche und einmal die männliche Form, also nicht immer beide Formen.

Wir wünschen Ihnen und uns, daß die Begegnung mit Franz und Klara von Assisi und ihrem meisterhaften Interpreten, Bonaventura, die über Jahrhunderte Millionen von Menschen in ihren Bann gezogen haben, auch unser aller Leben lebendiger, bewegter und sinnvoller werden lasse!

München/New York, am Fest des hl. Bonaventura, 14. Juli 1999
André Cirino und Josef Raischl

Das Leben des Heiligen Bonaventura

Giovanni da Fidanza alias Bonaventura da Bagnoregio erzählt seine Geschichte

»Ich bin im Jahr 1217 in Bagnoregio, einer Kleinstadt in Mittelitalien, etwa 100 km nördlich von Rom, geboren. Mein Vater, Giovanni di Fidanza, war Arzt von Beruf. Der Mädchenname meiner Mutter war Maria di Ritello. Als sie mich tauften, nannten sie mich nach meinem Vater, Giovanni.

Als ich geboren wurde, war das vierte Laterankonzil eben erst abgeschlossen worden. Die franziskanische Bewegung hatte gerade einen Höhepunkt ihrer frühen Entwicklung erreicht. Viele folgten Franz und Klara auf ihrem Weg. Die Minderbrüder hatten sich auch in meiner Heimatstadt niedergelassen. Meine erste Ausbildung erhielt ich von ihnen.

Als ich ein kleiner Junge war, etwa 11 Jahre alt, – daran kann ich mich noch sehr gut erinnern – wurde ich todkrank. Auf die Fürbitte des Heiligen Franz hin wurde ich wieder völlig gesund. Ich glaube, Gott hat durch Franziskus mein Leben gerettet. In seiner Person habe ich die Kraft Gottes erfahren.

Das Leben in Bagnoregio genoß ich in vollen Zügen. Ich hatte viele Freunde und war äußerst zufrieden. Doch mein Vater hatte bereits Pläne mit mir. Als ich 17 Jahre alt wurde (1234), immatrikulierte er mich an der Universität von Paris. Obwohl weit ab von meiner geliebten Heimat, gewöhnte ich mich doch schnell an das Leben in Paris. Das Studium konfrontierte mich mit vielen neuen Ideen, Theorien und Fragen. Ich hatte auch einige sehr gute Dozenten. Am liebsten allerdings war mir Alexander von Hales, ein Erzdiakon aus Coventry.

Während meines zweiten akademischen Jahres (1236) schloß sich dieser gefeierte angelsächsische Professor dem Orden der Minderbrüder an. Dieser Schritt erschütterte nicht nur mich, sondern die gesamte akademische Gemeinschaft. Außerdem etablierte sich dadurch offiziell die franziskanische Schule an der Universität von Paris. Ich konnte damals noch nicht ermessen, was das für mich bedeuten sollte.

Alexander setzte seine Vorlesungen fort. Ich fühlte mich mehr und mehr von dem armen Mann aus Assisi angesprochen, so daß ich mich im Alter von 26 Jahren (1243) entschloß, der Brudergemeinschaft beizutreten.

1245, kurz nach meinem Noviziat, starb mein Lehrer und Vorbild Alexander von Hales. Ich setzte meine Studien fort und schloß 1248 das Lizenziat für den Bereich der Heiligen Schrift ab. Anschließend hielt ich zwei Jahre lang Vorlesungen darüber. Von 1250 bis 1252 besprach ich den Sentenzenkommentar des Petrus Lombardus und schrieb einen Kommentar dazu. 1253 oder 1254 – ich kann mich nicht mehr genau erinnern – wurde ich schließlich Doktor der Theologie. Als solcher wurde ich auf die Dozentenstelle berufen, die vor mir mein Mitbruder Alexander von Hales ausgefüllt hatte.

Mit Begeisterung schrieb, forschte und dozierte ich. 1256 wurde ich in eine große Kontroverse hineingezogen, die sich an der Universität von Paris entzündet hatte. Die neuen Bettelorden – auch der unsere – wurden heftig angegriffen. So griff ich selber zur Feder und schrieb eine große Verteidigungsschrift. Als Thomas von Aquin und ich schließlich als Dekane der Universität akzeptiert wurden, zählte für uns weniger der Titel als die volle Anerkennung der Bettelorden. Ja, das waren schon aufregende Zeiten! Ich hatte auch sehr interessante Studenten, wie beispielsweise Petrus Olivi, der später die Spiritualen anführen sollte, Johannes Peckam, den späteren Erzbischof von Canterbury und Ramon Lull, den Missionar und Märtyrer.

Neuigkeiten verbreiteten sich schon zur damaligen Zeit relativ schnell. In Paris hörten wir von Spannungen innerhalb unseres Ordens. Die einen wollten Franzens Ideale absoluter Einfachheit verwirklichen, die anderen favorisierten eine zunehmende Anpassung des Ordens an die veränderten Bedingungen. Die Nachrichten wurden noch schlechter: einige Brüder bedienten sich der Lehren Joachims von Fiore, eines kalabrischen Zisterzienserabtes des 12. Jahrhunderts, der für die Zukunft eine Kirche des Geistes im Gegensatz zur konkret verfaßten und hierarchisch gegliederten Kirche Jesu Christi verkündete.

Gerüchte begannen sich zu verdichten, unser Generalminister selbst, Johannes von Parma, stünde dem Joachimismus nahe. Kurz nachdem uns diese Nachrichten erreicht hatten, brach mein bisheriges, d.h. akademisches Leben zusammen.

Papst Alexander IV. hatte 1257 Johannes von Parma insgeheim zum Rücktritt aufgefordert. Ich war sehr traurig, da ich Johannes ebenso wie die meisten Brüder sehr schätzte. Und dann erreichte uns eine andere Neuigkeit, eine Tatsache, nicht nur ein Gerücht. Als Johannes sein Amt zur Verfügung stellte, schlug er mich als seinen Nachfolger vor. Und tatsächlich: 31 Jahre nach Franzens Tod, am 2. Februar 1257, wurde ich zum siebten Generalminister der Minderbrüder gewählt. Ich war 40 Jahre alt. Ihr würdet heute sagen in *mid-life*. Für das, was auf mich zukam, war ich sicherlich nicht vorbereitet.

Ich packte es jedoch munter an. Ich setzte mich hin und schrieb einen Rundbrief an alle Provinzialminister. Schreiben war ja schließlich meine Stärke! Ich möchte Euch zunächst ein wenig über den Inhalt dieses Schreibens erzählen. Ich glaube nämlich, daß ich mich unter anderem mangels positiver Reaktion darauf nach La Verna zurückgezogen habe – in verzweifelter Suche nach Frieden. Da begann mein Wanderweg in Gott hinein.

Aber erst mal zum Inhalt des Briefes:

Ich stellte fest, die Glanzzeiten des Ordens seien vorüber. Die Brüder lebten nicht gemäß unserem Ideal. Dann nannte ich zehn Punkte, die die Praxis in den Gemeinschaften gezielt verändern sollten:

1. die vielfältigen Wege, Geld zu besitzen;
2. die Faulheit der Brüder;
3. ihr planloses Herumziehen;
4. ihr unverschämtes Betteln, wobei sich die Leute vor ihnen schon wie vor Räubern in acht nehmen;
5. ihre luxuriösen Gebäude;
6. ihre Überfreundlichkeit mit ganz bestimmten Leuten (ich unterstelle: den Reichen und Einflußreichen);
7. die unkluge Amtsvergabe;
8. das habgierige Streben nach Erbschaften;
9. die sehr häufigen Umzüge von einfachen Behausungen in komfortablere;
10. der generelle Luxus im Lebensstil.

Ich entschied mich, Italien, Frankreich, Deutschland und England zu visitieren. Jedoch hatte ich vorher noch die Sache mit meinem Vorgänger, Johannes von Parma, zu klären. Dieser war der Häresie des Joachimismus angeklagt worden. Wie ich schon sagte, mochte ich Johannes sehr gern. Die Brüder mochten ihn ebenso. Er war älter als ich, sehr gelehrt, demütig und fromm. Warum hatte er nur nicht aufgepaßt? Häresie war etwas sehr gefährliches. Dem Orden konnte kein größerer Schaden zugefügt werden, als wegen Häretiker in den eigenen Reihen angegriffen zu werden. Die Kritiker des Ordens hätten sich ins Fäustchen gelacht. Ich mußte also unbedingt etwas tun! Wie konnte ich nur mit einem so guten Mann umgehen? Sogar Kardinal Ottobono hatte sich eingeschaltet.

Plötzlich hatte ich eine gute Idee. Ich schickte Johannes nach Greccio, wo er den Rest seines Lebens in Ruhe und Frieden verbringen konnte. Es würde zwar wie Gefangenschaft aussehen, aber zumindest würde er am Leben bleiben, und die Brüder könnten sich um ihn annehmen.

Aber sicherlich hatte ich nicht mit folgenden Kommentaren einiger Brüder gerechnet. Angelo von Clareno beschrieb Johannes' Resignation und meine Wahl zum Generalminister als *Beginn der vierten Verfolgung*. Das war einfach nicht gerecht! Der verstand meine Beweggründe nicht! Aber das war nicht alles.

Ich mußte Paris öfters verlassen, um mein neues Amt auszuüben. Trotzdem schaffte ich es, einen beträchtlichen Teil des Jahres dort zu verbringen und meine Studien fortzusetzen. Ich wollte den Brüdern einfach zeigen, daß es möglich war, Theologe und Gelehrter zu sein und doch in Treue zu Franzens Idealen zu leben. Bruder Ägidius hat mich sehr verletzt, als er bemerkte:

Paris, Paris, warum zerstörst du den Orden des Heiligen Franz?

Seine Kritik wurde später von Bruder Jacopone von Todi aufgegriffen: *Mal vedemmo Parisci c'hane destrutto Ascisi. (Übles haben wir von den Pariser Leuten erfahren müssen, denn sie haben Assisi vernichtet!)*

War das denn wirklich wahr? Hat das Pariser Universitätsleben tatsächlich die ursprünglichen Anfänge des Ordens in Assisi zerstört?

Ich war mit meiner Arbeit an der Universität sehr zufrieden gewesen. Niemals hatte ich mich um den Posten des Generalministers beworben. Ich fühlte mich in meinen besten Jahren, voller Energie und Ideen. Dieses Amt des Generalministers aber ernüchterte mich und raubte mir jeden Eifer. Im Oktober 1259 fühlte ich mich deshalb sehr unwohl, verstört und *»verzweifelt auf der Suche nach innerem Frieden.«* So *»ging ich auf den Berg La Verna und sehnte mich danach, dort Ruhe und Frieden zu finden.«* Ich legte meine Überlegungen nieder, das *Itinerarium Mentis In Deum*, den Wanderweg des Menschen in Gott hinein.

Als ich von diesem herrlichen Berg wieder Abschied nahm, fühlte ich mich ausgeruht und gestärkt für all das, was im neuen Jahr (1260) auf mich zukommen sollte, nämlich die Hauptversammlung, das Generalkapitel des Ordens, das in Narbonne abgehalten wurde. Die Statuten der Gemeinschaft bedurften einer gänzlichen Überarbeitung. Diese Aufgabe erfüllten wir, indem wir neue Konstitutionen festlegten. Aber damit war es nicht getan: dasselbe Kapitel betraute mich mit der schwierigen Aufgabe, eine neue und offizielle Lebensbeschreibung des Heiligen Franz zu schreiben. Damit sollte alles zusammengefaßt und ersetzt werden, was bisher geschrieben worden war. Auf dem Generalkapitel 1266 in Paris schließlich ordneten die Kapitulare an, alle bisherigen Biographien des Ordensgründers zu vernichten. Sie wollten, daß *meine Legende die einzige wäre.*

Letztes Jahr (1265) – ich war gerade 48 geworden – wollte mich der Papst zum Erzbischof von York ernennen. Wegen meines Amtes im Orden lehnte ich jedoch ab.

Ich traf mich mit den Brüdern auf den Generalkapiteln in Pisa 1263, in Paris 1266, in Assisi 1269 und in Lyon 1272. Diese Versammlungen nahmen mich ganz in Beschlag. Besonders erinnere ich mich an das Kapitel in Pisa. Franz hatte immer gewollt, daß sich die Brüder um die *Armen Frauen* kümmerten. Klara stimmte diesem seinem *Letzten Willen*[1] zu und integrierte ihn in ihre Ordensregel von 1253. Die Brüder allerdings baten darum, von jeglicher Verantwortung gegenüber den *Armen Frauen* entbunden zu werden. Papst Urban IV. befürwortete diese Trennung nicht. Ende September 1263 schrieb ich an Bruder Lothar, um auszudrücken, für wie wichtig ich es hielte, daß die Brüder sich um die *Armen Frauen* kümmern sollten. Doch die neue Regel Papst Urbans IV., die am 18. Oktober 1263 für die *Armen Frauen* erlassen wurde, akzeptierte die Tatsache, daß die Brüder zu diesem Dienst nicht mehr bereit waren. Ich bedauerte die Trennung sehr, die sich schließlich ergab.

Eines Tages im Jahr 1273 – ich war gerade dabei, in der Küche einer unserer Niederlassungen das Geschirr abzuwaschen – erreichte uns die Nachricht, ich sei zum Kardinal ernannt und für den Herbst desselben Jahres an die päpstliche Kurie berufen worden. Im November 1273 wurde ich in Lyon zum Bischof von Albano geweiht.

Den ganzen Winter über blieb ich in Lyon, wo ich an den Sitzungen des Konzils von Lyon und dem Generalkapitel des Ordens, das ebenfalls im Mai 1274 dort tagte, teilnahm. Noch während des Kapitels trat ich von meinem Amt zurück, da ich schwer krank wurde. Und *Schwester Tod* begegnete mir dort in Lyon am 15. Juli 1274. Ich war 57 Jahre alt.

Vor meinem Tod fragte mich einmal einer meiner Brüder: Können nur gescheite Leute heilig werden? Ich meinte, die einfachste Frau auf der Straße könne viel heiliger sein als der gescheiteste Mensch. Da rannte der

1 Franz von Assisi, *Ultima voluntas scripta s. Klarae* oder *Das Vermächtnis für die heilige Klara*, in FrQuSchr I, S. 217. Dieses Schriftstück ist nur eines von drei testamentarischen Schriften des Heiligen, und zwar neben dem eigentlichen *Testament* und dem *Brief an die Gläubigen*.

Bruder voller Begeisterung zum Tor des Klosters und verkündete denen, die vorbeikamen: Bruder Bonaventura meint, daß Ihr heiliger seid als die gescheitesten Gelehrten!

Am 14. April 1482 hat mich die Kirche heiliggesprochen. Damit akzeptierte sie auch all das, was ich geschrieben hatte. Insbesondere bejahte sie damit auch eine franziskanische Theologie, die sie am 14. März 1588 nochmals bestätigte, indem sie mich zum *doctor seraphicus* ernannte.«

Leitfaden zum Gebrauch dieses Buches

Wir wünschen Ihnen den Willen und die Zeit, diese Gedanken nicht flüchtig zu überlesen, sondern – wie Bonaventura es sagt – sie langsam *durchzukauen,* auch und gerade wenn es manchmal zäh gehen sollte. Und bitte, beschäftigen Sie sich an einem Tag nur mit einem Abschnitt! Im Schnellverfahren läßt sich hier gar nichts »bekommen«.

Wir empfehlen einen Zeitrahmen von 2 mal 30 Minuten pro Tag. Überlegen Sie sich spätestens am Vorabend eines neuen Tages, wann, wo und wie Sie die Übungen machen möchten. Es kann hilfreich sein, einen Ort als Übungsort für die gesamte Zeit festzulegen. Der sollte natürlich möglichst ungestört sein. Sprechen Sie Ort und Zeit auch mit Ihren Mitbewohnern ab. Telefon und Hausglocke sollten in dieser Zeit keine Störquellen für Sie sein!

Wir schlagen folgenden Ablauf für den ersten Teil vor (30 Minuten):

1. Vorbereitungsphase (5 Minuten)
   - still werden
   - zur inneren Ruhe kommen
   - einige Ihnen vertraute Leibübungen können die innere Sammlung sehr fördern
2. Lesung der Textabschnitte aus dem *Itinerarium* und/oder der sonstigen Quellenschriften. Zu Beginn einer Woche raten wir Ihnen, jeweils das neue Kapitel im Originaltext ganz zu lesen.
3. Stille (mindestens 2 bis 3 Minuten)
4. Lesen Sie zum Thema des jeweiligen Tages die Gedankenimpulse
5. Stille Meditation (mindestens 10 Minuten)
6. Nehmen Sie sich 2 bis 3 Minuten zum Abschiednehmen aus der Übung Zeit. Körperliche Übungen oder Bewegungen können wiederum hilfreich sein, oder auch ein mehrmaliges, kräftiges Durchatmen und Ausschütteln aller Gliedmaßen.

Die zweiten 30 Minuten sollten Sie ganz für eine der beiden vorgeschlagenen Übungen zum Tag verwenden. Diese Übungen sind für das ganzheitliche »Begreifen« des Weges entscheidend. Der Ort sollte dabei der Übung entsprechend gewählt werden.

Wir empfehlen Ihnen vor dem Schlafengehen, den Tag kurz zu rekapitulieren, insbesondere auch die Übungen. Vielleicht möchten Sie sich einige Gedanken in Form eines Tagebuches festhalten.

Wenn Sie während der Exerzitien einen ganzen Tag zu Ihrer persönlichen Verfügung haben, kann folgender Zeitplan hilfreich sein:

7.30 Morgenbesinnung (Psalmengebet, Stille, Lied)
8.00 Frühstück und Zeit zum besinnlichen Lesen des Textes
Spaziergang
Durcharbeiten des Kommentars
Nach dem Mittagessen sollten Sie sich etwas hinlegen, schlafen oder sich bewegen. Eine oder mehrere Übungen können je nach Rhythmus eingebaut werden.
17.00 Eucharistie/Gottesdienst/Gebetszeit
20.00 Abendbesinnung (Psalmengebet, Stille, Lied)

Für Gruppen, die dieses Buch als Begleiter durch 40 Tage wählen, empfiehlt sich ein ähnlicher Rhythmus. Es ist keineswegs notwendig, alles gemeinsam zu machen. Als Minimum jedoch ist ein wöchentliches Treffen zum Austausch der Erfahrungen und Erörterung von auftauchenden Fragen sinnvoll.

Wenn eine Begleitperson die ganze Zeit über als Ansprechpartner zur Verfügung stehen kann, ist das natürlich sehr wertvoll.

Gewinnbringend kann die Bildung einiger Kleingruppen von etwa drei bis vier Teilnehmern sein, die sich ihrerseits einmal oder auch öfters pro Woche zu einem Erfahrungsaustausch oder einer gemeinsamen Übung treffen sollten.

Viele Varianten sind denkbar. Achten Sie bitte darauf, daß der Rhythmus, den Sie schließlich wählen, für Sie nicht zu einer Geißel wird! Wenn Sie kaum mehr nachkommen und von Besinnung zu Besinnung oder Austausch zu Austausch hetzen, hat das Ganze seinen Sinn verloren.

Gedankenimpulse und Übungen für jeden Tag

Erste Woche

Sehnst du dich nach Frieden?

Sonntag

Atemlos

Prolog 1 und 2

Hier beginnt unser Wanderweg in Gott hinein.
Zu Beginn besinnen wir uns auf den Anfang überhaupt,
aus dem alles hervorgegangen ist, den Ursprung allen Lichtes,
von dem uns alles Gute und jede vollkommene Gabe zufließt.
Wir rufen den ewigen Vater [und die ewige Mutter] an,
die Augen unseres Leibes und Geistes zu erleuchten
und unsere Schritte zu lenken auf den Weg des Friedens,
der unser Fassungsvermögen bei weitem übersteigt.

Ich meine den Frieden, den Jesus, der Herr, verkündet und selbst gebracht hat. Diesen Frieden hat unser Vater Franziskus überall gepredigt. Vor und nach jeder Ansprache ebenso wie in jedem Gruß wünschte er Frieden, in jeder Betrachtung seufzte er nach lebendigem Frieden. …

Ich wollte also Franz folgen und sehnte mich unendlich nach diesem Frieden. So führte mich Gott 33 Jahre nach dessen Tod, etwa Anfang Oktober 1259, auf den Berg La Verna. An dem ruhigen Ort wollte ich von ganzem Herzen inneren Frieden finden. Während ich über den Weg des Menschen zu Gott nachdachte, kam mir in den Sinn, was Franz hier erlebt hatte. Es war ihm ein Seraph mit Flügeln in der Gestalt des Gekreuzigten erschienen. Nach dieser Begegnung waren an seinem Leib die Wundmale Jesu Christi sichtbar. Ich begriff, daß darin sein tiefes inneres Verlangen leiblichen Ausdruck fand; und der Weg, wie wir dorthin gelangen können, wurde mir deutlich.

Josef: Als Mitarbeiter eines häuslichen Hospizteams begegne ich häufig Menschen, die an einer nicht heilbaren und akut fortschreitenden Krankheit leiden. Manche von ihnen gehen unweigerlich dem Erstickungstod entgegen und sind über Wochen und Monate furchtbarer Atemnot ausgeliefert. Ein 75jähriger Mann mit einem Lungentumor hielt mir eine Liste hin. »Ich habe die letzten Nächte genau Buch geführt. Kaum war ich zehn Minuten gelegen, bekam ich wieder einen schrecklichen Hustenanfall. Ich mußte aufstehen und warten, bis ich wieder zu Atem kam. Nach etwa 15 Minuten konnte ich mich wieder hinlegen. So ging es die ganze Nacht. Ich bin nervlich am Ende.« Eine erschütternde Dokumentation, Minute für Minute!

Atemnot löst Ängste aus, Todesängste. Und Ängste lösen wiederum Atemlosigkeit aus. Es ist ein Teufelskreis. Und diese üble Spirale ist kein vereinzeltes Problem Schwerkranker. Unser Wirtschafts- und Sozialleben treibt immer mehr in atemloser Hetze dahin. Zeit, so scheint es, können wir nur mehr als Verzögerung, als Wartezeit, als Bedrohung erleben. Wir hetzen ihr hinterher, scheinen nie auf gleiche Höhe zu kommen, müssen sie totschlagen oder vertreiben. Am liebsten würden wir sie wohl abschaffen – oder sammeln. Ein junger Mann, gerade 27 Jahre alt, lag im Sterben. Der Hirntumor hatte ihm das Bewußtsein weitgehend genommen. Die Lebensgefährtin, die ihn bis zuletzt treu begleitete, deutete auf seine Sammlung mit *Swatch*-Uhren und meinte traurig: »Er wollte die Zeit sammeln! Jetzt bleibt uns keine mehr!« Wer seine Zeit, seinen Atem nicht findet, findet auch keinen Frieden. Angst und Hast treiben Menschen in die Verzweiflung oder in die Hände der Versicherungen, die überall Garantien anbieten.

Ein anderes Phänomen unserer Zeit ist das sogenannte »*burn-out*«. Wir bezeichnen damit ein Ausgebranntsein, Verbrauchtsein, Am-Ende-sein. Nicht selten sind es Menschen, die ohne Grenzen für andere da sein wollten. Ihre vordergründigen Ideale und Motive sind und wirken letztlich selbstzerstörerisch und selbstverneinend. Echtes, eigenständiges, in sich ruhendes und freudiges Leben droht zu verlöschen.

André: Das Wort *pax* [Friede] benutzt Bonaventura allein zehnmal im Prolog. Der biographische Hintergrund liefert uns eine Erklärung: nach zweijähriger Amtszeit als Generalminister der Minderen Brüder – er ist 42 Jahre alt und hat noch 15 Jahre zu leben – verliert Bonaventura mehr und mehr an Elan. Die große Schar der Brüder ist unübersichtlich geworden. Die Gemeinschaft droht zu zerbrechen. Der junge Professor ist verzweifelt: Wie soll's weitergehen? Was eint uns als Nachfolger des großen heiligen Franz noch? Er beginnt den Boden unter den Füßen zu verlieren. Bonaventura ist außer Atem. Wie ein Hund hechelt er – nach Frieden. Er scheint am Ende seiner Weisheit angekommen.

Da macht er sich, wie viele Sucher vor ihm, auf den Weg und geht auf den »Berg der Offenbarung«. Mose empfing die Wegbeschreibung, die Orientierung für sein Volk auf dem Berg: das Zehnwort, den Dekalog, die sogenannten *Zehn Gebote*. Vom Berg aus verkündete Jesus seine Seligpreisungen, seinen Wegweiser zum Glück. Franziskus begegnet dem Seraph auf dem Berg und wird auf besondere Weise vom Herrn gezeichnet: er empfängt die Wundmale, die Stigmata des Herrn.

Bonaventura sucht Frieden jenseits aller Spannungen. Er sucht Wegweisung auf dem Berg, für sich und für seine Brüder. Er möchte sich von neuem dem Evangelium stellen. In dem Zusammenhang gebraucht er das Wort *evangelizavit*. Bonaventura will »evangelisiert« werden; er möchte von der Frohen Botschaft Jesu Christi neu ergriffen werden, möchte im Wort des Friedens Wurzeln schlagen, sich verwurzeln im Nährboden des Wortes Gottes.

Inmitten einer sehr schwierigen Entwicklung bleibt er nicht bei politischen oder verwaltungstechnischen Strategien hängen. Er wird zum Mystiker. Als Mystiker versucht er festen Boden unter die Füße zu bekommen. Gut 30 Jahre nach dem Tod des heiligen Franz versucht er, dessen ursprüngliches Charisma neu zu begreifen. Die spirituellen Kernanliegen des Franziskanismus müssen doch auf eine Formel gebracht werden können!

Übungen

- Begib dich an einen Ort, wo du ungestört sein kannst. (Telefon, Hausglocke, Familie, nichts fordert Aufmerksamkeit von dir.)
Konzentriere dich auf das Kommen und Gehen deines Atems.
Versuche eine halbe Stunde ganz einfach nichts zu tun oder zu denken!

Anfänglich kann es ganz gut sein, mit Musik oder einem Lied, das zur Ruhe einlädt, zu innerer Sammlung zu kommen.
Vielleicht ist auch ein ruhiger Spaziergang das Richtige für dich.

- Eine andere Hilfe kann das Gestalten, etwa das Malen, sein. Nimm dir ein Blatt Papier und beginne einfach zu zeichnen oder zu malen.
Themen können sein: »Friede«, »Was rumort alles in mir?«. Oder einfach drauf los!
Das Ergebnis wird nicht benotet! Laß es einfach geschehen und auf dich wirken.

Die Frucht dieser 40 Tage auf La Verna wird Gottes Geschenk sein. Hier ist nicht der Wissenschaftler am Werk, der mit logischen Schlüssen das Ergebnis einer Studie präsentieren möchte. Nein, hier versucht sich ein Mystiker dem Geheimnis zu öffnen.

Friede versteht sich in diesem Text nicht als endzeitliche Vision, als Minimalkonsens oder Hinhalteparole zwischen zerstrittenen Parteien und Nationen. *Friede* bedeutet hier so etwas wie eine neue Gewißheit im Innern des Menschen, gleichsam wie eine schwangere Frau die Frucht in ihrem Leib spürt, vielleicht zunächst nur ahnt. Und diese »Leibesfrucht« ist ganz Geschenk. Aber dieser Weg fordert Mut und Risikobereitschaft. Es braucht viel Geduld und Vertrauen – Schritt für Schritt.

Warten können ist nicht die Stärke des Menschen in der technisierten und automatisierten Welt. Das lateinische Wort für Geduld ist *patientia*. Der Wortstamm verweist auf das Verbum *patiri* (leiden, erdulden). Wir im Norden und Westen leben in einem Wirtschafts- und Gesellschaftssystems, in dem alles möglichst schnell und billig und unterhaltsam sein soll. Das Geld soll schließlich fließen!

Der Prolog des *Itinerarium Mentis In Deum* stellt dieses Werk auf einen ganz anderen Boden. Es geht um ein Geschenk, das empfangen werden will. Franz hat es »empfangen«, wie eine Frau körperlich »empfängt« und in ihr neues Leben entstehen kann. Von Maria, der Mutter Jesu, sagt die katholische Kirche, sie hätte »unbefleckt empfangen«, die *Immaculata*. Gemeint ist die urchristliche und göttliche Haltung radikaler Offenheit, größter Empfangs- und Risikobereitschaft. Wie wird das werden mit dem »Kind«? Was wird es für ein »Kind« sein? Das Wagnis des mystischen Menschen ist mit dem Wagnis einer werdenden Mutter durchaus zu vergleichen. Das haben wohl die meisten geistlichen Schriftsteller mit dem Wort *virginitas* gemeint: *evangelische Jungfräulichkeit*. Der Mensch, der diese Haltung zu leben beginnt, setzt sich aus und wartet in Sehnsucht und Spannung auf die Begegnung mit dem, was ihm Frieden ist.

MONTAG

Spieglein, Spieglein …

PROLOG 4

So lade ich dich, liebe Leserin und lieber Leser, zunächst zum Aufschrei im Gebet ein. Wir wissen uns dabei eins mit Christus, dem Gekreuzigten, der sein Blut dafür gegeben hat, allen Schmutz der Sünden von uns abzuwaschen.

Glaube nicht, daß dir das Lesen etwas nützt ohne Salbung (1 Joh 2,20.27),
Betrachtung ohne innere Ergebung,
Forschung ohne Staunen,
Überblick ohne Freude,
Arbeit ohne Frömmigkeit,
Gelehrsamkeit ohne Liebe,
Intelligenz ohne Demut,
Studium ohne göttliche Gnade,
Selbsterkenntnis ohne Gespür für den Wert alles Lebendigen.
Euch aber, die ihr demütig und geistlich lebt, besonnen und engagiert;
euch, die ihr mit dem Öl der Freude gesalbt seid (Ps 44,8),
euch Liebhabern göttlicher Weisheit
und denen, die vor Sehnsucht nach ihr brennen,
die Gott verherrlichen, bewundern und kosten wollen,
euch allen biete ich folgende Überlegungen an.

Dabei gebe ich zu bedenken, daß der von außen vorgehaltene Spiegel wenig oder gar nichts nützt, wenn nicht unser innerer Spiegel sauber und poliert ist.

Mensch Gottes, übe dich also zuallererst, die kritische Stimme deines Gewissens ernstzunehmen, bevor du auf die Strahlen der Weisheit schaust, die sich im inneren Spiegel reflektieren. Sonst könntest du, davon geblendet, in ein noch bedrückenderes Loch deiner eigenen Dunkelheiten fallen.

André: Sicher warst du auch schon mal bei so schlechtem Wetter mit dem Auto unterwegs, daß die Scheiben beschlagen und die Außenspiegel verschwommen oder erst gar nicht zu sehen waren. Und du wolltest dich orientieren, wolltest sehen – und konnest doch nicht. Ohne Spiegel ist Autofahren ein sehr gefährliches Unterfangen. Mit Hilfe der Außenspiegel und des Innenspiegels kannst du in Sekundenschnelle weitgehend rundherum sehen und erkennen, was los ist, ohne dich selbst zu bewegen.

Oder wie oft am Tag schaust du in den Spiegel? Was siehst du, wenn du dein Spiegelbild betrachtest? Siehst du mehr als das, was nicht paßt? Was schief oder in Unordnung ist? Was dir an dir selbst nicht gefällt oder was du meinst, daß anderen an dir nicht gefällt? Manchmal denke ich in der Frühe, kaum aus dem Bett gestiegen: »Ach, du schon wieder!« Worauf fällt dein Blick, wenn du in den Spiegel schaust? Beginnst du deinen Tag damit, deine Mängel wahrzunehmen? Wahrscheinlich hast du ja auch ein Idealbild, wie du dir dein Aussehen wünschst.

Übungen

■ Setze dich vor einen Spiegel und betrachte dein Gesicht darin.
Lies dazu nach fünf stillen Minuten langsam Psalm 139. Wandere mit deinem Blick immer wieder in den Spiegel. Einzelne Verse wiederhole mehrmals laut oder leise. Anschließend betrachte wieder dein *Bild* im Spiegel (etwa fünf Minuten).

■ Versuche heute besonders darauf zu achten, welchen Menschen du besonders oberflächlich und welchen du besonders intensiv mit den Augen begegnest.

■ Übe dich darin, einem vertrauten Menschen tief in die Augen zu schauen.
Was lösen diese Blicke in dir und im anderen aus? Wirst du unruhig oder kannst du dich »sehen« lassen, so wie du bist?
Kannst du dein Spiegelbild in den Augen des anderen entdecken?

Das Wort *speculum* (Spiegel) war in der spirituellen Literatur des Mittelalters einer der gebräuchlichsten Begriffe. Innerhalb der franziskanischen Quellen finden wir beispielsweise das *speculum perfectionis*, den *Spiegel der Vollkommenheit*. Die »Speculum«-Literatur diente weitgehend dazu, den Menschen Orientierung zu geben, Vorbilder, Heilige vorzustellen, die zeigen sollten, wie Christen zu leben haben.

Ruhige Wasser- oder Eisoberflächen boten die ersten Spiegeleffekte an. Später wurde dann Metall solange gehämmert und geschliffen, bis das eigene Antlitz darauf sichtbar wurde. Die Qualität eines Spiegels hängt auch heute noch wesentlich von dem Material, der Reinigung und – natürlich nicht zu vergessen – wesentlich von den Lichtverhältnissen ab. Der beste Spiegel taugt nichts, wenn es dunkel ist. Die Kunst bei Foto- oder Filmaufnahmen ist weitgehend die Kunst, die Lichtverhältnisse, das Spiel von Schatten und Licht, wahrzunehmen und zu nutzen. Die Ausleuchter, die an den Scheinwerfern sitzen, sind die wichtigsten Partner der Kameraleute.

Caravaggios Gemälde vom *Narziß* hat mich immer sehr beeindruckt. Der junge Narziß sitzt am Wasser und ist völlig in sein Spiegelbild verloren. Er ist verliebt in sein Bild. Sicherlich ist es für uns nicht immer so reizvoll wie für den jungen hübschen Narziß, wenn wir uns im Spiegel betrachten.

Bonaventura spricht in Kapitel 1, 7 von einem ursprünglichen Zustand des Menschen, in dem dieser noch in der Lage war, sich aufrecht in die Augen zu schauen. Ein wahrhaft paradiesischer Zustand! Nun läuft der Mensch gebeugt umher und verfehlt den Blick »in den Spiegel« ganz und gar.

Josef: Für Klara von Assisi ist dieser Spiegel Christus selbst. Sie schreibt in ihrem vierten Brief an Agnes von Prag:

> *Wahrhaft glücklich, wem es gegeben wird, diese heilige Lebensgemeinschaft zu erlangen, um mit allen Fasern des Herzens demjenigen anzuhangen, dessen Schönheit alle seligen himmlischen Heerscharen unaufhörlich bewundern, dessen Liebe reich beschenkt, dessen Anschauung erquickt, dessen Güte sättigt, dessen Liebenswürdigkeit erfüllt, dessen Andenken lieblich leuchtet, durch dessen Duft Tote wiederaufleben werden und dessen glorreicher Anblick alle Bewohner des himmlischen Jerusalems selig machen wird, da es ein Abglanz der ewigen Herrlichkeit, ein Schein des ewigen Lichtes und ein Spiegel ohne Makel ist.*
> *In diesen Spiegel schaue täglich, o Königin, Braut Jesu Christi, und betrachte dauernd in ihm Dein Antlitz, auf daß Du Dich so gänzlich innerlich und äußerlich schmückest und bekleidest, mit der Mannigfaltigkeit aller Tugenden Dich umgibst …*
> *In diesem Spiegel erstrahlt die selige Armut, die heilige Demut und die unaussprechliche Liebe, wie Du mit Gottes Gnade durch den ganzen Spiegel betrachten kannst.*[1]

1 Diese Stelle hat Klara nicht selbst komponiert, wovon kritische Ausgaben bisher ausgegangen sind. Im Lauf meiner Studien habe ich entdeckt, daß diese Stelle weitgehend

Spieglein, Spieglein an der Wand, wer ist die Schönste im ganzen Land? Christsein ist durchaus eine sehr ästhetische Herausforderung! Schon die ersten Schritte am Morgen eines Tages, die ersten Augenblicke, können für dich Sinnbild und Teil deines gesamten Lebensvollzugs und -zieles werden, nämlich Jesus gleich zu werden, dich an seinem Leben zu messen und nach seiner Botschaft auszurichten. Wie müßtest du aussehen, um SEINE Ausstrahlung zu haben? Was müßtest du aufbringen, um dir SEINE »Kleidung« und »Aufmachung« leisten zu können?

---

einen Text übernimmt, der Augustinus zugeschrieben wird und zu Klaras Zeiten während der Lesehore (ein Teil des Stundengebetes, der zwei längere Lesungen geistlicher Schriftsteller umfaßt) am Fest der römischen Märtyrerin Agnes vorgetragen worden ist. Die Sinnlichkeit dieses poetischen Textes ist sehr beeindruckend. Klara versteht dies, wie ich schließe, als eine ihrer zentralen geistlichen Übungen.
Vgl. dazu auch den Dritten Brief, Kapitel 3, und das Testament, Kapitel 6.

DIENSTAG

Ich sehne mich nach …

PROLOG 3
UND KAPITEL 7, 1

Durch die sechs Flügel (des Seraphs) werden die sechs Phasen der Erleuchtung gut erkennbar. Wir können durch sie Schritt für Schritt oder je nach dem, wo wir uns gerade befinden, zum Frieden finden, und zwar durch die alles sprengende Kraft der Weisheit in Christus. Es gibt aber keinen anderen Weg als den, dem gekreuzigten Christus mit seinem ganzen, lebendigen Herzen anzuhängen. Durch das Feuer dieses Verlangens nahm Christus in Paulus Gestalt an: Mit Christus bin ich gekreuzigt. Also lebe nicht mehr ich, sondern Christus lebt in mir. (Gal 2, 20) Diese glühende Liebe packte auch Franz und wurde an seinem Körper ablesbar. Vor seinem Tod trug er zwei Jahre lang diese heiligsten Stigmata der Passion. Die sechs Flügel des Seraphs symbolisieren somit die sechs Stufen der Erleuchtung. Sie umfassen alles, was es gibt und in Gott seinen Anfang genommen hat, und weisen auf Gott selbst hin, zu dem wir aber keinen Zugang finden können, es sei denn durch den gekreuzigten Christus. …

Das bedeutet, daß wir durch Nachsinnen allein nicht in das himmlische Jerusalem eingehen können, es sei denn, wir wählen als Tor gleichsam das Blut des Lammes.

Niemand kann also diesen Weg der Gottsuche gehen, ohne, wie Daniel, ein Mensch voller Verlangen zu sein – und dieser Weg wird alle deine bisherigen Erfahrungen übersteigen. Die Sehnsucht danach aber wird in uns auf zweifache Weise geweckt: zum einen durch unseren Aufschrei im Gebet und zum anderen durch die erleuchtende Kraft unserer Betrachtung, wenn wir uns ganz und gar den Strahlen des Lichts zuwenden.

Friede kehrt dort ein, wo ein Mensch wahren Friedens im Frieden verweilt, als wäre er in der Stadt Gottes.

Josef: Sehnsucht ist ein weiteres Schlüsselwort des Prologs. Ich erinnere mich sehr lebendig an eine kleine Einsiedelei bei Spello (von Assisi aus gesehen auf der anderen Seite des Monte Subasio gelegen), wohin ich mich eines Winters zurückgezogen hatte. Es war kalt, naß und wenig gemütlich in dem Raum, der sich an einen leeren Stall anschloß. Ein Loch im Boden führte zu einer dunklen Höhle. Das Äußere spiegelte auch mein Inneres wider. Ich sehnte mich so nach Licht und Wärme in meinem Leben, nach Orientierung. Auch ich war auf einem »Berg der Offenbarung« angekommen.

Untertags sammelte ich etwas Holz, um wenigstens einmal am Tag den Ofen anheizen zu können. Die Äste waren naß. Als ich sie dann mühsam entzündet hatte, boten sie mir ein großartiges Konzert. Es knaxte, ächzte, zischte und stöhnte nur so! Dieses brennende und sich verzehrende Holz berührte mich auf einer ganz tiefen Ebene, der Sehnsucht, dem inneren Lechzen nach Frieden und Versöhnung. Interessanterweise ist Feuer – auch die rote Farbe – in den meisten Kulturen und Religionen ein heiliges Zeichen, das eher von sich sehnender Erwartung als von Erfüllung spricht.

In der religiösen Praxis meiner Kindheit hat mich sicher am meisten das Geheimnis des Lichtes, des Feuers fasziniert. Wenn ich an die Lichterprozessionen durch die abendliche Dunkelheit denke, an das Gebetsgemurmel der vielen hundert Menschen, die mit ihren Kerzen und Fackeln über den dunklen Platz des Heiligtums zogen, ist bei mir vor allem das Zeichen an sich hängengeblieben. Im gesellschaftspolitischen Bereich unserer Tage sprechen Lichterketten und Fackelzüge auch für sich. Ein wahrhaft heiliges Zeichen!

In der Religionsphänomenologie wird das Symbol des Feuers mit Blut, Sexualität, der Beziehung zum gesamten Kosmos, Erlösung und Glück und der intimen Vereinigung mit dem Göttlichen verbunden. Besonders in der jüdisch-christlichen Tradition sind zentrale Gottesoffenbarungen mit diesem Symbol des Lichtes, des Feuers verknüpft. Ich erinnere nur an den brennenden Dornbusch (Exodus 3), die Offenbarung Jahwes im Alten Bund, und das Jesus-Wort *Ich bin das Licht der Welt* (Joh 8,12). Ist dieser Gott nicht ein Gott der Sehnsucht? Gott sehnt sich nach der Gemeinschaft mit seiner Schöpfung. Wie anders sollten wir die Menschwerdung Gottes erklären? Und an Pfingsten, der Geburtsstunde der Kirche, ist wieder das eine Symbol *Feuer* Hinweis auf den Kern des neuen religiösen Lebens, eines kraftvollen Aufbruchs.

Christen verehren in ihren Bekenntnissen nicht einen weltfernen und -fremden, über allem thronenden Philosophen-Gott, der unberührt über den Niederungen dieser Welt schwebt. Gerade die franziskanische Spiritualität hat im Strom christlicher Geschichte das lebendige Du Gottes wiederentdeckt. Der ganze Mensch mit all seinen Kräften und seinem Sehnen, mit allen Höhen und Tiefen ist gefragt. Da geht es um Verliebtsein und Liebe!

Die franziskanischen Quellen sind voll von diesem Gedanken und dieser Symbolik.

In der *Legenda Maior* I, 4 beschreibt Bonaventura:

Von dieser Zeit an zog er [Franz] sich von dem unruhigen öffentlichen Handelstreiben zurück und flehte ergeben zum gütigen Gott, er möge ihm gnädig zeigen, was er tun solle. Da aber durch sein eifriges Beten sein glühendes Verlangen nach dem Himmel mehr und mehr wuchs, und er aus Liebe zum himmlischen Vaterland schon alle irdischen Güter für nichts erachtete, wurde er inne, daß er einen verborgenen Schatz gefunden hatte, und trachtete als kluger Kaufmann danach, alle Habe zu verkaufen und die gefundene Perle zu erwerben. Er wußte jedoch noch nicht, wie er dies beginnen sollte ...[2]

In derselben Lebensbeschreibung heißt es:

Wer vermöchte gebührend die glühende Liebe zu schildern, von der Franziskus als Freund des Bräutigams erfüllt war? Denn gleich einer glühenden Kohle schien ihn die Flamme der Gottesliebe ganz zu verzehren. Sobald er die Worte »Liebe des Herrn« vernahm, fühlte er sich ganz ergriffen und entflammt, als ob bei dem Anschlag der Stimme von außen in seinem Innern die Saite seines Herzens gerührt würde. Solchen Preis für Almosen anzubieten, war nach seinem Wort edle Freigiebigkeit; jene aber, die ihn geringer als das Geld achten, seien sehr große Toren, weil allein der unschätzbare Preis der Liebe Gottes ausreicht, um das Himmelreich zu erlangen, und wir dessen Liebe innig lieben müssen, der uns so sehr geliebt hat. ...
Der gekreuzigte Herr Jesus Christus ruhte gleich einem Myrrhenbüschel allzeit an seinem Herzen; innigst wünschte er, die Glut seiner grenzenlosen Liebe möge ihn ganz in ihn umgestalten. ...[3]

Übungen

Sei mit all deinen Sinnen dabei!

- Gehe in innerer Sammlung spazieren. Erlebe in Ruhe und Besinnung einen Sonnenaufgang oder -untergang oder einen Spaziergang durch eine sternenklare Nacht [oder andere Sehnsuchtsbilder]!

---

2 Bonaventura, *Der Engel des sechsten Siegels*, Kap. 1, Abschn. 4, FrQuSchr VI.
3 Ebd., Kap. 9 Abschn. 1 und 2.

■ Stell dir folgende Fragen:
Wo spüre ich in meinem jetzigen Leben Sehnsucht nach Frieden?
In welchen Bereichen fehlt mir innerer oder äußerer Friede?
Schreib dir Stichworte auf einem Zettel dazu auf.
(Benutze für jedes Stichwort einen eigenen Zettel!)
Zünde schließlich eine Kerze an, bete um Frieden (beispielsweise mit dem Lied aus Taizé *Da pacem domine*) und verbrenne die Zettel.
So wie das Feuer dieses Papier verzehrt, möge deine Friedenssehnsucht, dein Wille zur Versöhnung und Wandlung nie erlöschen!

Eine der reizendsten franziskanischen Urgeschichten wird im 35. Kapitel der *Fioretti* erzählt. Klara hatte immer wieder den Wunsch, sich mit Franz zu einem Mahl zu treffen. Endlich kam es zustande. Franz ließ sie von seinen Brüdern von San Damiano nach Santa Maria degli Angeli begleiten.

Unterdessen ließ der heilige Franziskus den Tisch auf der blanken Erde decken ... Als es Zeit war, setzten sich Franz und Klara ... Bei dem ersten Gange aber hub Franz an, von Gott zu reden, so lieblich, so hoch und wunderbar, daß sich die Fülle der göttlichen Gnade über sie ergoß und alle in Gott verzückt wurden. Wie sie so in Verzückung mit zum Himmel erhobenen Augen und Händen dasaßen, sahen die Leute ..., wie Santa Maria degli Angeli, das ganze Kloster und der Wald ... in hellen Flammen waren; und es schien, als ob es ein gewaltiges Feuer sei ... Die Bürger von Assisi liefen daher in großer Eile zur Ebene hinunter, um das Feuer zu löschen, da sie wirklich glaubten, alles brenne.

André: Dieser Text bezieht die Flammen auf die göttliche Liebe und Verzückung. Wie sehr sich Franz und Klara gegenseitig ersehnten und sich in dieser Sehnsucht auch mit Gott verbunden fühlten, soll hier nicht weiter erörtert werden.

Nach vielen dunklen Zeiten im Laufe der Entwicklungsgeschichte christlicher Theologie ist es mir sehr tröstlich, daß das Zweite Vatikanische Konzil in seinem wichtigsten Dokument *Lumen Gentium* (Das Licht der Völker) wieder diese Symbolsprache aufnimmt und somit den Weg aus einer erstarrten, eher juristisch begriffenen Gottes- und Weltbeziehung weist. Allein dieses lebendige Brennen in uns wird die Welt verwandeln. Sören Kierkegaard (1813–1855), der so kirchenkritische, protestantische Existenzphilosoph und Theologe aus Dänemark, sagt einmal: *Nur von Verwandelten können Verwandlungen ausgehen.*

Anthony de Mello (1931–1987), indischer Jesuit und weltbekannter geistlicher Autor, erzählt folgende Geschichte:

Eines Tages besuchte ein Schüler seinen Meister und sagte zu ihm: »Meister, ich möchte Gott begegnen.« Der Meister sah den Jungen an und lächelte ihm zu. Der Junge kam jeden Tag wieder und wiederholte, daß er die Religion ernst nehmen wollte. Aber der Meister wußte ganz genau, woran er war.
Eines Tages war es sehr heiß, da sagte er zu dem Jungen, er solle ihn zu Fuß begleiten, um zu baden. Der Junge sprang ins Wasser. Der Meister folgte ihm, packte ihn am Kopf und tauchte ihn eine gute Weile in das Wasser, bis der Junge begann, sich mit allen Kräften zu wehren, um loszukommen. Der Meister ließ ihn los und fragte ihn, was er sich am meisten wünschte, als er so unter dem Wasser war, ohne atmen zu können. »Luft!« antwortete der Schüler.
»Ersehnst du Gott in derselben Weise?« fragte ihn der Meister. »Wenn du ihn so ersehnst, wirst du ihm sofort begegnen. Aber wenn du diesen Wunsch nicht hast, diesen Durst, soviel du auch kämpfst, mit all deiner Intelligenz, mit deinen Lippen und deiner Kraft, wirst du die Religion nicht finden, die du ersehnst. Solange dieser Durst nicht in dir entsteht, suchst du Gott nicht wahrhaft.«[4]

Zu Gott, zu Christus und seinem Leib, der Kirche, gehören die, die »in Flammen stehen«, die nach Gerechtigkeit und Frieden hungern und dürsten, nach der Begegnung mit dem LEBENDIGEN. Der Weg des Menschen, mit Gott eins zu werden, ist ein Weg der Sehnsucht, eines inneren Brennens. Und um dieses innere Brennen am Glimmen zu halten, darum geht es wesentlich in der spirituellen Praxis. Zu Beginn dieses »Aufstiegs« wird es nützlich sein, ausreichend »Brennholz« einzupacken. Die Sehnsucht ist das Zentrum des Gebetes, das Gebet ist der »Motor«, der uns auf der Reise weiterträgt.

Auf einem Kalenderblatt habe ich folgende Gedanken des französischen Autors und Fliegers Antoine de Saint-Exupéry (1900–1944) gefunden und frei ins Deutsche übersetzt:

Wenn du ein Schiff bauen willst, so trommle nicht Männer zusammen, um Holz zu beschaffen, Werkzeuge vorzubereiten und Aufgaben zu vergeben, sondern lehre die Männer die Sehnsucht nach dem weiten, endlosen Meer.

---

4 Anthony de Mello, *Von Gott berührt*, Verlag Herder Freiburg [7]1998.

MITTWOCH

Ich habe in deine Augen gesehen

PROLOG 1
UND KAPITEL 7,6

Er (Franz) war wie ein Bürger Jerusalems, von dem der Friedensfreund, der den Friedenshassern friedfertig begegnet, sagt: Bittet um das, was Jerusalem den Frieden bringt. Es war ihm nämlich klar, daß der Thron Salomos keinen Bestand haben würde, außer im Frieden. So heißt es auch in der Schrift: Sein Zelt war im Frieden errichtet, seine Wohnung auf dem Zion.

Suchst du aber eine Antwort darauf, wie das alles vor sich geht,
dann wende dich hin
zum Geschenk der Gnade, nicht zur Belehrung,
zur Sehnsucht, nicht zum Verstand,
zu seufzendem Beten, nicht belesenem Studium,
zum Liebhaber, nicht zum Lehrer,
hin zu Gott, nicht zum Menschen,
zur Dunkelheit, nicht zur Klarheit,
nicht zum Licht, sondern zum Feuer, das einen ganz erfaßt.

Dieses Feuer ist wie eine Salbung,
die einen zutiefst berührt, dich gefühlsmäßig entflammt
und in Gott hineinverwandelt.
Dieses Feuer ist Gott selbst.
In Jerusalem wird es in Brand gesetzt (Jes 31,9).
Christus hat es entzündet
in der Leidenschaft und Glut seines Leidens.

Josef: Im Prolog geht es nicht nur um Spiegel, sondern auch um das Schauen und die Augen. Bonaventura betet: *Erleuchte die Augen unseres Herzens!* Etymologisch, also von der Wortherkunft her, verbirgt sich das Wort *oculus* (lat. für Auge) in dem vorher besprochenen Begriff *speculum* (lateinisch für Spiegel). Ich möchte mit dir über deine Augen ins Gespräch kommen.

Was hast du schon alles mit deinen Augen erlebt? Da waren sicher zunächst wichtigste Erfahrungen: Wie haben dich deine Eltern angeschaut?

Wie warst du von ihnen »angesehen«? Augen haben sehr viel mit Vertrauen und Angenommensein zu tun.

Ich erinnere mich an einen Pilgerweg von Greccio nach Assisi. Es war sehr trocken und kalt. Es war Februar. Da ich sehr kurzsichtig bin, erreiche ich die beste Sehqualität mittels Kontaktlinsen, die aber gerade bei Wind auch ihre Gefahren haben. Eines Tages mußten wir eine staubige Straße entlang marschieren. Viele Autos rasten an uns vorbei. Und plötzlich hatten sich Staubkörner in meinen Augen festgesetzt. Ich konnte meine Augen nicht mehr öffnen und hatte auch nichts dabei, um die Linsen zu entfernen. So mußte ich mich meinen Gefährtinnen und Gefährten anvertrauen. Mit geschlossenen Augen führten sie mich die Straße entlang. Es war eine echte Vertrauensübung. Die Augen meines Herzens waren weit geöffnet.

Erste Augenkontakte entscheiden oft schnell zwischen Anziehung und Abstoßung, Sympathie und Antipathie. Wenn ich mitten in einer Menge stehe und plötzlich merke, wie mich jemand, den ich nicht kenne, kritisch anstarrt, dann erschrecke ich. Werde ich von jemand erkannt, ohne geliebt zu werden? Ein etwas anderes Gefühl ist es, wenn ich eine fremde Person ganz oberflächlich anschaue, nebenbei, auf dem Weg: flüchtige Blicke ohne Verweilen.

Wenn sich Menschen streiten, voneinander entfremden, nicht mehr miteinander reden, wollen sie meist auch einander nicht mehr sehen. Sie vermeiden es, sich in die Augen zu schauen. Sie verweigern zu sehen und gesehen zu werden. Sie wollen weder gesehen noch geliebt werden.

»Bekehrung« oder »Umkehr« würde dann heißen: wahrhaft in den Spiegel schauen zu können und MEIN und SEIN/IHR Angesicht darin in Liebe zu entdecken. Habe ich davor nicht Angst? Meinst du nicht auch manchmal, es nur im Halbdunkel ertragen zu können? Wäre da nicht die Sehnsucht nach dem Licht!

Das franziskanische Zeitalter war ein Zeitalter fahrender Sänger und Musikanten, der sogenannten *Troubadoure*. Franz liebte sie und ihre Welt. Er sang besonders gern auf Französisch, genauer gesagt auf Provencal, dem Dialekt der Provence. Er kannte ihre Rituale und Zeremonien. Wenn ein Troubadour seiner Verehrten ein Ständchen brachte, um ihre Liebe zu gewinnen, entschied sich ihr Wohlwollen beziehungsweise ihre Ablehnung an ihren Augen. Die umworbene Dame nahm Liebe und Lied des Sängers an, wenn sie ihm in die Augen schaute. Andernfalls wandte sie ihre Augen ab. Sie schaute ihn nicht mehr an. Seine Liebe und Zuwendung war damit abgewiesen.

Franz bezieht sich in seinem so aufschlußreichen Brief an den frustrierten Minister, der seiner Leitungsfunktion in der Brudergemeinschaft müde geworden war, auf dieses Ritual:

> *Und darin will ich erkennen, ob du den Herrn und mich, seinen und deinen Knecht, liebst, wenn du folgendes tust, nämlich: es darf keinen Bruder auf der Welt geben, mag er auch gesündigt haben, soviel er nur sündigen konnte, der deine Augen gesehen hat und dann von dir fortgehen müßte ohne dein Erbarmen, wenn er Erbarmen sucht. Und sollte er nicht Erbarmen suchen, dann frage du ihn, ob er Erbarmen will. Und würde er danach auch noch tausendmal vor deinen Augen sündigen, liebe ihn mehr als mich, damit du ihn zum Herrn ziehst.*[5]

In meiner Ehe mache ich immer neu diese nicht selten spannungsreiche Erfahrung. Wir haben zwei Söhne, deren geschwisterliche Kämpfe manchmal nervenaufreibend sind. Der elterliche Nachtschlaf erleidet nicht selten Unterbrechungen. Vieles ist im Haushalt zu erledigen. In Situationen wie dieser ist es für uns sehr wichtig, anzuhalten und einander wieder in Ruhe in die Augen zu schauen, uns zu erkennen. Und stets neu ist dabei der Schritt weg von der Angst, »sein Gesicht zu verlieren«, weg vom Rechthaben-wollen und zuallererst raus aus dem Alltagsstreß notwendig.

Es gibt auch eine andere Erfahrung der Augen: ich treffe jemanden, den ich gern habe, von dem ich weiß, daß er oder sie mich gern sieht. Der Blick in die Augen ist nicht flüchtig, sondern liebevoll und sehnsüchtig. Diese Kommunikation ist jenseits von Worten, auch jenseits von Spiegeln. Es bedeutet, dem anderen im Schweigen ganz gegenwärtig zu sein.

Literarisch finde ich diese Erfahrung wunderschön ausgedrückt in der Geschichte vom kleinen Prinzen, der sich mit dem Fuchs anfreundet. Antoine de Saint-Exupéry nennt es dort *Zähmung*, was zwischen den beiden geschieht.

> *»Gewiß«, sagte der Fuchs. »Du bist für mich noch nichts als ein kleiner Knabe ... Ich brauche dich nicht, und du brauchst mich ebensowenig ... Aber wenn du mich zähmst, werden wir einander brauchen. Du wirst für mich einzig sein in der Welt. ...*
> *»Was muß ich da tun?« sagte der kleine Prinz. »Du mußt sehr geduldig sein«, antwortete der Fuchs. »Du setzt dich zuerst ein wenig abseits von mir ins Gras. Ich werde dich so verstohlen, so aus dem Augenwinkel anschauen, und du wirst nichts sagen. Die Sprache ist*

5 Franz von Assisi, *Brief an einen Minister* 9–10, FrQuSchr I, S. 85.

die Quelle der Mißverständnisse. Aber jeden Tag wirst du dich ein bißchen näher setzen können ...«[6]

Die Glaubenserfahrung hat mit einem neuen »Ansehen« zu tun. Und dieses »Ansehen« wird jedem von uns geschenkt!

Ein Text, der mich in dem Zusammenhang fasziniert, ist das 16. Kapitel des Propheten Ezechiel: Jahwe geht an dem Neugeborenen, das hilflos in der Öde der Wüste in seinem Blute liegt und zappelt, nicht vorbei. ER sieht es an. Das ist Leben! So kommt der Mensch zum Leben. Er wird in Freude und mit Entzücken angeschaut, betrachtet, liebkost. Gott ist einer, der uns von Anfang an mit Liebe ansieht. Könnten doch mehr Menschen diese lebensstiftende Erfahrung machen! Es wäre heilsame Medizin für alle Selbstzweifel bis hin zu der bitteren Feststellung, von niemand geliebt zu sein. Ist dieses Ansehen nicht des Menschen letzter Halt?

André: Und das ist meines Erachtens auch der Kern christlicher Kontemplation. Nicht ich bin es, der Kontemplation macht. Gott sieht mich in Liebe an. Das ist ein Geschenk. Ich komme zur Fülle des Lebens, indem ich diesen liebevollen Blick annehme und erwidere.

Das ist die Friedenserfahrung von Klara und Franz von Assisi. Das ist der Urgrund ihrer Freude, die alle ansteckt, die sich mit ihrem Leben beschäftigen. In Franzens Lebensgeschichte stehen zwei zentrale Erfahrungen damit in direkter Verbindung: die Begegnung mit dem Aussätzigen in seiner Jugendzeit, in der sein Leben eine radikale Wende nimmt und das Aug-in-Auge mit dem Seraph auf dem Berg La Verna, das ihm schmerzlichen Trost und göttliche Bestätigung schenkt.

Übungen

- Schau einem spielenden Kind aufmerksam zu, wie es sich vertieft und ganz in dem spielerischen Geschehen aufgeht. Vielleicht kannst du einfach so mitspielen, nur um mitzuspielen.

- Laß dich an einem ungestörten Ort nieder und versuche, einfach da zu sein! Laß dich von IHM betrachten.
Vielleicht ist eine leere Kapelle oder Kirche geeignet.

6 Antoine de Saint-Exupéry, *Der kleine Prinz*, © 1950 und 1998 Karl Rauch Verlag Düsseldorf; zitiert nach der Ausgabe Düsseldorf ²1982, S. 48–53.

■ Lies und betrachte Kap. 16 aus dem Buch des Propheten Ezechiel: Gottes Beziehung zum Menschen wird beschrieben wie eine Liebesgeschichte. *Da kam ich an dir vorüber und sah dich in deinem Blute zappeln; und ich sagte zu dir, als du blutverschmiert dalagst: Bleib am Leben!* (16,7) In Gottes Blick zu sein, schafft Leben!

Dort, auf La Verna, hat Franz, wie ich denke, den liebevollen Blick Gottes gespürt. Er hat sich so angenommen gefühlt, daß er fortan nichts mehr zu verlieren hatte. So konnte er den Weg der Armut gehen. Er war nicht mehr auf das oberflächliche und schnell vergängliche »Ansehen« seiner Gesellschaft angewiesen. Das ist die Ermöglichung gelassener Freiheit, freier und froher Gelassenheit. Das ist der Hintergrund der Szene, in der er sich vor dem Bischof, seinem Vater und der Bevölkerung nackt auszieht und so bloß aller vermeintlichen Sicherheit entdeckt, wohin sein Weg führt.

Antonius von Padua, dessen Lehrtätigkeit für die Brüder Franz in einem Brief[7] sehr anerkennt, sagt in einer seiner Predigten:

Willst Du Gott alle Tage im Herzen haben? Habe dich allezeit vor Augen. Wo dein Auge ist, da ist dein Herz.
Halte deine Augen also allzeit auf dich gerichtet.
Drei Stücke nenne ich: dein Herz, dein Auge, dich. Gott ist in deinem Herzen, dein Herz in deinem Auge, dein Auge in dir.
Siehst du also dich, dann siehst du Gott in dir. Willst du Gott alle Tage in deinem Herzen haben? So sei, wie er dich erschaffen hat.
Suche nicht in dir ein anderes Ich.
Mach dich nicht anders als Gott dich erschaffen hat, und du wirst alle Tage Gott in deinem Herzen haben.[8]

7 Franz von Assisi, *Brief an heiligen Antonius*, FrQuSchr I, S. 52.

8 Antonius von Padua, *Leben des Evangeliums. Ausgewählte Texte aus den Predigten des Heiligen Antonius von Padua*, FrQuSchr IV, S. 248 f. Leider ist der gebürtige Portugiese (1195–1231), der sich etwa 1220 der Bewegung des Franziskus anschloß, bis heute zum Allerweltspatron für verlorene Sachen verkommen. Er war Theologieprofessor in Bologna und zog die Massen durch seine Predigten in Südfrankreich, Norditalien und zuletzt in Padua an.

Donnerstag

Francesco Bernardone – Ein Aufbruch

Prolog 2
und Kapitel 7, 3

Ich wollte also Franz, dem glückseligsten Vater, folgen ... So führte mich Gott etwa Anfang Oktober, 33 Jahre nach Franzens Tod (1259), auf den Berg La Verna. An dem ruhigen Ort wollte ich von ganzem Herzen inneren Frieden finden. Während ich über den Weg des Menschen zu Gott nachdachte, kam mir in den Sinn, was Franz hier erlebt hatte. Es war ihm ein Seraph mit Flügeln in der Gestalt des Gekreuzigten erschienen. Nach dieser Begegnung waren an seinem Leib die Wundmale Jesu Christi sichtbar. Ich begriff, daß darin sein tiefes inneres Verlangen leiblichen Ausdruck fand; und der Weg, wie wir dorthin gelangen können, wurde mir deutlich.

Auf dem hohen Berg, wo ich diese Dinge jetzt bedenke, machte Franziskus dieselbe Erfahrung. In kontemplativer Ekstase begegnete ihm der Seraph. Er hing am Kreuz und hatte sechs Flügel. Bruder Leo, sein damaliger Gefährte, erzählte mir und vielen anderen davon auf La Verna. In einer Art kontemplativer Ekstase ging Franziskus dort ganz in Gott auf und wurde uns so zum Beispiel vollkommener Kontemplation, wie er es schon vorher in der Aktion als ein zweiter Jakob und Israel (Gen 35, 10) geworden war. Auf diese Weise lädt Gott durch ihn alle wirklich geistlichen Menschen zu solcher Verwandlung und Ekstase ein, weniger durch sein Wort als vielmehr durch sein Beispiel.

Josef: Hier ist nicht der Ort, ausführlich Leben und Werk des Franz von Assisi (1182–1226) zu beschreiben. Dazu gibt es seit einigen Jahren ausgezeichnete Literatur.[9] Wir empfehlen dir an dieser Stelle allerdings, dich mit

9 In Deutsch ist die Herausgabe der Originalschriften natürlich grundlegend: *Franziskanische Quellenschriften,* Dietrich-Coelde-Verlag, Werl/Westfalen, Band 1 [1982 auch als Taschenbuch erschienen]. In der Reihe *Klassiker der Meditation* ist 1977 der Band *Franz von Assisi. Die Demut Gottes* von Anton Rotzetter und Elisabeth Hug erschienen. Als ausführliche Biographie empfehlen wir Raoul Mansellis Werk *Franziskus.*

Franziskus näher zu beschäftigen.[10] Sein Leben ist die Quelle für Bonaventura und all seine Gefährtinnen und Gefährten.

Ein junger, dynamischer Bandenführer, immer zu etwas aufgelegt, einer Party, einer Fete, einem Streich. Ihm fehlt es an nichts. Er soll den väterlichen Betrieb eines aufstrebenden Stoffhändlers übernehmen. Die sozioökonomische Situation der damaligen Zeit ist in einem radikalen Wandel. Geld beginnt Handel und Welt zu beherrschen. Und Franz Bernardone hat die besten Karten, einer der erfolgreichsten Jungunternehmer zu werden. Er ist sicher keiner der Stillen im Lande. Seine Persönlichkeitsstruktur kommt ihm dabei zu gute. Sein Wahlspruch könnte gewesen sein: Immer mehr und immer besser!

Und dann beginnt er plötzlich seinen Weg zu überdenken. Im Rückblick schreibt er in sein letztes Vermächtnis, das *Testament*:

> *So gab der Herr mir, dem Bruder Franziskus, mit der Buße zu beginnen: Als ich voller Sünden war, erschien es mir widerlich und bitter, Aussätzige zu sehen. Der Herr führte mich zu ihnen, und ich empfand Mitleid mit ihnen. Als ich von ihnen wegging, wurde in Süßigkeit für Seele und Leib verwandelt, was mir vorher widerlich und bitter erschienen war. Nur kurze Zeit blieb ich und ging dann aus der Welt.*[11]

Die Dreigefährtenlegende setzt fort:

> *Wenige Tage danach nahm er eine große Summe Geldes und begab sich zum Aussätzigenhospital. Nachdem er alle um sich versammelt hatte, gab er jedem von ihnen ein Almosen und küßte ihnen die*

Der solidarische Bruder ebenfalls im Benziger Verlag 1984 erschienen. Einen sehr zeitgemäßen Einblick in die Spiritualität des Heiligen Franz gibt Eric Doyle in seinen Meditationen *Von der Brüderlichkeit der Schöpfung. Der Sonnengesang des Franziskus*, Benziger Verlag 1984. Doyle war bis zu seinem Tode 1984 Dozent am *Franciscan Study Center* in Canterbury/England und an der Franziskaner-Universität *St. Bonaventure's* im Staat New York. Einen guten Überblick bieten A. Rotzetter/W. C. Van Dijk/T. Matura, *Franz von Assisi. Ein Anfang und was davon bleibt*, Benziger Verlag 1981.

10 Wir möchten insbesondere zwei Bücher empfehlen, die zur Meditation anregen: Emmanuel Jungclaussen, *Die Fülle erfahren. Tage der Stille mit Franz von Assisi*, Herder 1978 und Constantin Pohlmann, *Franziskanische Meditation. Erfahrungen für heute*, Matthias-Grünewald-Verlag Mainz 1982.

11 Franz von Assisi, *Testament*, FrQuSchr I, S. 213; Übersetzung Hug/Rotzetter, S. 189.

Hand. Als er wegging, war ihm wirklich das, was ihm früher bitter gedünkt, nämlich die Aussätzigen zu sehen und zu berühren, in Süßigkeit verwandelt. Denn so widerwärtig war ihm, wie gesagt, der Anblick von Aussätzigen, daß er sie nicht nur keinesfalls so sehen, sondern noch viel weniger ihrer Behausung nahe kommen wollte. Und wenn es einmal geschah, daß er an ihren Häusern vorbeiging oder sie sah, wandte er das Gesicht stets ab und hielt sich mit seinen Händen die Nase zu, obschon er sich von Mitleid bewegen ließ, ihnen durch eine Mittelsperson Almosen zukommen zu lassen. Aber durch die Gnade Gottes wurde er so sehr ein Vertrauter und Freund der Aussätzigen, daß er, wie er selbst in seinem Testament bezeugt, unter ihnen lebte und ihnen demütig diente.[12]

Übungen

▪ In seiner »Bergpredigt«, den »Ermahnungen«, gibt Franz im Kapitel 27 eine knappe Zusammenfassung seiner Lebensphilosophie:
Wo Liebe ist und Weisheit, da ist nicht Furcht noch Unwissenheit.
Wo Geduld ist und Demut, da ist nicht Zorn noch Verwirrung.
Wo Armut ist mit Fröhlichkeit, da ist nicht Habsucht noch Geiz.
Wo Ruhe ist und Betrachtung, da ist nicht Aufregung und unsteter Geist.
Wo die Furcht des Herrn ist, sein Haus zu bewachen, da kann der Feind keinen Ort zum Eindringen finden.
Wo Erbarmen ist und Vorsicht, da ist nicht Übermaß noch Verhärtung.[13]
Versuche mit den Gegensatzpaaren zu »spielen«. Vielleicht findest du für jeden Begriff ein Symbol, ein kleines Bild, eine Bewegung und stellst die beiden Seiten des Textes gegenüber.

▪ Meditiere Franzens Text aus der im folgenden zitierten *Nicht Bullierten Regel*, Kapitel 23.

Aus der modernen Forschung wissen wir, daß Franz lange orientierungslos und einsam auf der Suche war. Der junge Mann wurde von schweren

---

12 *Die Dreigefährtenlegende des Heiligen Franziskus*, Kap. 4, 11, FrQuSchr VIII.
13 Franz von Assisi, *Ermahnungen*, FrQuSchr I, S. 109.

Depressionen heimgesucht. Erst als er sich schließlich an die Renovierungsarbeiten einer verfallenen Kapelle macht, tauchen langsam Weggefährten auf.

Und dann erfüllte sich sein ganzes Wesen inmitten ohnmächtigen Suchens, aus der praktizierten Solidarität mit den Armen und einem Lebensstil der Armut, nämlich *ohne etwas Eigenes* zu leben, mit überschwenglichster Freude und Dankbarkeit. Wir sind überzeugt, daß dieser ausgeflippte Frohsinn, diese spielerisch-kreative Unberechenbarkeit und Planlosigkeit zum zentralen Inhalt der franziskanischen Bewegung über die Jahrhunderte hin gehört. Franz vertraut dem über- und immerfließenden Brunnen des Lebens. Und das läßt ihn auf einer ganz tiefen Ebene zum Bruder aller Geschöpfe werden.

Ein Text, der bis heute zutiefst bewegt, findet sich im 23. Kapitel seiner *Nicht Bullierten Regel* von 1221:

> *Wir alle wollen lieben mit ganzem Herzen, mit ganzer Seele, mit ganzem Geist, mit ganzer Kraft und ganzem Mut, mit ganzem Empfinden, mit ganzen Kräften, mit ganzer Beschwingtheit, mit ganzer Zärtlichkeit, mit ganzem Gemüt, mit allem Wünschen und Wollen Gott den Herrn.*
> *Den ganzen Leib, die ganze Seele, das ganze Leben hat er uns allen gegeben und gibt es noch.*
> *Geschaffen hat er uns, erlöst und einzig sein Erbarmen wird uns retten.*
> *Uns Erbarmungswürdigen und Elenden, uns Hinfälligen und Verwesenden, uns Undankbaren und Böswilligen, hat er alles Gute getan und tut es noch.*
> *... Das volle Gut ist er, alles Gut, das ganze Gut, das wahre Gut und höchste Gut. Er allein ist gut, zärtlich, sanft, lieblich und süß. ...*[14]

André: Armut, radikale und teilweise brutale Entbehrung und Entsagung finden in Franz zu ausgelassener Fröhlichkeit und Dankbarkeit wider die Bitterkeit und Verzweiflung des Lebens.

---

14 Franz von Assisi, *Nicht Bullierte Regel,* Kapitel 23, Übersetzung: Hug/Rotzetter, S. 137. Franziskus hat, soweit wir das heute nachvollziehen können, drei Regeln für die Brüdergemeinschaft verfaßt. Die Urregel aus den Jahren 1209/1210 ist verloren gegangen, muß aber sehr kurz gewesen sein und im wesentlichen einige Schriftzitate enthalten haben. Die *Nicht Bullierte Regel* stammt aus dem Jahr 1221 und gibt sicherlich den Geist des Heiligen identisch wieder. Die bis heute gültige *Bullierte Regel* aus dem Jahre 1223 ist bereits sehr stark von der inneren und äußeren Zerreißprobe des Ordens und zunehmend kirchenrechtlichen Auflagen geprägt.

Bonaventura nimmt mit der Auswahl von La Verna direkt Bezug auf das Zeichen, das auch häufig zum Zeichen des Widerspruchs geworden ist. Auf dem Berg La Verna empfing Franz im September 1224 die Wundmale, die Stigmata Jesu, des Gekreuzigten. Franz von Assisi ist mit Haut und Haar durchlässig geworden für die Liebe Gottes. Durch die blutenden Wunden an Brust, Händen und Füßen zeigt sich seine Identifizierung mit Jesu radikaler Option für das Leben der Welt.

In seiner Geschichtstheologie versteht Bonaventura den heiligen Franz als Engel der aufgehenden Sonne, der in Offb 7,2 erwähnt wird: »Dann sah ich einen anderen Engel herabsteigen vom Sonnenaufgang, mit dem Siegel des lebendigen Gottes.« Das Siegel des lebendigen Gottes war ihm aufgepreßt worden, als er zwei Jahre vor seinem Tode auf dem Alverna die Stigmata empfing. »So kündigte er die neue Ordnung der Kontemplation im Zeitalter des Geistes an, wie Joachim von Fiore es voraussagte.«
Wir haben weiter oben festgestellt, daß Dante Assisi »Orient« nennen wollte, weil von der Stadt in der Person des Franz eine neue Sonne für die Welt aufging. Die schönsten Worte über die Beziehung zwischen Franz und der Sonne sind vielleicht die abschließenden Worte des zweiten Kapitels von Chestertons Buch über Franz von Assisi. Dort wird Franz so wunderschön als Bote der Sonne beschrieben: »Während noch Zwielicht herrschte, da erschien plötzlich eine schweigende Gestalt auf einem Hügel über der Stadt, dunkel gegen die schwindende Dunkelheit. Denn es war das Ende einer langen und harten Nacht, einer Nacht des Wachens, in der die Sterne nicht ausgeblieben waren. Sie stand mit erhobenen Händen, in so vielen Statuen und Bildern, und um sie war es wie ein Losbrechen von Vogelgesang und hinter ihr war das Anbrechen des Tages.«[15]

15 Eric Doyle, *Von der Brüderlichkeit der Schöpfung*, © 1987 für die deutsche Übersetzung: Benziger Verlag Düsseldorf und Zürich, S. 98 f.

FREITAG

Clara d'Offreduccio – Führerin der Frauen

KAPITEL 7,4

Soll diese Verwandlung aber vollkommen sein, müssen wir alle intellektuelle Anstrengung zurücklassen. Unser Empfinden muß ganz in Gott aufgehen. Unsere Gefühle sollen gleichsam in Gott hinein verwandelt werden.

Das ist jedoch ein mystischer Prozeß
und äußerst verborgen.
Niemand kennt das Geheimnis,
außer denen, die es empfangen (Offb 2,17).
Niemand empfängt es,
außer denen, die es in Sehnsucht erwarten;
niemand ersehnt es,
außer diejenigen, die das Feuer des Heiligen Geistes,
den Christus in diese Welt gesandt hat (Lk 12,49),
in ihrem Innersten gepackt hat.

Josef: Wie es häufig in der Geschichtsschreibung geschieht, ist die Frau an Franzens Seite und ihr ureigenes Profil über die Jahrhunderte weitgehend verlorengegangen. Wer war Clara d'Offreduccio, uns bekannt als Klara von Assisi?[16]

Klara, zwölf Jahre jünger als Franz, aus adeligem Haus, genoß eine gute Schulausbildung – Franzens Latein ist mit dem ihren nicht zu verglei-

16 Seit dem Jubiläumsjahr 1994 (1194–1254) sind einige wichtige literarische Werke erschienen. International sind wohl zunächst Marco Bartolis fundierte Arbeit *Chiara d'Assisi*, Rom 1989 (eine Übersetzung ist 1993 im Dietrich-Coelde-Verlag erschienen) und Margaret Carneys überarbeitete Doktorarbeit *The first franciscan woman. Clare of Assisi and her form of life*, Franciscan Press 1993, von größter Bedeutung. Ist es nicht bezeichnend, daß Sr. Margaret 1988 die erste Frau war, die am Institut für Franziskanische Spiritualität in Rom promovierte? Anton Rotzetter hat für den deutschsprachigen Raum Carney's Titel übernommen und im Herder Verlag 1993 mit *Klara von Assisi. Die erste franziskanische Frau* ein fundamentales Werk geschaffen.
Band 2 der *Franziskanischen Quellenschriften* bietet die grundlegende Ausgabe von *Leben und Schriften der Heiligen Klara.*

chen – und wuchs wohl sehr behütet auf. Schon früh begann sie zu Hause »religiös« zu leben. Sie lebte nach strengen eigenen Regeln, zurückgezogen in ihrem Haus, wie viele andere Frauen, sogenannte Reklusinnen. Somit entzog sie sich auch »höheren Aufgaben«. Sie hätte durchaus gute Männer-Partien machen können oder sogar sollen. Franzens Bewegung war bereits in vollem Gang. Viele Frauen waren »ausgebrochen« und mit dabei. Die Kirche als Institution war sehr in Sorge: Anarchie drohte. Viele gingen auf die Straße und begannen in Buße zu leben und das Evangelium zu predigen. Manche feierten ohne jede Legitimation Sakramente. Ein Kardinal wurde mit der Frauenfrage beauftragt. Sein Auftrag war, alle herumziehenden Frauen möglichst bald hinter Gitter zu bringen! Gegen Ende des Jahrhunderts war dieses »Problem« ganz im Sinne der Hierarchie gelöst. Einer der mächtigsten und verhängnisvollsten Päpste der Kirchengeschichte, Bonifaz VIII., verkündet 1300: *Außerhalb der Kirche kein Heil.* All diejenigen, die sich nicht ein- und unterordnen, werden vernichtet. Eine blutige und grausame Verfolgungsgeschichte nimmt ihren Lauf.

Aber zurück zu Franz. Suchte er auf das Drängen oder Raten von Klerikern hin nach einer starken Frauenpersönlichkeit, die »seine« und alle aufgebrachten und herumziehenden Frauen hätte sammeln sollen? Jedenfalls fanden einige »konspirative« Sitzungen statt. In der offiziellen Biographie heißt es nur: *Er besuchte sie und sie öfters ihn. Die Zeit ihrer Besuche richteten sie so ein, daß jene göttliche Beschäftigung weder von Menschen wahrgenommen, noch durch öffentliches Gerede beanstandet werden konnte. Nur eine einzige vertraute Gefährtin* – Bona di Guelfuccio – *begleitete das Mädchen.*[17]

Versuchte Franz, Klara von ihrer »Berufung« zu überzeugen? Was bedeuteten sie wirklich füreinander? Eine Erzählung gibt uns Hinweise dazu:

> *Eines Tages kamen Franz und Klara von Spello gen Assisi und wurden dabei nicht wenig beunruhigt. Sie waren nämlich für eine Weile in ein Haus getreten, wo man ihnen auf ihre Bitte etwas Brot und Wasser gab. Aber dabei hatten sie böse Blicke auf sich gezogen, und sie mußten peinliches Geflüster mit versteckten Anspielungen und Witzen hinnehmen. Schweigend gingen sie weiter. Es war die kalte*

17 Thomas von Celano, *Leben der heiligen Klara von Assisi*, FrQuSchr II, S. 38f. Der Zeitgenosse und Mitbruder Franzens (1190–1260) schrieb bereits die beiden offiziellen Biographien des Ordensgründers. Im Auftrag des Papstes Alexander IV. schrieb er 1256 unmittelbar nach der Heiligsprechung Klaras auch ihr Leben.

Jahreszeit und das Land ringsum mit Schnee bedeckt. Schon begann es am Horizont zu dunkeln ... Plötzlich sagte Franz: »Schwester, hast du verstanden, was die Leute von uns gesagt haben?« Klara gab keine Antwort. Ihr Herz war wie von Zangen gepeinigt, und sie spürte, wenn sie etwas sagen würde, hätte sie die Tränen nicht unterdrükken können.
»Es ist Zeit, uns zu trennen«, sagte schließlich der heilige Franz. »Du wirst noch vor dem Einbrechen der Nacht im Kloster sein. Ich werde allein gehen und von weitem folgen, wie Gott mich führt.«
Da warf sich Klara mitten auf dem Wege in die Knie. Nach einer Weile hatte sie sich gefaßt, stand auf und ging gesenkten Hauptes weiter, ohne rückwärts nach ihm zu schauen. Der Weg führte durch einen Wald. Auf einmal aber hatte sie nicht mehr die Kraft, so ohne Trost und Hoffen, ohne ein Abschiedswort von ihm zu gehen. Sie wartete. »Vater«, sagte sie, »wann werden wir uns wiedersehen?« »Wenn der Sommer wiederkommt, wenn die Rosen blühen!« Da geschah etwas Wunderbares. Auf einmal war ihnen, als blühten ringsum auf den Dolden der Wacholdersträuche und auf den von Reif bedeckten Hekken eine Unzahl von Rosen ... Nach dem ersten Staunen eilte Klara hin und pflückte einen Strauß von Rosen und legte ihn Franz in die Hände. Von diesem Tage an waren Franz und Klara nie mehr getrennt.

Übungen

■ Lies in Ruhe den Auszug aus dem dritten Brief Klaras, der im folgenden abgedruckt ist. Versuche, dir die Persönlichkeit hinter den Worten vorzustellen: ihre Freude, ihren kämpferischen Willen, ihre Glaubens- und Lebenskraft!
Stelle deine Gedanken vor den Spiegel der Ewigkeit!

■ Bedenke aufgrund desselben Briefes das Geheimnis »geistlicher Mutterschaft«! Ist das nicht die zentrale Würde jedes »Christen«? Die zentrale Sendung entsprechend Maria, der Mutter und dem Urbild der Kirche?
Östliche Kulturen kennen eine tiefe Verneigung bei der Begrüßung und Verabschiedung. Achte einmal bewußt auf die Haltung der Ehrfurcht in der Begegnung mit anderen. Die Inder sagen: »Ich verehre die Gottheit in dir!«

Eines Tages hatten sich Bruder Franz und Bruder Leo zusammen nach Siena begeben; aber sie wurden dort von den Leuten ziemlich unfreundlich aufgenommen, und der Heilige war deshalb nicht wenig betrübt. Den Weg entlang, während es dunkelte, dachte er an das süße Assisi, wo er seine geistlichen Söhne und Klara, die Tochter seines Herzens, zurückgelassen hatte. Er wußte, daß die fromme Jungfrau um ihrer Liebe zur Armut willen großen Widrigkeiten ausgesetzt war, und er war zur Zeit nicht ohne Sorge, seine geliebte Tochter möchte an Leib und Seele krank werden und könnte sich, in S. Damiano auf sich selber angewiesen, von ihren heiligen Vorsätzen abdrängen lassen. Dieser Zweifel bedrückte ihn in einem Maße, daß er an der Stelle, wo die Straße in das Hügelland einbiegt, das Gefühl hatte, seine Füße würden ihm jeden Augenblick in die Erde versinken.
Er schleppte sich zu einem Brunnen, an dem das frische Wasser sprudelte und im Trog eine klare Fläche bildete, auf die der Strahl vom Brunnenrohr niederfiel. Lange stand der Mann Gottes über den Brunnen geneigt. Dann hob er auf einmal den Kopf und sagte freudig zu Bruder Leo: »Bruder Leo, Lämmlein Gottes, was glaubst du, habe ich im Brunnenwasser gesehen?«
»Den Mond, Vater, der sich darin spiegelt«, erwiderte der Bruder.
»Nein, Bruder Leo; nicht unsern Bruder Mond habe ich im Brunnenwasser gesehen, sondern durch die anbetungswürdige Gnade des Herrn sah ich darin das wirkliche Antlitz unserer Schwester Klara, und es war so rein und strahlend von heiliger Freude, daß mir alle meine Zweifel auf einmal verflogen sind, und ich habe die Gewißheit erhalten, daß unsere Schwester in dieser Stunde jene tiefe Freude genießt, die Gott seinen Lieblingen gewährt, indem er sie mit den Schätzen der Armut überhäuft.«[18]

André: Die Freundschaft dieser beiden großen Persönlichkeiten spricht Bände. Und sie war mit viel Leid verbunden. Klara wird nach dem Tod des »hochseligen Vaters Franziskus«[19] in der Nacht vom 3. auf den 4. Oktober 1226 und nach seiner Heiligsprechung 1228 mehr und mehr isoliert. Sie kämpft in San Damiano hartnäckig um ihren Lebensstil. Gegenüber dem Papst schreckt sie auch nicht vor massiver Gegenwehr zurück. Einmal geht sie sogar in Hungerstreik, als sich die Brüder von den Schwe-

18 Otto Karrer (Hrsg.), *Franz von Assisi. Legenden und Laude*, © Manesse Verlag Zürich 1975, S. 135–137.
19 Klara, *Regel*, 1. Kapitel, FrQuSchr II, S. 90.

stern distanzieren wollen.[20] Der Papst weiß um ihre Bedeutung: er besucht sie mehrmals, schließlich auch am Totenbett. Der Reichtum ihrer spirituellen Kraft spricht aus ihren Schriften. Besonders die Briefe an Agnes von Prag sind ein einmaliges Zeugnis ihres franziskanischen Geistes. Als Betrachtung für diesen Tag und weiteren Einblick in das Erleben dieser großen Frau zitieren wir aus dem dritten Brief Klaras an Agnes, der um 1238 verfaßt ist:

Ich kann mich wirklich freuen und niemand soll mir eine solche Freude rauben können, weil ich das schon besitze, was ich unter dem Himmel begehrt habe. Ich sehe ..., wie Du den im Acker der Welt und der Menschenherzen verborgenen unvergleichlichen Schatz, durch den man das kauft, wodurch alles aus nichts gemacht ist, mit Demut, mit der Kraft des Glaubens und mit den Armen der Armut umfängst. ... halte ich Dich für eine Gehilfin Gottes selbst und für eine Stütze der gebrechlichen Glieder seines unaussprechlichen Leibes.

Wer möchte mich deshalb abhalten, mich über solche wunderbare Freuden zu freuen? Freue also auch Du Dich stets im Herrn, Liebste, und nicht mögen Bitterkeit und widrige Dinge Dich umstricken, in Christo liebste Herrin, Freude der Engel und Krone der Schwestern! Stelle Deine Gedanken vor den Spiegel der Ewigkeit, stelle Deine Seele in den Glanz der Glorie, stelle Dein Herz vor das Bild der göttlichen Wesenheit und forme Dich selbst durch Beschauung gänzlich um in das Abbild seiner Gottheit, damit Du selbst empfindest, was seine Freunde empfinden durch das Verkosten der verborgenen Süßigkeit, die Gott selbst von Anbeginn denen aufbewahrt hat, die ihn liebhaben. Dabei übergehe gänzlich alles, was in dieser trügerischen, beunruhigenden Welt ihre blinden Liebhaber verstrickt. Liebe jenen mit ganzer Hingabe, der sich um Deiner Liebe willen gänzlich hingegeben hat, dessen Schönheit Sonne und Mond bewundern, dessen Belohnungen in ihrer Köstlichkeit und Größe ohne Ende sind. Ihn meine ich, den Sohn des Allerhöchsten, den die Jungfrau gebar und nach dessen Geburt sie Jungfrau blieb. Seiner liebsten Mutter hange fest an, die einen solchen Sohn geboren hat, den die Himmel nicht zu fassen vermögen; und dennoch hat sie ihn in dem Kämmerlein ihres Mutterleibes gebildet und ihn in jungfräulichem Schoße getragen. ...

---

20 Vgl. Celano, *Das Leben der hl. Klara,* Kapitel 37, FrQuSchr II, S. 66.

Siehe, nun ist es klar, daß die Seele des gläubigen Menschen ... größer ist als der Himmel; denn die Himmel mit den übrigen Geschöpfen vermögen den Schöpfer nicht zu fassen, die gläubige Seele allein ist seine Wohnung und sein Sitz, und dies nur durch die Liebe, welche die Gottlosen entbehren. Denn so spricht die Wahrheit: »Wer mich liebt, wird von meinem Vater geliebt, und auch ich werde ihn lieben, und wir werden zu ihm kommen und Wohnung bei ihm nehmen« (Joh 14,21.23). Wie also die glorreiche Jungfrau der Jungfrauen ihn leiblich getragen hat, so kannst Du ihn ohne jeglichen Zweifel stets in Deinem keuschen und jungfräulichen Leib geistigerweise tragen, wenn Du den Fußspuren ihrer Demut und besonders ihrer Armut nachfolgst; ihn wirst Du umfassen, von dem Du und alles umfaßt wird, das wirst Du besitzen, was Du auch im Vergleich mit anderen vergänglichen Besitztümern dieser Welt um so dauerhafter besitzen wirst.[21]

21 Klara von Assisi, *Dritter Brief an Agnes von Prag*, FrQuSchr II, S. 121–123.

Samstag — Der ganze Weg

Prolog 5 und Kapitel 1,3–5

Es schien mir sinnvoll, meine Gedanken in sieben Abschnitte einzuteilen. … Bitte, achte mehr auf … die Wahrheit als auf die Form, mehr auf die emotionale als auf die rationale Bereicherung.

Es gleicht dem dreitägigen Wüstenweg [der Israeliten] oder den drei Lichtverhältnissen während des Tages: dem Abend, dem Morgen und dem Mittag. … Wir könnten es auch mit Jesus Christus vergleichen, der körperlich, geistig und göttlich zugleich ist. Dieser Jesus Christus ist unsere Leiter zu Gott.

Nun müssen wir uns für den Aufstieg bereitmachen, um mit Gott eins zu werden und ihn aus ganzer Seele, aus ganzem Herzen und aus ganzer Kraft zu lieben. Genau darin besteht ja die tiefste Treue zum GESETZ und alle christliche Weisheit.

Was bisher gesagt wurde, können wir allerdings auf zweierlei Art und Weise verstehen. Gott ist als Alpha und Omega zu sehen. Außerdem können wir Gott wie *durch* einen Spiegel oder wie *in* einem Spiegel schauen. Zudem lassen sich diese unterschiedlichen Sichtweisen auch miteinander verknüpfen oder rein für sich betrachten. So werden also aus den drei Hauptstufen sechs. Wir könnten es mit dem Schöpfungsbericht der Genesis vergleichen: wie Gott die Welt in sechs Tagen vollendete und am siebten Tag ausruhte, so werden auch wir (»die Welt im Kleinen«) in sechs Lichtstufen zum ruhevollen Frieden der Kontemplation geführt, wo alles ganz aufeinander abgestimmt ist. Ein anderes Bild ist der Thron Salomos, zu dem sechs Stufen hinaufführen (vgl. 1 Kön 10,19). Die Seraphim in der Vision Jesajas hatten sechs Flügel. Gott rief Mose nach sechs Tagen inmitten der Finsternis, und ebenso nach sechs Tagen führte Christus die Jünger auf den Berg und wurde vor ihnen verwandelt (Mt 17,1–8).

André: Bonaventura bietet uns verschiedene Bilder für die Beschreibung seines Wanderweges an: eine Leiter, eine Wendeltreppe, ein stufenweiser Aufstieg. Er gliedert diesen Aufstieg in sieben Schritte. Folgende Darstellung (Abb. 1) soll das angewandte Muster in etwa veranschaulichen. Das

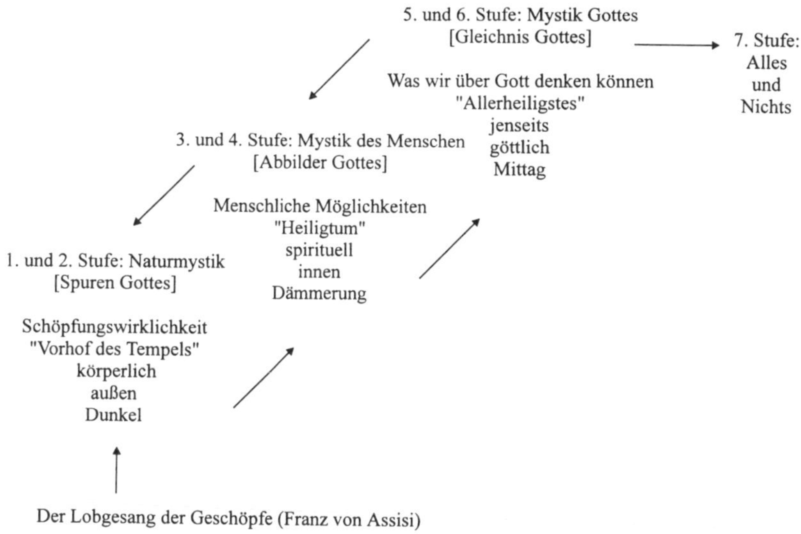

Abbildung 1: Der ganze Weg

Itinerarium beginnt dort, wo Franz von Assisi mit seinem *Sonnengesang*, dem *Lobgesang der Geschöpfe*, seinen Weg sozusagen abschließt. Durch die Schöpfung stimmt er in den großen Dankgesang ein.

Lob sei Dir, mein Herr, durch alle deine Geschöpfe,
besonders Herrin Schwester Sonne,
sie ist Tag, und durch sie gießt du das Licht aus über uns.
Sie ist schön und strahlend in großem Glanz,
dein Bild, o Höchster, ist sie ...[22]

Durch (lateinisch *per*) alles, was um ihn ist, lobt Franz Gott. Bonaventura benutzt zunächst als Grundmuster *per* und *in*. Ein eher äußerlich verbleibender – nicht im Sinne von oberflächlich! – Schritt nach oben wechselt sich jeweils mit einem Schritt in die Mitte oder Tiefe, in das Innere ab.

Dabei greift der Autor durchaus bekannte Kategorien mystischer Erfahrungen auf. Das Spiel mit Zahlen wie 3 und Ausdrücken wie *per* und *in* hat immer schon eine Rolle gespielt, auch über das Christentum hinaus.

22 Franz von Assisi, *Lobgesang der Geschöpfe*, übersetzt von M. Bienentreu, in: Doyle, a.a.O., S. 91.

Hugo von St. Viktor (1100–1141)[23] benennt eine Dreigliederung: das Auge des Fleisches, das Auge des Verstandes und das Auge der Kontemplation. Pseudo-Dionysios[24] gebraucht das Symbol einer dreigliedrigen Leiter: *katharsis – ellampsis – teleiosis* (griechisch *Reinigung – Erleuchtung – Vollendung*). Die Lateiner nennen diese Stufen, die sich dann vielfach in der traditionellen Literatur von Spiritualität und Askese durchsetzten, *purificatio – illuminatio – unio oder perfectio.*

Dabei ist es durchaus sinnvoll, sich nach der Reihenfolge zu richten und von unten her aufzubauen. Eine Stufe zu überspringen, kann sich sehr wohl rächen. Eines baut auf das andere auf. Die *unio*, die Einheit, ist nicht einfach zu haben oder zu nehmen, so wie wir uns heute im Supermarkt das ein oder andere einfach besorgen können – soweit das Geld reicht. Bonaventura versteht Spiritualität sicher nicht als Selbstbedienungsladen. Sein *Itinerarium Mentis in Deum* beinhaltet – ganz im Sinne der Tradition – eine Mystagogie. Wir werden nach und nach in das Geheimnis eingeführt, hineingeleitet, hineingefordert. Schrittweise treten wir in das göttliche Mysterium ein. Es gleicht dem Betreten eines jüdischen Tempels mit seiner sehr klar gegliederten Architektur: Stufe eins ist der Tempelhof, dann folgt das Heiligtum und schließlich das Allerheiligste selbst. Andererseits gleicht es auch der Natur, wo sich die Dunkelheit in die Morgendämmerung und schießlich zur hohen lichten Mittagssonne wandelt. Außerdem benutzt Bonaventura noch das Bild vom Seraph mit den sechs Flügeln, zwei unten, zwei in der Mitte und zwei oben. Mit diesen Flügeln werden die drei Naturen Christi – nämlich körperliche, geistige und göttliche –, die Schöpfung, die Seele des Menschen und das Göttliche sowie die sechs Tage der Schöpfung verglichen.

Josef: Dort, wo Theologen und religiöse Machtträger keine Wege zu einer Einheit der christlichen Konfessionen oder gar der Religionen ebnen konnten, hat die mystisch-kontemplative Erfahrung der Menschen verschiedener Religionen und Kulturen immer schon erstaunliche Zusammenhänge und eine tiefe Einheit zum Ausdruck gebracht.

Auch der Zen-Buddhismus kennt drei Stufen: das Za-Zen, das einfache Sitzen mit dem Ziel der vollständigen Geistes-Leere ist dabei Ausgangspunkt und zugleich ständige Übung. Darauf folgt eine Phase, das soge-

---

23 Ein einflußreicher scholastischer Theologe.

24 Ein unbekannter syrischer Autor, der Neuplatonismus und Christentum zu vereinen suchte. Er lebte wohl im 5. Jahrhundert n. Chr.

nannte Makyó, in dem Gestalten, Stimmen und andere Erscheinungen auftreten. Es handelt sich um eine sogenannte psychologische Ekstase, eine tiefe Geistessammlung. Wichtig dabei ist, diesen Erscheinungen nicht nachzugehen, sondern weiter auf die Erleuchtung zu warten, die dritte und höchste Stufe nämlich. Bei genauerem Hinsehen gibt es auch dort in verschiedenen Schulen wieder eine Zweiteilung der drei Stufen.

Übungen

- Was fällt dir ein, wenn du an Wege denkst? Schulweg, Arbeitsweg, Einkaufsweg, Umweg, Irrweg, Abweg, Einbahnstraße oder Sackgasse? Wähle einen dir wichtigen Weg aus, vielleicht einen Kreuz- oder Heilsweg deines Lebens, und zeichne diesen mit Worten oder einem Bild nach. Lege dich innerlich zuerst auf einen bestimmten Weg fest. Dann nimm dir Zeit.

- Kennst du einen Kreuzweg? In einer Kirche, im Freien? Wir raten dazu, die einzelnen Stationen dieses Weges wirklich nachzugehen.

- Wenn du einen halben oder ganzen Tag Zeit hast, mach eine »Wallfahrt« zu einem dir heiligen Ort. Geh in Ruhe und Sammlung in Stille, betend oder singend deinen Weg. Achte gut auf die einzelnen Wegabschnitte, auf alles, was dich umgibt und dir begegnet.
  Laß in dir vor allem Stille werden.

Aufgrund meiner beruflichen Tätigkeit in der Sterbebegleitung habe ich mich intensiver mit den tibetischen Aussagen dazu befaßt. Die Tibeter beschreiben in ihrem Totenbuch für die Phase des Übergangs vom Leben zum Tod und dem Werden eines neuen Lebens acht Stufen. Es handelt sich genauer um acht Stadien der Auflösung in eine jeweils subtilere Ebene. Der Text will die Leser zur Meditation anleiten, um den Verwandlungsaspekt des Lebens kontinuierlich einzuüben.

Auch hier gibt es sehr interessante Parallelen: Die ersten vier Stadien befassen sich mit den vier Elementen der Kreatur, darauf folgt die mentale Ebene. Stadien 7 und 8 decken sich teilweise auch in der Wortwahl mit der siebten Stufe Bonaventuras: »der schwarze Bereich« oder »das klare Licht des Todes«.

Im indischen Yoga finden wir ebenso drei Stufen zur Vollkommenheit.

Vielleicht liegen die dahinterstehenden Erfahrungen gar nicht so weit auseinander, auch wenn mancher Begriff zunächst Unterschiedliches auszudrücken scheint. Das gilt meines Erachtens besonders für die siebte Stufe des *Itinerarium* im Vergleich mit der jeweils dritten Stufe des Zen und Yoga. Der Höhepunkt mystischer Kommunikation scheint von Johannes vom Kreuz (1542–1591) bis hin zu islamischen, buddhistischen und anderen Mystikern dieselbe oder zumindest eine ähnliche Wirklichkeit zu beschreiben. Bonaventura findet dafür eine wunderbare Sprache, lange vor Johannes vom Kreuz. Besonders beeindruckend ist sicherlich seine Fähigkeit, der Vereinigung aller Gegensätze derartigen Ausdruck zu verleihen. Faszinierend ist auch, daß er selbst diese höchste Stufe noch nach vorne hin öffnet. Es ist noch kein Ende erreicht, nur das Ende der Beschreibbarkeit. In der graphischen Darstellung der siebten Stufe deuten wir so etwas wie ein Sprungbrett an. Der große Jesuit Hugo M. Enomiya Lassalle († 1990) erwähnt auch für das Zen der dritten Stufe, die Erleuchtung, den Begriff »Salto mortale vom mentalen Sprungbrett«.[25]

Das Gebet ist nach Bonaventura die treibende Kraft, der Motor der Bewegung und des Fortschreitens. Er nennt es *Mutter und Quelle allen geistlichen Lebens.*

Die ersten beiden Schritte oder Spuren (*vestigia*), behandeln eine Mystik der Natur, alles Geschaffenen, einschließlich der natürlichen Sinneswahrnehmung und -empfindung. Die mittleren Stufen, Abbilder (*imagines*) Gottes, beschreiben eine Mystik der Psyche, das heißt des gesamten menschlichen Innenlebens und Verhaltens. Dazu gehören auch spirituelle und religiöse Erfahrungen aller Art. Mit der vierten Stufe endet auch schon die menschlich faßbare Realität, wo sich Gott und Mensch begegnen, und göttliches Wirken die Führung übernimmt. In den Stufen fünf und sechs erreichen wir die Mystik Gottes, das Gleichnis (*similitudo*) Gottes. Wir Menschen können darüber noch nachdenken, was nicht nur Philosophen und Theologen bis ins Extrem hinein betreiben. Der endlichen Erfahrung des Menschen ist dies allerdings entzogen.

Von der letzten Stufe sieben des Weges haben wir bereits ausführlicher gesprochen: es geht um die Mystik ganzer Hingabe und zugleich der Erfüllung schlechthin. Es geht um eine Mystik des Kreuzes, des Leidens und des Wartens auf Auferstehung: den Höhepunkt mystischer Kommunikation.

---

25 Hugo M. Lassalle, *Zen – Weg zur Erleuchtung. Einführung und Anleitung*, Herder 1982, S. 33.

Bonaventura benutzt Bilder, die zum einen einen gradlinigen Aufstieg suggerieren, allerdings auch nicht verdunkeln sollen, daß es bei diesem Weg nicht um einen geradlinig fortschreitenden Weg geht, sondern vielmehr um Phasen, die sich wie eine Wendeltreppe ineinander drehen und nicht dazu da sind, um die ersten Schritte ein für allemal hinter sich zu lassen. Jede Stufe behält ihre Wichtigkeit. Für das alltägliche Leben ist es wichtig und entscheidend, sich stets von neuem auf den Weg zu machen und in die Tiefe zu spüren.

Zweite Woche — Von außen nach innen

Sonntag — Kontemplation oder was wir von den Wiederkäuern lernen können

Prolog 5
und Kapitel 1, 7.8

Bitte, achte mehr auf die Intention als die Leistung des Autors, mehr auf die Bedeutung als auf die unangemessene Sprache, mehr auf die Wahrheit als auf die Form, mehr auf die emotionale als auf die rationale Bereicherung. Dazu ist es allerdings notwendig, diese Seiten nicht oberflächlich zu überfliegen, sondern sie in der Art der Wiederkäuer langsam und immer wieder neu zu überdenken und »durchzukauen«.

Die Menschen waren anfangs fähig, die Ruhe und den Frieden der Kontemplation zu genießen. Deshalb setzte Gott sie in den Garten Eden, in das Paradies aller Freuden. Sie wandten sich vergänglichem Glück zu. ... So sitzen wir erblindet und geduckt in der Finsternis und können das Licht des Himmels nicht mehr sehen. Wir brauchen gerechte Gnade wider die Begierde und weises Wissen wider die Ignoranz. Das alles vollzieht sich durch Jesus Christus ... Er begegnet uns zugewandt und liebevoll, mit offenem Herzen, gutem Gewissen und echtem Vertrauen. ...

Wer also Gott begegnen möchte, sollte zuallererst die Sünde vermeiden, die das, was uns von Natur aus gegeben ist, zerstört. Wir sollten unsere oben genannten natürlichen Kräfte üben, um

durch Gebet die wandelnde Kraft der Gnade,
durch unser Verhalten die klärende Kraft der Gerechtigkeit,
in der Meditation die erhellende Kraft des Wissens und
in der Kontemplation die vollendende Kraft der Weisheit zu erlangen.

Denn niemand wird ohne Gnade, Gerechtigkeit und Wissen weise. Genauso wird niemand wirklich kontemplativ, ohne mit Ausdauer zu meditieren, sich gerecht zu verhalten und andächtig zu beten.

Da also Gnade gerechten Willen und klaren Verstand begründet,
sollten wir als erstes beten.
Als zweites sollten wir uns mühen, heilig zu leben, und
als drittes auf die Wahrheit zu schauen, wie sie sich zeigt.

Josef: Häufig wird »Kontemplation« begrifflich streng von »Aktion« getrennt. Das mag teilweise sinnvoll sein, jedoch wird dadurch auch etwas Wesentliches verdeckt. Es wird ein Gegensatz geschaffen, wo keiner sein muß. Der nordamerikanische Franziskaner Joe Chinnici drückt das einmal so aus: *Ursprünglich wurden wir für die Kontemplation geschaffen!* Bonaventura sagt es in Kap. 1,7 so: *Die Menschen waren anfangs fähig, die Ruhe und den Frieden der Kontemplation zu genießen.*

Ernesto Cardenal, der nicaraguanische Priesterdichter und Politiker, hat es in *Das Buch von der Liebe* anders ausgedrückt:

> *Wie der Eisvogel erschaffen wurde zum Fischefangen und der Schmetterling zum Nektarsaugen, so ist der Mensch zur Kontemplation bestimmt und zur Liebe zu Gott ...*
> *Gott widerspiegelt sich in der Einsamkeit und im Frieden wie der Himmel im ruhigen See. Und es genügt, daß sich die Seele beruhige, und reinige, damit sich auf ihrer Oberfläche das Antlitz Gottes widerspiegele.*[1]

Was die Autoren damit meinen, ist auch: es gibt keine absolute Trennung von Aktion und Kontemplation, von Arbeiten und Beten. Wir haben kontemplative Augenblicke im Beten, miteinander, in der Freizeit, in der Arbeit. Kontemplation ist weder durch Zeit noch Raum eingeschränkt.

Thomas von Celano schrieb über Franziskus, er wäre nicht so sehr Beter als vielmehr selbst Gebet geworden (2 Celano 95)!

Die wesentlichen Aspekte franziskanisch verstandener, kontemplativer Erfahrung sind:

- *ich werde von Gott in Liebe angesehen,*
- *ich erwidere diesen liebevollen Blick und*
- *ich sehe das Gesicht Gottes immer und überall in allem.*

---

1 Ernesto Cardenal, *Das Buch von der Liebe,* Peter Hammer Verlag Wuppertal, Neuausgabe 1991; zitiert nach der Ausgabe Gütersloh [10]1981, S. 22.

Beten ist zumindest in seiner »höchsten« Form, nämlich der Kontemplation, nichts für Redegewandte, sondern für Hörfähige. Diese Fähigkeit beinhaltet, Worte in sich zu bewahren, zu bewegen und innerlich nachzusprechen. Das bedeutet, ein Wort zu sich hernehmen und gleichsam sich in ihm aufhalten.

Luther sagt in seiner Lebensordnung für die Geistlichen:

Am Abend mußt Du ein Wort aus der Heiligen Schrift im Gedächtnis mit dir zu Bette nehmen, und wiederkäuend wie ein reines Tier magst Du sanft schlafen ... ganz wenig ... gut durchdacht ... und wenn Du am Morgen aufstehst, sollst Du es als den Ertrag des gestrigen Tages vorfinden.

Diese Übung ist nicht neu. Besonders in östlichen Traditionen taucht das wiederkäuende Wiederholen des Namens Jesu auf, das sogenannte *Jesus-Gebet.*[2] Auch die verschiedenen Kranzgebete ganz unterschiedlicher Religionen (im christlichen Bereich gibt es etwa den Rosenkranz) sind ähnlich angelegt.

Übungen

■ »Ruminiere«, d.h. kaue ein Gebet wieder und immer wieder: Wiederhole Wort für Wort sehr langsam, in beliebiger Reihenfolge und beliebig oft. Es kann ein Wort sein oder auch ein Satz oder Halbsatz. Der 24jährige Franz betet vor dem Kreuz in dem verfallenen San Damiano Kirchlein:

Höchster, herrlicher Gott:
Erleuche die Finsternis meines Herzens.
Gib mir rechten Glauben, sichere Hoffnung, vollkommene Liebe,
Sinn und Erkenntnis, Herr,
damit ich erfülle
deinen heiligen und wahrhaften Auftrag.

Abschließend verweile in Stille.

■ Summe, singe oder spreche den Tag über immer wieder einen kehrversartigen Spruch (beispielsweise eines der vielen Taizé-Lieder, einzelne Worte oder Sätze aus der Heiligen Schrift)

2 Vgl. E. Jungclaussen, *Aufrichtige Erzählungen eines russischen Pilgers*, Herder 1981.

Bonaventura mahnt zum Schluß des Prologs die Leser, jeden Teil dieses Itinerarium sorgsam »durchzukauen«. Wie die wiederkäuenden Tiere kannst du diesen Text gemächlich und in aller Ruhe verinnerlichen. Wer meint, dergleichen »hinunterschlingen« zu können, wird vieles nicht erfahren. Auch hier wieder: es geht um viel mehr als intellektuelle Übung oder theoretische Erkenntnisse. Es geht um den ganzen Menschen, mitsamt seinen Gefühlen, all seinen Sinnen, seinen seelischen und körperlichen Fähigkeiten und Kräften, um die Person, die sich in Liebe dem andern hingeben kann.

Der Autor zeichnet in seinem Prolog den spirituellen Weg der menschlichen Person in franziskanischer Perspektive. Dabei gibt er uns Wegmarkierungen an die Hand (vgl. Abb. 2):

- *die treibende Kraft, den »Motor«*
- *die bedeutsamen Faktoren entlang der Wegstrecke*
- *und natürlich das Ziel, Frieden.*

Dieser Weg ist nicht durch fertige Antworten gekennzeichnet, wozu besonders fundamentalistisch orientierte kirchlich-religiöse Gemeinschaften tendieren. Das scheint ja so praktisch, leicht abzuhaken und zu erledigen. Nein!

Es geht um die lebendig gehaltene Sehnsucht nach Frieden, die sich stets neu ausstreckt ins Dunkle und Abgründige hinein.

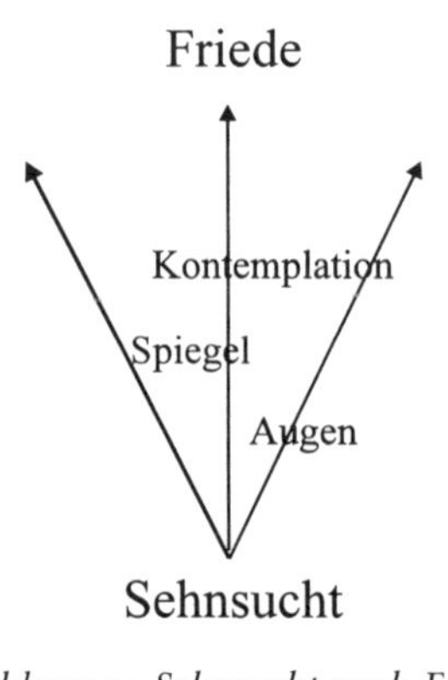

Abbildung 2: Sehnsucht nach Frieden

MONTAG Durch die Blume

KAPITEL 1, 2.9. 10. 15.

Denn alles, was existiert, das ganze Universum, führt uns zur Gotteserfahrung und weist uns auf ihn hin. Das Universum ist wie eine Leiter. …

Um nun dem geistlichen und ewigen Urgrund, der uns übersteigt, zu begegnen, müssen wir zunächst den *Spuren* nachgehen, die sich konkret und (zeitlich) begrenzt außerhalb unserer Person finden. So werden wir auf dem Weg Gottes geführt. … Die gesamte wahrnehmbare Welt erscheint uns als Spiegel, durch den wir Gott, den kreativsten aller Künstler, erreichen können. … *Denn von der Größe und Schönheit der Geschöpfe läßt sich auf ihren Schöpfer schließen* (Weish 13, 5).

In der Schöpfung spiegelt sich, wie überaus mächtig, weise und zugewandt Gott ist. …

Wer das trotz der Deutlichkeit nicht erkennt, ist blind.
Wer durch solchen Lärm nicht wach wird, ist taub.
Wer Gott deswegen nicht lobt, ist stumm.
Wer alle diese Indizien prüft und
sich dem Anfang aller Dinge nicht zuwendet, ist ein Dummkopf.
Öffne also deine Augen,
neige dein geistiges Ohr,
löse deine Lippen und
schließ auf dein Herz,
damit du deinen Gott in der gesamten Schöpfung
sehen, hören, loben, lieben und
anbeten, verehren und rühmen kannst.

Die Erde wird sich sonst wider dich erheben!
Aus dem Grund wird nämlich die ganze Welt
gegen die Toren zum Kampf antreten (vgl. Weish 5, 20).
Denen aber, die ihre Sinne dafür öffnen,
wird sie Ehre erweisen.

Und sie werden mit dem Psalmisten sprechen:
Du hast mich durch deine Taten froh gemacht;
Herr, ich will jubeln über die Werke deiner Hände (Ps 92, 5).

Herr, wie zahlreich sind deine Werke!
Mit Weisheit hast du sie alle gemacht,
die Erde ist voll von deinen Geschöpfen (Ps 104,24).

Josef: Als ich 1988 zum erstenmal die Niagara Wasserfälle an der Grenze zwischen USA und Kanada besuchen konnte, gerieten André und ich etwas in Zeitnot. Es gelang ihm kaum, mich wieder loszureißen, so gebannt und gefesselt war ich. Diese ungeheure Gewalt des herabbrechenden Wassers! Welche Kraft, welche Stärke! Die Geduld und Widerstandskraft dieser Felsen! Und die wunderbare Zartheit des darüberschwebenden Regenbogens, der einmal da und einmal dort erschien und sich wieder verflüchtigte. Die Leichtigkeit und den Frohsinn der hochgeworfenen Gischt, die in sanften Regentropfen weite Teile des Ufers und der Touristenpromenade benetzte. Fuhr der Wind etwas kräftiger in das Wasser, waren die Passanten im Nu patschnaß. Und neben der Urgewalt des in die Tiefe stürzenden Flusses beinahe unberührt ein paar Blümchen, Grashalme, Bäume. Ich ging, blieb stehen und staunte immer wieder über dieses Naturwunder. Ja, und da drüben, auf der kanadischen Seite, diese Farbenpracht der Blumenanlagen! Eine Augenweide, diese Schönheit.

Hinter all dem muß doch mehr stecken als der pure Zufall! Muß Gott, der Urgrund alles Lebendigen, nicht noch viel schöner, gewaltiger, leichter, erfrischender, größer sein!? Bonaventura macht auf der ersten Stufe nichts anderes als das, was ich eben beschrieben habe. Er nimmt die Schöpfung um sich herum wahr und entdeckt durch ihre einzelnen Teile die unerreichbare, vollkommene Macht und Größe Gottes. Folgende Darstellung soll das veranschaulichen.

Menschliche Sinnesorgane	⟶	alles, was es gibt	⟶	Größe Gottes

André: Bitte gehe nicht achtlos darüber hinweg, wie positiv Bonaventura die Natur begreift. Er spricht keine Warnung vor bestimmten Dingen aus, er zieht keine Grenze zwischen böse und gut. Er weiß um die Kraft der Gottesbegegnung, und sei es in der Küche beim Abspülen. Gott ist uns sehr nahe. Woran liegt es dann eigentlich noch, daß du und ich uns manchmal so verlassen, von IHM verlassen fühlen? Warum fühlen wir uns IHM so fremd?

Anthony de Mello sagt einmal: *Du hörst auf, ein Fremdling zu sein, im Exil zu leben, wenn du die Welt um dich als deine Heimat entdeckst.*[3]

In einer Zeit unendlicher Flüchtlingsströme, wo Millionen von Menschen eine Heimat suchen, ist nicht zu übersehen, daß viele »Erdlinge« sich sehr schwer tun, ihrer Mutter Erde und der Großmutter, dem Universum, zu trauen.

der Mensch —— über die Sinnesorgane ——→ ein äußeres Objekt (Original)

Abbildung 3: Durch die Blume

»Durch die Blume« kannst du entdecken wie schön, groß und mächtig Gott ist. Alles, was du außerhalb deiner Person wahrnehmen kannst, sei es jetzt die wunderbare weiche Matratze, auf der du gerade liegst, das Spiel der Wellen am Meeresstrand, das Schreien eines Kindes, die Stimme deiner Frau, die Geschwindigkeit eines flotten Motorrads, die zarten Hände einer Pflegerin, die einem Bedürftigen gerade die Windel wechselt, der warme Punsch auf einem Weihnachtsmarkt, die frische, eiskalte Luft an einem Wintermorgen, ein sternklarer Nachthimmel, die bedrohliche Gewalt eines herannahenden Gewitters. Alles bringt uns auf die Spur Gottes. Durch all diese Dinge hindurch kann sich dir sozusagen die Unermeßlichkeit Gottes, des Schöpfers, erschließen. Die materielle Welt wurde in vielen philosophisch-religiösen Systemen als das Böse schlechthin hingestellt, als das negative Prinzip. Muß es nicht eigentlich darum gehen, dieser Welt zu entfliehen, ihr zu entsagen? Auch die Spiritualität des Christentums war über Jahrhunderte nur negativ, was die Bewertung der natürlichen Umgebung betrifft.

Übungen

- Schau dich um, in deiner Wohnung, an deinem Arbeitsplatz oder dort, wo du dich erholst. Suche den Wert der Dinge, die dir dort begegnen – vielleicht in einer Art Litanei – auszusprechen:
Lob sei dir, mein Gott, denn durch alles, was wir wahrnehmen können, erfahren wir deine Größe, deine Macht und Schönheit.
Durch … preise ich deine …
Durch … preise ich deine …

3 Anthony de Mello, *Eine Minute Weisheit*, Verlag Herder Freiburg [10]1998, S. 85.

- Achte auf einem ganz gewöhnlichen Spazier- oder sonstigem Weg auf Dinge, die dich besonders »ansprechen«. Am Ende des Weges kannst du dich auf eine »Begegnung« festlegen: beispielsweise der eisige unangenehme Wind an einem Wintertag hat mich besonders berührt.
  Danke einen kurzen Augenblick lang für das Geschenk dieser »Begegnung« und spüre, was dir durch diesen Wind gesagt werden könnte. Ist Gott in dem Wind?

Wenn heute viele Menschen sich für die Umwelt einsetzen, dann ist das häufig einer tiefen Angst und Verunsicherung zu »verdanken«. Sicherlich sind viele dabei noch meilenweit von der überschwenglichen Dankbarkeit und Kunst geschwisterlicher Solidarität entfernt, wie sie im Leben eines Franziskus faßbar werden. Zu seiner Zeit waren es die Katharer und andere Gruppen, die – äußerlich dem franziskanischen Leben und Verhalten recht ähnlich – die Umkehr predigten. Sie verachteten diese Welt. Ihre Enthaltsamkeit und ihre gesamte Wandlung war eher ein Sich-Abwenden, eine Abwehr und in vielen Bereichen auch eine verborgene Aggression. Die Machthaber führten verheerende Kreuzzüge gegen diese »Häretiker«.[4]

Bonaventura ist mit seinem spirituellem Meister auf einer Linie. Alles ist zunächst gut! Gott ist für alles zu loben! Gott ist in allem gegenwärtig und mächtig.

4 Einen exzellenten historischen Eindruck eines Katharerdorfes dieser Zeit wird durch die Akten der Inquisition überliefert. Vgl. dazu Emmanuel LeRoy Laderie, *Montaillou. Ein Dorf vor dem Inquisitor 1294–1324*, Ullstein Taschenbuch.

Dienstag

In vollen Zügen genießen

Kapitel 2,3–5

Wir Menschen, die sogenannte »Welt im Kleinen«, besitzen fünf Sinne. Das Wissen um »die Welt da draußen« tritt wie durch fünf Tore in uns ein. …

Durch diese Tore, unsere Sinne, nehmen wir also sowohl einfache wie auch komplexere Objekte in uns auf. Es handelt sich aber nicht nur um einzelne Sinne, wie beispielsweise Licht, einen Ton, den Duft, den Geschmack und über den Tastsinn die vier Grundeigenschaften (kalt, warm, feucht, trocken). Wenn es aber um Dinge wie Zahl, Größe, Gestalt, Ruhe und Bewegung geht, sind mehrere Sinne beteiligt. …

Im Wahrnehmungsprozeß nehmen wir also die gesamte äußere Welt in ihren drei Erscheinungsformen in uns auf. Durch die Tore der fünf Sinne treten diese äußeren Dinge in uns ein. Ich betone, daß nicht die Substanz der Dinge selbst in uns eingeht, sondern die Bilder, die wir uns von ihnen machen. Zunächst bilden sie sich in einem Medium, nähern sich dann dem entsprechenden Teil des Körpers, und zwar von außen nach innen, und werden von dort ins Wahrnehmungsvermögen weitergeleitet. Unsere Wahrnehmung besteht also immer aus diesen Schritten: im Medium bildet sich etwas ab, das sich dem Menschen nähert, in ihn eindringt und schließlich von ihm wahrgenommen wird.

Dieser Prozeß löst Freude bzw. Genuß aus, wenn etwas beispielsweise Spaß macht. Wir freuen uns entweder aufgrund der Schönheit, so beim Sehen, oder wegen der Lieblichkeit, so beim Riechen und Hören, oder weil's für uns paßt, so beim Schmecken und Tasten. Genuß und Freude ist immer eine Frage von Proportionen, d.h. eines bestimmten Verhältnisses zwischen Empfänger und Original. … Unsere Sinne vertragen das Übermäßige nämlich nicht, genießen aber das Ausgewogene. Was Verhalten und Aufeinander-Einwirken angeht, ist dann etwas angemessen, wenn es dem Bedürfnis des Empfängers entspricht, mit anderen Worten, ihn heilt und nährt.

Josef: Wo kannst du dich am besten entspannen? Wo kannst du dich fallen lassen, ausruhen, zu dir kommen? Gibt es Momente, wo du die Welt oder wenigstens ein kleines Bißchen davon in vollen Zügen genießen kannst?

Woran denkst du da? An einen kühlen Schluck, an ein wärmendes Bett, an einen farbenprächtigen Herbstspaziergang, an eine heiße Tasse Tee im Winter, an einen zarten Kuß, eine sanfte Berührung, einen schwungvollen Tanz, an eine stille Lektüre im wohligen Schaukelstuhl, an ein lustiges Spiel im vertrauten Freundeskreis, an eine köstliche Speise, ein mitreißendes Musikstück oder einen verführerischen Duft?

Im zweiten Kapitel des *Itinerarium* geht es um den Wahrnehmungsprozeß, also den Weg und das Geschehen, wie unsere Sinne »arbeiten«. Wie gelangt das, was außerhalb unseres Körpers ist, nach innen? Was geschieht biochemisch und psychologisch, wenn wir Menschen etwas mit den Sinnen aufnehmen?

Bonaventura zieht das naturwissenschaftliche Wissen seiner Zeit heran, um diese Frage zu beantworten. Wenn wir eine Blume anschauen, meint die damalige Wissenschaft, wird auf dem »Luftweg« ein Abbild der Blume in uns hinein »transportiert«. Das Ergebnis der Sinneswahrnehmung – in dem Beispiel des Sehens – ist, daß wir eine mehr oder weniger schwache Kopie des Originals in uns haben, was wiederum unmittelbar Gefühle und ein Urteil nach sich zieht. Gefällt dir die Blume? Gefällt sie mir? Solange wir Menschen sind, wird jede unserer Sinneswahrnehmungen in irgendeiner Form begrenzt sein. Einmal geht es zu schnell, zu oberflächlich, es ist zu dunkel oder zu weit weg, wir sind verschnupft und riechen oder schmecken gar nichts. Dieses begrenzte Geschehen ist für Bonaventura eine Fußspur göttlicher Prozesse.

Je mehr wir etwas wahrnehmen, je besser wir hinhören, je genauer wir hinschauen, je sensibler wir jemand oder etwas berühren, je genüßlicher wir uns Nahrung einverleiben oder schmecken und je mehr wir den Duft um uns herum in uns aufsaugen, umso mehr gleichen wir der göttlichen Begegnung zwischen Vater und Sohn. Die Theologie lehrt, daß deren Austausch vollkommen ist. Eine göttliche Person öffnet sich der anderen ganz und ohne Vorbehalte.

André: Über die reine Beobachtung der Natur und des Äußeren hinaus haben wir nun den Punkt erreicht, wo eine Begegnung zwischen außen und innen geschieht. Wie schwer diese Erfahrung für Menschen heute sein kann, benennt der folgende Textausschnitt:

> *Lieber Zeitgenosse! Du redest über alles. Du hast Zugänge durch die Massenmedien zu den verschiedensten Problemen, von denen frühere Generationen nichts wußten. Du bist aufgeklärt wie noch nie! Doch dein Inneres ist verschleiert, mehr denn je!*

Deine Seele ist verhüllt. Ab und zu, wenn du in deine Tiefen schaust, fliehst du, so schnell du kannst, in noch mehr Arbeit, noch mehr Reize, in Medikamente oder Alkohol, in Sex und Tratsch. Du kommst nicht zur Ruhe. Du stehst vor dem Bankrott deiner Innenwelt. Du weißt es längst. Du hast die Außenwelt ausgebeutet. Nun stehst du vor dir selbst. Vor dem Gericht deines Gewissens, das dir sagt: Du hast Götzen angebetet! Du hast dich selber geschändet. Du hast die Worte, die ich dir in der Stille sagen wollte, überhört. Du hast die Zeit, die du für dich selbst gehabt hättest, mit der ängstlichen Sorge um vergängliche Dinge vertan.
Ich brauche dich nicht zu verurteilen. Du bist gestraft genug mit dem, wovor du fliehen mußt. Beginne endlich, dich zu erkennen und zum Kern der Person vorzudringen! Dort findest du, was du außen vergeblich suchst.[5]

Übungen

■ Was ist deine Lieblingsspeise? Dein Lieblingsgetränk?
Dein Lieblings-...?
In wessen Gesellschaft möchtest du es genießen?
Versuche dir heute eine Zeit zu reservieren, um etwas in Ruhe und Achtsamkeit zu genießen!
Nimm dir am Ende Zeit, Dank und Lob auszudrücken.

■ Wähle eine tägliche Verrichtung (Abspülen, Zähneputzen oder ähnliches) und achte einmal ganz bewußt auf das, was geschieht. Laß dir dazu auch mehr Zeit als üblich. Eine kurze Besinnung vorher und nachher kann deine Aufmerksamkeit stützen.[6]

Das Genießen der Dinge und Menschen, die uns von außen begegnen und geschenkt sind, braucht also ein gehöriges Maß an Disziplin und recht verstandener »Askese«, es braucht Übung.

5 M. Gutl, *Deine Hände*, S. 126 f.
6 Wenn du dir weitere Übungen der Achtsamkeit ansehen willst, empfehle ich das Buch von Thich Nhat Hanh, *Ich pflanze ein Lächeln. Der Weg der Achtsamkeit*, Goldmann Verlag [7]1992; ebenso nahelegen kann ich dir das Buch von Wolfram Nugel, *Alles in uns schweige. Erfahrungen der Stille*, Claudius Verlag München 1999.

Josef: Die »Höhenflüge« der Religionen und religiösen Bewegungen sind in der Regel mit – zumindest äußerlichem – Rigorismus und Asketizismus verbunden. Nicht selten verbindet sich eine derartige Lebenseinstellung mit einem mehr oder weniger verächtlichen Blick auf die Realitäten menschlichen Lebens und Fühlens. Ihre Werte liegen schließlich weit jenseits dieser alltäglichen Banalitäten! Jahrhunderte alte Denktraditionen verbergen sich nicht selten auch in höchst modernen Bewegungen. Immer wieder drängen sie nach oben. Auch die neuzeitliche »grüne Welle« des Ökologentums verknüpft sich nicht selten mit sehr negativen und rigorosen Ansichten und Verhaltensweisen. Masochistische, sarkastische oder lebensverneinende Züge können zum Vorschein kommen und die eigentlichen, positiven Kräfte überlagern.

Will Gott denn unser Glück? Will Gott, daß wir unser Leben genießen? Vielleicht sogar noch in vollen Zügen? Nein, nein! Um Gottes willen! Wo kämen wir da hin? Gott geht es schließlich um unser Heil, was etwas völlig anderes als vergängliche Lust und Freude bedeutet! Viele religiöse Menschen tun sich schwer, guten Gewissens sinnlich das Leben zu genießen. Gesetze wie das Zölibat wiegen in schwerfälligen, machtorientierten religiösen Strukturen von daher häufig mehr, als »ganz normal« verheiratet in einer Familie zu leben. Mit der »Armut« und »Askese« verhält es sich nicht anders. Dieser Schwerpunkt korrespondiert mit der weitreichenden Hochachtung für das Außergewöhnliche. Damit geht natürlich eine gewisse Abwertung des ganz normal menschlichen Lebens in unseren Familien einher. Nelly Sachs (1891–1970), die als Schriftstellerin das Leid des jüdischen Volkes so eindringlich beschrieben hat, formuliert einmal:

Wenn wir auch Geschäfte haben,
Die weit fort führen
Von Seinem Licht,
Wenn wir auch das Wasser aus Röhren trinken,
Und es erst sterbend naht
Unserem ewig dürstenden Mund –
Wenn wir auch auf einer Straße schreiten,
Darunter die Erden zum Schweigen gebracht wurde
Von einem Pflaster,
Verkaufen dürfen wir nicht unser Ohr,
O, nicht unser Ohr dürfen wir verkaufen.[7]

7 Nelly Sachs, © Suhrkamp Verlag Frankfurt am Main; zitiert nach: J. Zink, *Wie wir beten können,* S. 44.

Das Ohr steht hier für alle Sinne, unsere »Tore zur Welt«. Wie wichtig und grundlegend für die religiöse Erziehung müßte nach Kapitel 2 die Erziehung der Wahrnehmungsfähigkeit und die Pflege unserer Sinneskraft sein!

Die Pflege der Sinne und des sinnlichen Lebens kann in jedem Augenblick deines Lebens beginnen. Sie ist wesentlich an die Faktoren Zeit und Stille gebunden. In vollen Zügen kannst du auch nur dann genießen, wenn du im jeweiligen Augenblick um der einen Sache willen alles übrige gehen lassen kannst. Erspürst du, was mit dir geschieht, wenn du einen bestimmten Duft in dir aufnimmst, wenn du einen lieben Menschen zart streichelst, wenn deine Lieblingsnachspeise auf deiner Zunge zergeht, wenn du eine farbenprächtige Frühlingswiese siehst, oder wenn du ein vertrautes Musikstück womöglich live im Konzertsaal hörst! Dazu gehört Konzentration, also gesammelte Aufmerksamkeit, auf diese eine »Aktion« der Kommunikation. Vielleicht tut sich dann die ganze Tiefe, die Fülle der Leere für dich und mich auf!

Mittwoch Von den Widersprüchen des Lebens

Kapitel 5,8

Da SEIN ganz rein und absolut, sprich SEIN schlechthin ist, ist es zuerst und zuletzt. Daher ist es die Quelle aller Dinge und ihr vollendendes Ziel.

Ewig und ganz gegenwärtig, ist es jenseits und doch ganz innerhalb jeder zeitlichen Dauer. Es ist sozusagen die Zeitmitte und zugleich deren Begrenzung.

Ganz einfach und überaus groß, ist es sowohl völlig innerhalb wie außerhalb aller Dinge. Und deshalb ist es etwas Geistiges, dessen Mitte überall und dessen Begrenzung nirgends ist.

Völlig wirklich und unveränderlich, bleibt es stabil und bewegt doch alles.

Unvergleichlich vollkommen und unermeßlich, ist es in allem, aber nicht gefangen; außerhalb, doch nicht ausgeschlossen, über allem, doch nicht erhöht, unter allem und doch nicht unten liegend.

Weil es aber ganz eins und alles ist, ist es alles in allem (1 Kor 15,28), egal, ob mit »alles« »viel« gemeint ist und es selbst eins ist. Aufgrund der ganz einfachen Einheit, der völlig reinen Wahrheit und dem Guten, das makellos ist, besitzt dieses SEIN alle Kraft, Modellhaftigkeit und Kommunikation. Denn aus ihm und durch ihn und auf ihn hin ist die ganze Schöpfung (Röm 11,36). Und das ist so, weil es allmächtig, allwissend und in jeder Hinsicht gut ist.

Wenn du das ganz begreifst, wirst du glücklich sein. So ist es auch Mose gesagt worden: Ich will meine ganze Schönheit vor dir vorüberziehen lassen.

Josef: Das *Itinerarium* nimmt, wie gesagt, den Faden dort auf, wo Franz mit dem *Lobgesang der Geschöpfe* geendet hatte. Die *Legende von Perugia*[8] beschreibt uns in den Kapiteln 42 bis 45 genauer die Umstände, in denen Franz dieses Lied gedichtet und komponiert hat. Der Autor lag in einer Strohhütte bei San Damiano, bereits schwerkrank. 50 Tage hielt er

8 M. Bigaroni (Hrsg.), *Compilatio Assisiensis degli Scritti di fr. Leone e Compagni su S. Francesco d'Assisi*, Porziuncola 1975.

sich dort im Frühjahr 1225 auf. Er konnte aufgrund seiner Augenschmerzen das Tageslicht oder auch Feuer in der Nacht nicht mehr ertragen. Auch die Wundmale hatten ihn sehr geschwächt. Er mußte im Dunkeln liegen bleiben. Die Augenschmerzen waren so groß, daß er kaum zur Ruhe kam. Und wenn es nicht die Schmerzen waren, dann hinderten ihn die vielen Mäuse am Schlafen. Tag und Nacht krochen sie um ihn und auf ihm herum. Seine Gefährten und er schrieben diese Mäuseplage schon einer teuflischen Intervention zu. Franz war nahe am Aufgeben, erfüllt mit Selbstmitleid und Ärger. Da hörte er im Gebet eine Stimme, die ihm neue Hoffnung und Sinn gab. Er wußte plötzlich, wofür er das Ganze ertrug. Das brachte ihm Frieden.

Deshalb möchte ich zur Ehre Gottes, zu meinem Trost und zur Freude der Umgebung ein Loblied auf die Geschöpfe Gottes schreiben. Die Geschöpfe dienen unseren Bedürfnissen Tag für Tag. Wir könnten ohne sie gar nicht leben. Leider beleidigen wir Menschen Gott durch den Gebrauch dieser Geschöpfe sehr. Gott ist doch der, der all diese Geschenke an uns verteilt.

Dann setzte sich Franz nieder, konzentrierte sich einen Augenblick und rief sein Lied in die Welt hinaus.

Du höchster, mächtigster, guter Herr,
dein sind die Lieder des Lobes,
Ruhm und Ehre und jeglicher Dank.
Dir nur gebühren sie, Höchster,
und keiner der Menschen ist würdig,
deinen Namen zu nennen.
Lob sei Dir, mein Herr,
durch alle deine Geschöpfe,
besonders Herrin Schwester Sonne,
sie ist Tag,
und durch sie gießt du das Licht aus über uns.
Sie ist schön und strahlend in großem Glanz,
dein Bild, o Höchster, ist sie.

Herr, sei gelobt
durch Bruder Mond und die Sterne.
am Himmel hast du sie geformt klar und kostbar und schön.

Sei gepriesen, mein Herr,
durch Bruder Wind,
durch Luft und Wolken und schönes und jegliches Wetter,
durch welches du nährst, was du geschaffen hast.

Sei gepriesen, mein Herr,
durch Schwester Wasser.
Sie ist sehr nützlich, demütig, kostbar und rein.

Sei gepriesen, mein Herr,
durch Bruder Feuer,
durch den du die Nacht erhellst.
Er ist schön und fröhlich und stark und mächtig.

Sei gepriesen, mein Herr,
durch unsere Schwester, die Mutter Erde,
die gütig und stark uns trägt
und mancherlei Frucht uns bietet
mit bunten Blumen und Kräutern.

Sei gepriesen, mein Herr,
durch unsern Bruder, den leiblichen Tod,
dem kein lebender Mensch entrinnen kann.
Wehe denen, die sterben in schweren Sünden!
Selig sind, die er in deinem heiligsten Willen findet!
Denn der zweite Tod tut ihnen kein Leid an.
Lobt und preist meinen Herrn!
Dankt ihm und dient ihm
in großer Demut![9]

Übungen

■ Betrachte den *Lobgesang der Geschöpfe*, Strophe für Strophe. Wiederhole öfters einzelne Worte oder Sätze, laut oder leise.
Wenn du Lust hast, male jede Strophe und laß die Bilder auf dich wirken.

9 In der Übersetzung von Hug/Rotzetter, S. 150f.

Finde eine Melodie oder suche dir passende Musikstücke zu den Strophen!

■ Erinnere dich an eine »Dürrezeit« oder eine »Krise« in deinem Leben.
Hast du schon erlebt, daß aus »Bitterkeit« »Süßigkeit« wurde?
Notiere die jeweilige Erfahrung in gegenüberliegenden Spalten und versuche dem nachzuspüren, was die Wandlung unterstützt hat.
Farbige Pfeile könnten diese Wandlungsfaktoren und -kräfte bezeichnen.

Die Melodie brachte er seinen Gefährten bei, damit sie es den Menschen singen könnten. Zu der Zeit kam es aber in Assisi gerade zu einem Eklat. Der Bischof exkommunizierte den Bürgermeister. Daraufhin hatte dieser den Bürgern jegliche Transaktion mit dem Bischof verboten. Dieser öffentliche Unfriede betrübte Franz sehr. So dichtete er eine weitere Strophe für sein Lied:

Sei gepriesen, mein Herr,
durch jene, die verzeihn aus Liebe zu dir,
und Krankheit ertragen und Verfolgung.
Gesegnet seien sie,
die sie in Frieden ertragen,
denn durch dich, den Höchsten, werden sie gekrönt.

Dann arrangierte er ein Zusammentreffen der Kontrahenten. Einer seiner Gefährten sollte ihnen das gesamte Loblied nun vorsingen. Beide, der Bürgermeister und der Bischof, waren daraufhin zu Tränen gerührt, baten einander um Verzeihung und umarmten sich.

Das Werden und Vollziehen dieser Geschichte des »Sonnengesangs« ist voller Gegensätze. Und diese Gegensätze und extremen Pole von Schmerz und Freude, von Resignation und Trost, von Sinnlosigkeit und Sinn, von Haß und Friede verschmelzen in der einen Person, in Franz. Der Blinde, der seine Zelle nicht verlassen kann, besingt das strahlende Licht der Sonne! Der, dem der Gestank der Aussätzigen im wahrsten Sinn des Wortes stinkt – er kann sie nicht ausstehen –, wird Umarmung und Kuß zur Heilung, zum Wohlgeruch. Könnten wir sagen: Nur wer zuversichtlich den Schritt in den Abgrund eines Poles wagt, erreicht auch die Tiefe des gegenüberliegenden Poles?

In der Begleitung und Beratung von Menschen ist der erste Schritt zum Heilwerden die Empathie, das Sich-Einfühlen in die Situation des Gegenübers.[10] Diese Empathie kostet den Begleiter viel: Zeit, Geduld, Energie. Die Ohnmacht und Verzweiflung will ausgehalten sein. Nur wer lange genug aushält, dem wird im Dunkeln ein Licht aufgehen. Wenn wir als Begleiter zu schnell zum Licht drängen, kann es uns noch tiefer ins Dunkel treiben. Franz von Assisi ist den Gegensätzen in seinem Leben sehr kreativ begegnet. In der Lebensbeschreibung des Thomas von Celano (Kapitel 12) hören wir von einem sehr wichtigen Konflikt des etwa 20jährigen: Vater und Bruder schimpfen und verfluchen ihn, wenn sie ihn in der Stadt betteln sehen. Da bittet Franz einen Gefährten, mit ihm zu gehen und ihn zu segnen, falls ihn seine Angehörigen wieder verwünschen würden. Und so geschah es. Die lateinischen Wörter für »fluchen« und »segnen« sind »maledicere« und »benedicere«, ganz wörtlich genommen »Schlechtes« und »Gutes sagen«. Franz hat immer wieder bewiesen, daß er in der unveränderten äußeren Situation das Gute, Frohe und Heile kraftvoll inszenieren kann.

Und aus dem Zerbrochenen wird ein Ganzes. Aus dem »diabolon« (griechisch für »auseinandergeworfen«) wird das »symbolon« (griechisch für »zusammengefügte Teile« oder »das Ganze«). Ein Symbol steht immer für das Ganze! Es führt die Gegensätze in sich zusammen, es verleugnet sie nicht. Es hält die Spannung des Lebens aufrecht.

Das Symbol der Christen schlechthin ist Jesus Christus, das Alpha und das Omega, der Gekreuzigte und der Auferstandene, Gott und Mensch, Schöpfung und Schöpfer. Der Glaube an ihn ist voller Widersprüche und Gegensätze. In ihm vereinen sich alle Gegensätze des Lebens.

Deshalb können wir Franz dort als einen zweiten Christus bezeichnen, wo sich auch in ihm die Vereinigung der Gegensätze ereignet. Dasselbe gilt für uns alle. Als Menschen sind wir gerufen, selbst zu dem »Symbol« zu werden, das Christus uns zeigt und selbst geworden ist. Als Christen sind wir gerufen, ein »zweiter Christus« zu werden.

Viele (rituelle) Tänze führen symbolische Bewegungen aus und ziehen Menschen auf einer tiefen Ebene in die Mitte, zur Vereinigung all der Einzelteile und -aspekte, die voneinander losgelöst und getrennt sozusagen in der Fremde liegen. Die therapeutische Wirkung von Tänzen sollte auch auf diesem Hintergrund wieder mehr Einzug in gottesdienstliche Feiern halten.

---

10 Vgl. u.a. Carl R. Rogers, *Die klientenzentrierte Gesprächstherapie*, Fischer Taschenbuch 1983.

DONNERSTAG

Gelebte Sexualität

KAPITEL 2, 5.6
UND 8

Wenn uns also etwas Angenehmes begegnet, und wir uns daran freuen, nehmen wir es in uns als ein Abbild auf.

Wenn wir etwas wahrgenommen und genossen haben, beurteilen wir es. Dabei schätzen wir nicht nur ein, ob etwas schwarz oder weiß ist – das besorgt nämlich bereits die einzelne Sinnesart –, ob etwas nützt oder schadet – das ist Sache des inneren Sinnes –, sondern wir fragen nach dem Grund, warum etwas Spaß macht. In diesem Schritt geht es also um den Grund der Freude, die mit der Sinneswahrnehmung entsteht.

Und was begründet nun Schönheit, Lieblichkeit und Gesundheit? Der Grund liegt, wie ich finde, in einer ausgewogenen Beziehung. Diese Ausgewogenheit gleicht sich im Großen wie im Kleinen. Wenn sich die Dimensionen verändern, weitet sie sich nicht aus, noch unterliegt sie einer Abfolge oder paßt sich Dingen an, die vergehen oder sich verändern. ... So tritt die ganze Welt durch das Tor der Sinne und die beschriebenen drei Prozesse in unser Inneres ein.

Hier haben wir überall Spuren, in denen wir unseren Gott betrachten können. ... Dies ist das Ebenbild des unsichtbaren Gottes (Kol 1, 15), der Abglanz seiner Herrlichkeit und das Abbild seines Wesens (Hebr 1, 3). Am Anfang vom Vater gezeugt, ist es überall gegenwärtig, wie das Abbild im Medium ganz da ist. Dann wurde es eins mit dem Menschen Jesus, vergleichbar dem Abbild, das das körperliche Sinnesorgan erreicht. Eins mit dem Menschen, wollte er uns zum Vater als dem Urquell und Original schlechthin zurückführen. Wenn also alles Wahrnehmbare sein Abbild erzeugt, so spiegelt sich darin quasi die ewige Zeugung des Wortes, Bildes und Sohnes Gottes, des ewigen Vaters.

Parallel dazu verweisen uns schöne, liebliche und wohltuende Abbilder, an denen wir uns freuen, darauf, daß in dem Abbild Schönheit, Lieblichkeit und Wohlsein selbst wohnen. Das Abbild entspricht nämlich ganz dem Schöpfer, ja es ist ihm gleich. In ihm fließt die Kraft nicht aufgrund von »Einbildungen«, sondern aufgrund echter Wahrnehmung. In ihm geschieht eine Berührung, die jedes Bedürfnis des sich öffnenden Menschen heilt, sättigt und befriedigt. Wenn also »Genuß bzw. Freude dort ist, wo sich das verbindet, was zusammenpaßt«, und wenn nur Gottes Abbild

Schönheit, Lieblichkeit und Wohlsein in Fülle zukommt, wenn es schließlich in einer Wahrheit, Intimität und Fülle eins wird, wie wir sie uns nicht vollständiger vorstellen können, dann können wir ganz klar nur in Gott allein grundlegende und wahre Freude erfahren. Immer und überall, wo wir uns freuen, werden wir auf die Spur wahrer Freude geführt.

Josef: Das Christentum hat sich mit Sexualität immer schwer getan.[11] Sexualität, ja Lust schlechthin, wurden im Laufe der Jahrhunderte zum Inbegriff der Sünde. Nicht selten ritten und reiten Beichtväter immer nur auf dem sechsten Gebot herum. Menschen, die zu geschlechtslosen Wesen herangezogen wurden, setzten den Rest des Gottesvolkes mit strenger Verurteilung jeglicher Lust unter Druck. Begriffe wie Reinheit, Heiligkeit und Askese erwecken eindeutig anti-sexuelle Assoziationen. Dementsprechend übel sieht auch die Stellung der Eheleute und des Themas Sexualität innerhalb der römischen Kirche aus.

Was sind die Ansätze für eine positive Deutung von Sexualität in Ehe und Partnerschaft im Lichte des *Itinerarium*?

Übungen

- Nimm dir ein Blatt Papier, schreibe groß in die Mitte »Sexuelles Leben« und sammle für dich allein oder mit einem Partner alles, was dir dazu einfällt, insbesondere das, was alltäglich in deinem Leben damit in Verbindung steht. Eine Alternative dazu könnte sein, Assoziationen im Sinne von Metaphern/Bildern festzuhalten:
  Sexualität ist wie …

  Am Ende der Übung kann sich ein vertrauliches Gespräch anschließen.
  Im Sinne Bonaventuras danke schließlich für diese Lebenskraft in dir.

- Genieße eine Massage von einem vertrauten Menschen oder auch einer Fachperson. Spüre die Berührung deiner Haut und die Lebenskraft, die davon ausgeht. Versuche ganz *in* der Berührung zu sein.

---

11 Georg Denzler, *Die verbotene Lust. 2000 Jahre christliche Sexualmoral*, Piper Verlag 1988.

Ausgehend vom zweiten Kapitel können wir nur von einer durch und durch positiven Sicht aller menschlichen und geschöpflichen Realität sprechen. In der sexuellen Begegnung können Menschen eine derart tiefe und ganzheitliche Erfahrung des jeweils anderen sowie der eigenen Person machen, die sie mit Haut und Haaren sozusagen in Bann zieht. Mit Bonaventura könnten wir sagen: je achtsamer du mit all deinen Sinnen dabei bist, je mehr du dadurch diese deine psychosexuelle Befähigung genießen und dich im anderen verlieren kannst, umso näher kommst du der göttlichen Wahrheit! Das soll nicht heißen, daß die Nähe Gottes an sexuelle Erfahrungen oder ein erfülltes Sexualleben geknüpft wäre. Aber es würde sicherlich bedeuten, die Einstellung der zölibatären römischen Kirche vom Grund her zu erneuern.

Es würde bedeuten, sexuelle Erfahrungen innerhalb von Gemeinden und Gruppen offener besprechen zu können. Es würde bedeuten, die Banalität des alltäglichen (Familien-) Lebens nicht nur am Rande und aus Eigennutz zu preisen, sondern als wesentliche Verwirklichung der Menschwerdung und Sinngebung Gottes zu achten. Es müßte bedeuten, die religiöse Erziehung gänzlich von den Altlasten einer pessimistischen Welt- und Menschensicht zu befreien und jungen Menschen zu einem unbefangenen, zärtlichen Umgang mit sich, ihrem Geschlecht und dem eines Gegenübers zu verhelfen.

Bonaventura sagt: *Parallel dazu verweisen uns schöne, liebliche und wohltuende Abbilder, an denen wir uns freuen, darauf, daß in dem Abbild Schönheit, Lieblichkeit und Wohlsein selbst wohnen.* [II 8]

Er spricht also in einer umwerfenden Positivität von allem, was geschaffen ist. Gottes Nähe und Gegenwart wird in der Sinnlichkeit gelebter Sexualität wohl am konkretesten und deutlichsten. Es ist ein Ursakrament!

Auch da, wo Frau und Mann sich leiblich vereinen, geht es um eine »Askese«. Es geht um die Übung der Achtsamkeit, gegenwärtig zu sein, in aller Offenheit und Zärtlichkeit ganz im Wahrnehmen der Sinne zu leben und zu genießen. Sexuelles Leben ist aber auch viel weiter zu verstehen, als sich nur auf den auch begrifflich isolierten »Geschlechtsakt« zu beziehen. Zärtlichkeit, Berührungen und Nähe bedürfen für jeden Menschen der Pflege und der Aufmerksamkeit. Niemand lebt ohne Sexualität. Die Frage ist nur, wie jemand sie lebt, wahrnimmt und pflegt.

Wir sind alle, so denke ich, aufgerufen, eine neue Kultur sexuellen Verhaltens im öffentlichen wie im intimen Bereich zu schaffen. Der Einstieg dazu ist eine Schärfung unserer Sinne, eine tiefe Achtung all dessen, was Gott als Abbild in uns gelegt hat. Wir spiegeln gerade auch in unserer sexuellen Hingabe an ein Du die Höchstform göttlicher Hingabe und Kommunikation.

Freitag

Von der Sakramentalität der Schöpfung

Kapitel 2, 10–12

Alles ist also von Schönheit geprägt und in gewisser Weise ein Genuß. Ohne die rechte Proportion, das rechte Verhältnis, gibt es aber keine Schönheit und keinen Genuß. Und diese Proportion läßt sich als erstes in den Zahlen festmachen. Deshalb muß alles an den Zahlen liegen. Somit ist die Zahl das Urbild schlechthin im Geiste des Schöpfers. Was die Dinge angeht, ist sie *die* Spur zur Weisheit. So ist die Zahl überall und kommt Gott am nächsten. Ganz nah führt sie – gleichsam in sieben Stufen – in Gott hinein und schafft es, daß wir Gott mit unseren Sinnen in allen Dingen erkennen. Denn wir nehmen Zahlen wahr, freuen uns an ihrer gegenseitigen Zuordnung und urteilen absolut sicher mittels der Gesetze, die durch das Verhältnis der Zahlen bestimmt werden.

... alles ist ein Schatten, Widerhall und Abbild des allerersten, mächtigsten, weisesten und allerbesten Anfangs, dieses ewigen Ursprungs und Lichts, der ewigen Fülle, der Kunst, die alles verursacht, modelliert und lenkt. Die gesamte Schöpfung ist Spur, Gestalt und Inszenierung, die uns vorgeführt wird, um Gott zu schauen. Sie ist ein von Gott gegebenes Zeichen. ...

Diese geschaffene Welt verweist auf die unsichtbare Wirklichkeit Gottes (vgl. Röm 1,20). Gott ist nämlich aller Dinge Anfang, Modell und Ende. Jede Wirkung aber ist Zeichen für den, der sie verursacht. Jedes Modell steht für das Original und jeder Weg für das Ende, auf das er zuläuft. ... Jedes Geschöpf ist nämlich gewissermaßen von Natur aus Abbild und Gleichnis der ewigen Weisheit.

André: Für Franz von Assisi hat jeder Teil der Schöpfung seinen eigenen Wert, seine unverwechselbare Würde und seine besondere Botschaft. Die Natur als eine Gemeinschaft von Schwestern und Brüdern spiegelt in all ihren Facetten Gott wider. Das ganze Universum wird zum Sakrament, zum Zeichen für »den ganz Anderen«.

Die selige Angela von Foligno, eine Zeitgenossin Bonaventuras und franziskanische Mystikerin (1248–1309)[12], hat diese tiefe Verbundenheit mit der gesamten Wirklichkeit sehr eindrucksvoll erlebt. Überall, wo sie hinschaute, sah sie in der geschaffenen Welt die Gegenwart Gottes und sich selbst eins mit ihr. Gott sagte: »*Dieses Geschöpf gehört mir.*« Eines Tages sagte sie, sie hätte in einer Vision Gottes Kraft erfahren. »Ich konnte nichts anderes mehr wahrnehmen als Gottes Macht. Da schrie ich mit lauter Stimme: ›*Die ganze Welt geht schwanger mit Gott!*‹«

In unserer christlichen Tradition sind Sakramente, deren Siebenzahl eigentlich auf das Ganze hinweisen sollte, mehr und mehr verengt worden. Statt die Sieben für das Ganze zu nehmen, wird das göttliche Geschehen auf nur mehr magisch verstehbare Rituale reduziert, ohne tiefere menschliche Beteiligung. Die Sinnentleerung dieser heiligen Zeichen nimmt angesichts dieser Praxis weiter zu.

Josef: Ich möchte eine kleine Erinnerung mit dir teilen, die von Zeit zu Zeit in mir aufsteigt: Ich war siebzehn und saß am Krankenhausbett meines sterbenden Vaters. Meine Mutter hatte ohnmächtig zu beten begonnen. Wir beteten den Rosenkranz und hielten die Hände des bereits Bewußtlosen. Sein Atem wurde immer stockender. Wir hielten uns an die vertrauten Worte. Als er sein Leben endgültig ausgehaucht hatte, kam der Pfarrer zur Tür herein. Ohne mit uns nur im mindesten Kontakt aufzunehmen, begann er die »Sterbesakramente« zu spenden. Die Lateinische Sprache machte die Distanz noch deutlicher. Es war schrecklich! Noch heute würde ich ihn am liebsten zur Tür hinauswerfen. Seine Zeremonie paßte sich einem »blutleeren« und tabuisierten Umgang mit Sterben und Tod im Krankenhaus an. Zeichen des Heiles? Das Heilige, das sich mitten in unserem Leben, mitten im Alltag im Verborgenen vollzieht, braucht eine große Achtsamkeit und Ehrfurcht. Die glaubenslose Arroganz derartiger Sakramentenspendung spottet dem eigentlichen Geschehen.

Übungen

- Erlebe Wasser! Ob bei einer Dusche, einem Bad, beim Schwimmen oder Tauchen, beim Händewaschen oder Abspülen, bei der Autowäsche …

---

12 Paul Lachance hat ihr Leben und Werk in seiner Arbeit über ihr Tagebuch, das von ihrem Beichtvater P. Arnaldo niedergeschrieben worden war, aufgegriffen: *The spiritual journey of the Blessed Angela of Foligno according to the Memorial of frater A.*, Pontificium Athenaeum Antonianum Rom 1984.

»Spricht« das Wasser von der Gegenwart Gottes?
Die Übung besteht in nichts anderem, als achtsam und voller Gespür dem Wasser zu »begegnen«.

■ Wir essen und trinken sehr viel in unseren hochentwickelten westlichen Industriestaaten. Nimm dir die Ruhe und Zeit, eine Mahlzeit zu genießen und die »Andachtsbilder« dabei bewußt zu benennen. Abschluß der Übung kann jeweils ein Lied oder spontanes Dankgebet sein.

Ja, und doch ist die ganze Welt voller Zeichen und Wunder! Die katholische Schriftstellerin Ida Friederike Görres (1901–1971) hat das einmal so gesagt: »Die Schöpfung ist eine Sammlung von gottgeschaffenen Andachtsbildern.«[13] Eine sicher lohnende Abendbetrachtung: Welche Andachtsbilder nehme ich heute mit in den Schlaf?

Zum Schluß dieser Besinnung sollen zwei Geschichten zeigen, wie Franz mit der Schöpfung, insbesondere mit seinen Geschwistern Tieren, umgegangen ist:

Ein Edelmann aus der Grafschaft Siena übersandte dem seligen Franz, als er krank war, einen Fasan. Er nahm ihn mit Freuden auf, nicht weil er ihn zu essen gedachte, sondern weil er bei seiner Liebe zum Schöpfer an solchen Gaben seine besondere Freude hatte. So sprach er zum Fasan: »Loben wir unsern Schöpfer, Bruder Fasan!« Und zu den Brüdern: »Jetzt wollen wir sehen, ob Bruder Fasan bei uns bleiben wird oder ob er lieber in seine gewohnten Schlupfwinkel heimkehren wird.« Und auf Befehl des Heiligen mußte ein Bruder den Vogel weit fort in den Rebberg setzen.
Aber der Fasan kehrte schnellen Fluges wieder zur Zelle des Vaters zurück. Nun wurde er noch weiter weggetragen; aber er kehrte mit großer Beharrlichkeit immer wieder zur Türe der Hütte zurück und schlüpfte fast gewaltsam unter den Kutten der Brüder, die an der Türe standen, hindurch ins Innere. Da ließ ihn der Heilige gut füttern, und oft streichelte er ihn und gab ihm liebkosende Worte.
Ein Arzt, der dem Heiligen sehr ergeben war, sah den Fasan und erbat ihn sich von den Brüdern, nicht für die Tafel, sondern weil er ihn aus Ehrfurcht vor dem Heiligen gern gepflegt hätte. Aber siehe, als er

13 I. F. Görres, *Leiblichkeit der Kirche*, S. 27 f.

ihn heimgetragen, verweigerte der Fasan, wie um gegen das Unrecht der Trennung vom Heiligen zu protestieren, jegliche Nahrung. Verblüfft trug der Arzt den Vogel wieder zum Heiligen zurück und erzählte ihm, was geschehen war. Als der Fasan wieder auf dem Boden stand und den Vater sah, war es mit seiner Traurigkeit vorbei, und er begann wieder fröhlich zu fressen.
Neben der Zelle des Heiligen bei Portiuncula saß auf einem Feigenbaum ein Heimchen, das oft in seiner bekannten traulichen Weise sang. Der selige Vater streckte manchmal die Hand nach dem Tierchen aus und lockte es gütig an sich mit den Worten: »Schwester Grille, komm zu mir!« Und als ob es Vernunft hätte, kletterte das Tierchen auf die Hand, und er mahnte es: »Schwester Grille, sing jetzt und juble dem Herrn, deinem Schöpfer!«
Ohne Verzug gehorchte die Grille und begann zu zirpen und hörte nicht auf, bis der Mann Gottes seinen Gesang mit dem ihren vereinte und ihr dann gebot, sie solle jetzt wieder an ihr gewohntes Plätzchen zurückkehren. Dort blieb sie wie angebunden acht Tage lang. Wenn der Heilige von seiner Zelle des Weges kam, nahm er sie in die Hand und befahl ihr, zu singen. Und immer war sie beflissen, seiner Mahnung zu folgen.
Schließlich aber sprach der Heilige zu seinen Gefährten: »Jetzt müssen wir aber unserer Schwester, dem Heimchen, Urlaub geben. Sie hat uns mit ihrem Gesange lange genug erfreut: nun soll sich unser Fleisch nicht deshalb noch eitel rühmen.« Also erhielt das Heimchen Urlaub, flog von dannen und ward nicht mehr gesehen. Alle Brüder, die davon Zeugen waren, waren aufs höchste verwundert.[14]

Ein tiefes, inneres Verbundensein, ein Wissen um die Sehnsüchte und die natürliche Bestimmung aller Lebewesen und eine achtungsvolle Begegnung mit ihnen ist Bestandteil echter christlicher und franziskanischer Spiritualität.

---

14 Karrer, S. 103–105 (Auszüge aus Celanos Franziskusleben).

Samstag

Vom Wandern und seinem Ziel

Kapitel 2,1;
7,1 und 2,13

Wir können Gott in der Schöpfung wie durch einen Spiegel erfahren. Diese Begegnung ist nicht nur durch seine Spuren möglich, sondern auch in ihnen. Gott ist nämlich in Form seines Wesens, seiner Kraft und seiner Gegenwart in der Welt da. Das führt uns einen Schritt weiter. Deshalb ist es die zweite Stufe, auf der wir Gott im Prozeß unserer Wahrnehmung, nämlich wie wir die Dinge sinnlich in uns aufnehmen können, betrachten.

Diese Meditationen gleichen dem sechsstufigen Thron der Wahrheit Salomons. Friede kehrt dort ein, wo ein Mensch wahren Friedens im Frieden verweilt, als wäre er in der Stadt Gottes.

Ebenso gleichen diese Schritte den sechs Flügeln des Seraphs, mit deren Hilfe die wahren Kontemplativen voll göttlicher Weisheit aufsteigen können. Ich vergleiche sie auch mit den ersten sechs Tagen der Schöpfung, an denen wir uns zu üben haben, um schließlich den Sabbat der Ruhe zu genießen.

Aus all dem können wir schließen, wie von Anfang an
Gottes unsichtbare Wirklichkeit durch alles Geschaffene erkennbar ist.
Wer das nicht sieht und Gott in all dem nicht erkennt, preist und liebt,
ist unentschuldbar (Röm 1,20).
Er will sich nämlich nicht aus der Finsternis
in sein wunderbares Licht geleiten lassen (1 Petr 2,9).
Gott aber sei Dank durch Jesus Christus, unseren Herrn (1 Kor 15,57),
denn durch ihn sind wir wieder in der Lage,
in diesen unseren inneren Spiegel zu blicken,
in dem Göttliches aufstrahlt.

Josef: Es ist Zeit, den Titel *Itinerarium Mentis In Deum* etwas genauer zu betrachten. Das lateinische Wort *Itinerarium* bedeutet allgemein Reise, Reiseplan, Reisebeschreibung. Im religiösen Bereich verweist es auf das Gebet um Schutz und Sicherheit, das beim Aufbruch angestimmt wurde. Es kann auch eine Wallfahrt, in der Regel *die* Wallfahrt, nämlich ins Heilige Land, bezeichnen. Die Katholische Kirche hat im Zweiten Vatikanischen Konzil (1962–1965) das *Volk Gottes unterwegs* als zentrale ekklesiologische Aussage wiederentdeckt.[15] Christen befinden sich auf einer Wanderschaft. Sie haben – auch als Kirche mitsamt ihrer Verkündigung und ihrem Lebenszeugnis, erst recht mit der Theologie – das Ziel noch nicht erreicht. Sie müssen versuchen, sich stets neu darauf hin zu orientieren und zu wandeln. Trotzdem ist Gott allgegenwärtig und seine Kraft überall spürbar, nicht erst am Ziel. Gott ist mit ihnen auf dem Weg. Gott ist aber auch das Ziel.

Wanderschaft ist sicherlich ein Grundmotiv, ein Ursymbol menschlicher Existenz. Jede Kultur und Religion kennt Prozessionen und Wallfahrten als Versinnbildlichung dieser Grundstruktur. Ende des zweiten Jahrtausends nach Christus droht die Mobilität allerdings derart überhand zu nehmen, daß wir Menschen sogar unser Überleben kurz- und langfristig damit aufs Spiel setzen. Es sterben nicht nur Tausende jährlich auf unseren Straßen, die Vergiftung durch Abgase bedroht die Atmosphäre, von der und in der sich das irdische Leben entfaltet. Der Mensch und die Kirche, das Volk Gottes, zwischen Stillstand und planlosem, zerstörerischem Herum-Rennen und -Suchen! *Itinerarium* beinhaltet als Begriff genau das Mittel zwischen beidem: Wissen, woher ich komme und wohin ich gehe, Besinnung und Orientierung auf dem Weg!

Mens, das zweite Wort des Titels, ist für den Übersetzer besonders schwer wiederzugeben. Im Neudeutschen ist die Rede vom *Mentalen*, was sich nur auf die *rationale*, geistige Kraft bezieht. Wenn wir auf das gesamte Werk blicken, kann die richtige Übersetzung hier nur sein: der ganze Mensch mit all seinen Fähigkeiten, Kräften und Denkmöglichkeiten; der Mensch im physischen, psychischen und spirituellen Bereich!

Bonaventura spricht also nicht nur vom *Mentalen*, sondern von allen möglichen Äußerungen menschlichen Daseins. Dieser Begriff, sollte man ihn einengen, würde dazu verleiten, den Sinn des ganzen Buches völlig zu verzerren. Es geht hier nicht um eine nebensächliche Feststellung. Es geht um den Kern bonaventurianischen Anliegens, es geht um das Wesenselement schlechthin. Alle Aspekte menschlicher Existenz sind unverzichtbare Bestandteile dieser *Reise*.

Das kürzeste Wort der Überschrift scheint zunächst das einfachste: *in*. Es beinhaltet allerdings ein weiteres, zentrales Anliegen unseres Autors: die mystische Einswerdung, das Ineinander-Aufgehen und Sich-Vereinigen

---

15 Vgl. Dogmatische Konstitution *Lumen Gentium*, Kap. 2., in Rahner/Vorgrimler (Hrsg.), Kleines Konzilskompendium, Herder 1966, S. 132–145.

von Gott und Mensch. Dies ist mehr und qualitativ etwas ganz anderes als ein bloßes Sich-Annähern, ein demütiges Heranschleichen. Die Alternative wäre *ad* gewesen, zu jemandem hin, auf jemanden zu. *In* weist auf eine personale Tiefe der Begegnung, auf eine Herzensbegegnung. Es bezeichnet eine liebevolle Vereinigung als Zielpunkt des Weges. Und trotzdem bleibt die Reise spannend. Es gibt kein vorschnelles und oberflächliches Verschmelzen der Gegensätze. Das *Itinerarium* endet in der siebten Stufe mit dem ohnmächtigen und stummen Warten auf die Vereinigung.

Deus/deum (Gott) ist als Wort keine Überraschung, es handelt sich ja schließlich um ein theologisches Werk. Trotzdem scheint mir bemerkenswert, daß Bonaventura nicht exklusiv vom christlichen Gott spricht. Dies wird auf dem gemeinsamen Weg erst deutlich. Diese *Wanderschaft* ist nicht nur etwas für »eingefleischte« Christen. Schon im Titel will der Pariser Gelehrte seinen religionsübergreifenden Ansatz herausstreichen. Gotteserfahrung, ja sogar die Vereinigung mit Gott ist kein exklusiv christlicher Weg. Ganz im Gegenteil: ein allen möglicher Heilsweg. In einer Zeit, in der Kreuzzüge und die Verfolgung und Hinrichtung von Häretikern die gängige Umgangsform mit Anders- oder Ungläubigen war, muß bonaventurianisches Denken als ein außerordentliches Zeichen des Widerspruchs und seiner Zeit weit vorauseilendes Signal gewertet werden. Der zweite Ordensgründer der *Minderen Brüder* stellt sich damit in die direkte Nachfolge des Franziskus, der den Sultan von Ägypten zu seinen Freunden gezählt hatte.

Was wäre wohl in der Kirchen- und Weltgeschichte anders gelaufen, hätte der damals 57jährige Generalminister 1274 den Papstthron bestiegen?

André: Bonaventura schrieb zunächst für sich selbst, für seine Ansprüche und Situation. Erst anschließend, vielleicht erst als er in die »Niederungen« des Ordens und der Kirche zurückgekehrt war, spürte er die Dringlichkeit der Weitergabe und Vermittlung. Und er nahm sich selbst darum an. Er schrieb eine große und eine kleine Lebensbeschreibung des Franz von Assisi: *Legenda Major* und *Legenda Minor.* Nur bei genauem Hinhören und -sehen erkennen wir in den nicht chronologisch angeordneten Geschichten aus dem Leben des Ordensgründers die Parallele zu den theoretischen Schritten des *Itinerarium Mentis In Deum.* Bonaventura ging es um eine Summe, eine Zusammenfassung franziskanischer Spiritualität, die auch in schwierigen Zeiten für die weitere Entwicklung der Gemeinschaft maßgebend bleiben sollte. Dieses Ziel ist jedoch nur dann zu erreichen, wenn nicht nur Intellektuelle und Wissenschaftler Zugang dazu finden!

Übungen

■ Schreibe einen Lebenslauf, wie für eine Bewerbung. Markiere dabei die einzelnen Stationen deines Lebens. Vielleicht gelingt es dir, einzelnen Abschnitten unterschiedliche Überschriften, so wie du sie von Filmen oder Büchern kennst, zuzuordnen.
Welchen Titel kannst du deinem Leben momentan geben?

■ Die Schar des Mose gab ihrer Gottes- und Lebenserfahrung die Überschrift *Exodus*. Das zentrale Fest des Pessach erinnert an die Befreiung aus Ägypten. Betrachte aufmerksam Kapitel 15,1–21 im Buch Exodus und laß die angesprochenen Bilder auf dich wirken. Wiederhole in der Übung einzelne Worte oder Verse. Laß sie deiner eigenen Lebens- und Gotteserfahrung begegnen.

Dem Intellektuellen geht es nicht um rationale Erkenntnis. Für ihn ist sie nur ein kleiner Teil des Ganzen. Es geht ihm vielmehr noch um ein sehnsüchtiges Herz, ein alle Dimensionen des menschlichen Lebens ergreifendes Sich-Hingeben.

Heute sprechen viele vom »ganzheitlichen Ansatz«, wenn es um das Menschenbild geht. Bonaventura exerziert es uns vor. Nichts Menschliches bleibt draußen. Nichts ist unsinnig, nichtssagend oder wäre zu vernachlässigen. Das Heilige ist überall und in allem, in allen Prozessen und Abläufen, die sich in und um uns Sekunde für Sekunde vollziehen.

In seinem Buch *De reductione artium in theologiam* führt Bonaventura dieses Thema weiter aus. Der Titel sollte nicht mißverstanden werden: nicht von der Reduzierung aller Wissenschaften (»Künste«) ist die Rede. Sein Anliegen ist die »Rückführung« der »Gottes-Wissenschaft« (*theologia*) auf die Wirklichkeiten menschlichen Daseins. Was heute innerhalb der Theologie häufig an den Rand gedrängt wird, nämlich die Grenzwissenschaften, und innerhalb des Vatikanischen Konzils im Dokument *Gaudium et Spes* nur ansatzweise eingefordert wurde, ist bei Bonaventura ein elementares Zeichen echter Theologie: ihr Bezug und ihr Ausgangspunkt ist die Welt und konkrete Befindlichkeit des Menschen.

Vielleicht hast du in den letzten Jahren den Film *Awakenings* (*Das Erwachen*) gesehen. Die Geschichte, die sich auf einen historischen Fall in der ersten Hälfte des 20. Jahrhunderts stützt, beschreibt einen Mann, der aufgrund einer mysteriösen Erkrankung keine Reaktionen auf seine Umwelt mehr zeigte. Er schien in einer anderen Welt zu leben und wurde in ein Heim gesteckt. Ein aufmerksamer und intuitiv agierender Psychiater konnte ihn medikamentös für einige Zeit wieder »zum Leben erwecken«.

Für Bonaventura ist Theologie sicherlich so etwas wie diese (ärztliche) Kunst, aus der Starre und Leblosigkeit, der Bedeutungslosigkeit des alltäglichen Lebens wieder zu erwachen und zu erkennen (mit Herz und Verstand), daß Gottes Gegenwart weit größer ist, als viele Prediger von Religionsgemeinschaften uns manchmal glauben machen wollen. Gott und seine Wissenschaft ist mitten im Leben zu suchen und zu finden.

Dieser *Wanderweg* betrifft also jeden und alles. Auf den Geschmack kommen kannst du nur, wenn du »einen Gang zurückschaltest«, dir Zeit nimmst und die Kunst des Lebens neu entdecken möchtest.

Dritte Woche

Ganz Mensch sein

Sonntag

Die Ewige Kunst

Kapitel 2,7.9 und 3,3

... wenn wir etwas wahrnehmen, führt uns das Abbild ... zu seinem Original, d.h. zu dem, was es eigentlich zu erkennen gilt. So hat das ewige Licht aus sich ein Bild oder einen Abglanz gezeugt, der von gleicher Art, gleicher Substanz und ebenso ohne Anfang ist. Dies ist das Ebenbild des unsichtbaren Gottes (Kol 1,15), der Abglanz seiner Herrlichkeit und das Abbild seines Wesens (Hebr 1,3). Am Anfang vom Vater gezeugt, ist es überall gegenwärtig, wie das Abbild im Medium ganz da ist. Dann wurde es eins mit dem Menschen Jesus, vergleichbar dem Abbild, das das körperliche Sinnesorgan erreicht. Eins mit dem Menschen, wollte er uns zum Vater als dem Urquell und Original schlechthin zurückführen. Wenn also alles Wahrnehmbare sein Abbild erzeugt, so spiegelt sich darin quasi die ewige Zeugung des Wortes, Bildes und Sohnes Gottes, des ewigen Vaters.

Wenn wir nun alles, was wir beurteilen, auf diese Art und Weise mit größerer Gewißheit beurteilen, ist klar, daß Gott selbst der Dinge Grund, ihre unerschütterliche Ordnungsstruktur und ihr wahres Licht ist. In diesem Grund findet sich alles in unfehlbarer, unauslöschlicher, unbezweifelbarer, unwiderlegbarer, unveränderlicher, unendlicher, unteilbarer und geistiger Weise wieder.

Nach den Gesetzen des Verstandes beurteilen wir alles ganz klar, was wir durch unsere Sinne wahrnehmen. Wer etwas wahrnimmt und diese Gesetze anwendet, kann sich nicht irren. Diese Gesetze sind über jeden Zweifel erhaben. ... Also müssen sie in der »ewigen Kunst« ewig Bestand haben. Von ihr, durch sie und nach ihrem Vorbild ist alles Schöne gestaltet. Nur durch sie können wir also sicher urteilen. Sie ist nicht nur das Modell, dem alles übrige folgt. Sie bewahrt es vielmehr und scheidet es auch voneinander. Die »ewige Kunst« ist sozusagen das, was in allem die Ur-Gestalt erhält und die Ordnungsstruktur angibt. Durch sie beurteilen wir alles, was uns durch die Sinne erreicht.

Die Wahrheit einer Schlußfolgerung ergibt sich aus dem Urbild in der »ewigen Kunst«, nach dem alles zueinander paßt und so zueinander steht, wie es sich in der »ewigen Kunst« darstellt.

André: Magst du Museen? Schaust du dir gerne Bilder oder Skulpturen an? Als wir beide in Florenz durch die Uffizien schlenderten, konzentrierten wir uns ganz auf das Jesuskind in den vielen Gemälden. Es machte richtig Spaß, das Baby in allen möglichen Positionen, nackt oder in königlicher Robe, mit dem ernsten Gesicht eines strengen Richters oder dem entspannten Lächeln eines Kindes zu entdecken.

Ein Künstler trägt eine innere Bedeutung, eine Idee, einen ganzen Sinnzusammenhang in sich, bevor er diesem inneren Bild Ausdruck verleiht. Plötzlich, in einem Augenblick, wird das Kunstwerk schließlich geboren, nimmt eine äußere Gestalt an – und begegnet den Sinnen der Menschen. Unvermittelt stehst du vor einem Gemälde, beobachtest die Formen, die Farben und suchst gar einen Sinn. Was sagt das Bild für dich aus? Die Bedeutung, die du heute einem Kunstwerk gibst, ist allerdings deine. Aus der Begegnung entsteht etwas Neues und Einmaliges. Das Gegenüber von objektivem Betrachter und dem Objekt löst sich auf, es entsteht ein neues Werk, eine neue Bedeutung, ein je einmaliger, augenblicklicher Sinn. Freilich kann es dir auch gelingen, die ursprüngliche Intention und Sinngebung des Malers zu ergründen.

Gott ergründen wir auf ähnliche Art und Weise. Gott ist ein Künstler. Gottes innere Idee oder tiefer Sinnzusammenhang kommt in der geschaffenen Welt zum Ausdruck, in Gottes Schöpfung. Wenn wir uns also mit dem Geschaffenen in Verbindung setzen und auf die Welt in all ihrer Vielfalt treffen, begegnen wir dem Künstler, der alles geschaffen hat, und seiner Sinngebung. Wir erfahren Gott, den ewigen Künstler. Bonaventura schreibt (2,7): *Hier haben wir überall Spuren, in denen wir unseren Gott betrachten können.*

Nun kommt aber dazu, daß bei der Sinneswahrnehmung jedes Äußere in uns ein Abbild schafft, das dem Original da draußen aufgrund unserer begrenzten Fähigkeit, achtsam zu sein, nur zum Teil gleicht. Christen glauben aber, daß zwischen Gott Vater und Sohn, dem *logos*, von Anfang an ein vollkommener Austausch stattfindet. Der Ewige Künstler schafft sich seine ewige Kunst, sein Meisterwerk, sein deckungsgleiches Abbild. Die Kopie ist gleich dem Original. Wie in der Arbeit unserer Sinne ständig, in jedem »Augenblick« unseres Daseins, Abbilder von Originalen erzeugt werden, so vollzieht sich in Gott ständig intensivster Austausch und Begegnung. Das ist die ewige Kunst Gottes.

In diesem Sinn wird die buddhistische Übung der Achtsamkeit geradezu zur Übung göttlicher Kommunikation. Die ewige Kunst Gottes spiegelt sich in den Grundvollzügen geschöpflicher Existenz.

Es gibt eine Geschichte, die von dem kleinen Michelangelo Buonarotti erzählt werden könnte. Ein Junge ging durch die Gassen seines Dorfes. Auf seinem Weg zur Schule mußte er täglich an der Werkstatt eines Steinmetzes vorbei. Eines Tages blieb er davor stehen und wunderte sich, wie der Mann emsig an einen großen Stein hinmeißelte. Was der wohl da machte? Da er nun zwei Wochen Ferien hatte, kam der Junge am ersten Schultag wieder an dem großen Fenster vorbei. Mit offenem Mund blieb er stehen. Er sprang durch die Tür der Werkstatt und stürzte mit der Frage heraus: »Woher wußtest du nur, daß in dem großen Stein ein Löwe versteckt war?«

Der Löwe war tatsächlich vorher da. Das Kunstwerk ist geboren, wenn die Idee dazu geboren ist. Der Künstler, der Handwerker gestaltet die Idee. Diese Welt und ihre ewige Gestalt war längst geboren, bevor sie sich in allen Details ausformte. Staunend wie dieses Kind können wir zu Gott laufen und fragen: Woher wußtest du nur, daß all das hier verborgen war? Und die Augen werden uns weit aufgehen.

Übungen

■ Geh durch deine Wohnung, nicht im alltäglichen Eiltempo, mit der Konzentration auf die Unordnung, den Staub und all das andere, was dich unter Umständen »fesselt«, sondern mit großer Achtsamkeit für die Bilder, die da hängen. Wähle dir ein Bild aus.
Was löst dieses Bild heute unmittelbar bei dir aus?
Was wollte der Künstler vielleicht mit dem Werk ausdrücken?
Wozu regt dich das Bild an?

■ Betrachte das Kruzifix von San Damiano, das zu Franz gesprochen hat und heute in der Basilika Santa Chiara in Assisi aufbewahrt wird.[1]
Was sagt Jesus zu dir? Was sagen die einzelnen Personen zu Jesus?

---

1 Das Kruzifix ist in nahezu jedem Reiseführer von Assisi abgebildet, z. B. in P. M. Della Porta/E. Genovesi/E. Lunghi, *Stadtführer von Assisi. Kunst und Geschichte*, Editrice Minerva Assisi, S. 142. – Sicherlich kann auch ein Kunstverlag in deiner Umgebung weiterhelfen.

Zu dir? Was möchtest du zu diesen Personen oder anderem sagen (das leere Grab, der Hahn, die Lanze …)?

Alternativ zu diesem Kreuz kannst du natürlich eines wählen, das dir persönlich nahe steht.

MONTAG

Vergiß mein nicht

KAPITEL 3,1–2

Im dritten Kapitel verlassen wir gleichsam den Vorhof des Tempels und treten in den vorderen Tabernakel, in das Heiligtum, ein, ...

Komm ganz zu dir selbst! ... Wir können nämlich nichts verstehen, woran wir uns nicht erinnern.

Die Funktion des Gedächtnisses besteht darin, nicht nur das Gegenwärtige, Gegenständliche und Zeitliche zu speichern und wieder ins Bewußtsein zu rufen, sondern auch alles, was aufeinander folgt, was einfach und auch das, was immer so ist, wie es ist. Vergangenes speichert es durch Erinnern, Gegenwärtiges durch Wahrnehmen und Kommendes durch Vorausschauen. ...

Aufgrund der ersten Funktion, alles Zeitliche, Vergangene, Gegenwärtige wie Zukünftige aktuell zu speichern, spiegelt das menschliche Gedächtnis die Ewigkeit wider. Die unteilbare Gegenwart der Ewigkeit weitet sich nämlich über alle Zeiten aus.

Die zweite Funktion macht deutlich, daß das Gedächtnis nicht nur von außen durch die Wahrnehmung, sondern auch von oben geprägt wird, da es einfache Formen enthält, die nicht durch die Tore der Sinne und die Wahrnehmungsbilder zustande gekommen sein können.

Die dritte Funktion zeigt, daß es in unserem Gedächtnis ein Licht gibt, das sich nicht verändert. In diesem Licht erinnern wir unwandelbare Wahrheiten.

Diese Möglichkeiten des Gedächtnisses verweisen darauf, daß wir Menschen Bild und Gleichnis Gottes sind. Gott ist dem Menschen so nahe! Wir tragen Gott so in uns, daß wir ihn tatsächlich begreifen. Kraft unseres Gedächtnisses sind wir Gott nah und können an Gott teilhaben.

Josef: Vor einigen Jahren arbeitete ich auf einer »beschützenden Station« eines Altenpflegeheimes. Die alten Menschen wußten nicht, wo sie waren. Sie wußten nicht, mit wem sie es hier zu tun hatten. Die meisten litten an einer Altersdemenz. Bei einigen konnten wir keine Form von Gedächtnis mehr wahrnehmen, bei anderen allerdings war insbesondere das Langzeitgedächtnis noch phänomenal. Eines Tages sang ich einer 88jährigen Frau, die als Wirtstochter aufgewachsen war, die ersten Verse eines bayerischen

Liedes vor. Ich staunte nicht schlecht, als sie mir weitere zehn Verse ohne jedes Zögern rezitierte. Natürlich ging es dann den ganzen Tag noch weiter. Da stand ich nun, 50 Jahre jünger, der ich mir einbildete, noch so viel mehr zu »wissen«. Und welche Freude die Frau dabei hatte! Mit einer Melodie, mit dem Klang von Worten öffnete sich plötzlich inmitten einer scheinbar trostlosen Situation im Altenheim eine vergangene Welt mit all ihren Reizen, mit ihrer Lebendigkeit und ihrer Lebenskraft. Diese alte, völlig verwirrte Frau war in der Lage, solch eine Freude zu erleben, wie ich als vermeintlich »normaler Mensch« nicht. Ist nicht jede Freude, die ich heute, im jetztigen Augenblick erlebe, teilweise eine Erinnerung an einmal erlebtes Glück? Was wären wir Menschen ohne unsere Erinnerung? Würden wir uns als menschliche Personen und Individuen fühlen? Meist ist es eine Tragödie, das Gedächtnis zu verlieren. Manchmal ist es auch eine Gnade oder auch vielleicht eine Meisterleistung unserer Psyche, die uns vor etwas schützen möchte, das zu schwer und schrecklich für uns wäre. Wenn wir immer alles erinnern würden, könnten wir unseres Lebens wohl nicht mehr froh werden. Bonaventura erwähnt in diesem Zusammenhang auch die Zukunft. Gedächtniskraft ist mit Vergangenheit und Zukunft beschäftigt, weil es um Gedanken geht, die sich da und dort im Heute und Jetzt treffen.

Was wären wir Menschen ohne Gedenktage oder -zeiten? Was wären wir ohne feste Rhythmen, wiederkehrende Feiern und Feste? Was wären wir Menschen ohne unsere Vorfahren und unsere Vorgeschichte?

Das Gedächtnis ist die Quelle für alles Weitere. Jeden Augenblick wird es weiter gespeist, verarbeitet es Eindrücke, die uns über die Sinne erreichen. Und diese Wahrnehmung und ihre Verarbeitung in mehr oder weniger abrufbare »Erinnerungen« wird mich als Individuum weiter begleiten und zu einem gewissen Maß prägen.

Was Bonaventura im dritten Kapitel als erstes macht, ist simpel. Wenn wir einzeln oder in einer Gruppe zusammensitzen, können wir im Grunde endlos unseren Gedanken nachgehen. Bei jedem Wort, bei jedem Gedanken kann sich eine andere Erinnerung auftun. Freilich brauchen wir die Zeit, den Gedanken weiter zu folgen. Diese scheinbare Endlosigkeit des Gedächtnisses ist ein Bild der Ewigkeit Gottes. Wir sind nach Gottes Bild geschaffen, und Gott ist ewig – so wie die Kette unserer Erinnerungen, die uns in die Zukunft weisen.

Für das deutsche Volk ist die Nazi-Vergangenheit eine schwere Last und zugleich Herausforderung. Es wird so lange Neonazis geben, so lange das Volk nicht mehr und mehr bereit ist, sich zu erinnern. In der Erinnerung liegt der Beginn für einen heilsamen Prozeß. Elie Wiesel, der an Leib und

Seele Opfer dieses Terror-Regimes geworden ist, schreibt einmal: *Mein Schlüsselwort heißt Erinnerung. ... Es besteht die Notwendigkeit, sich zu erinnern, um in der Wahrheit zu leben. Die Menschen sind nicht für ihre Vorfahren verantwortlich, aber sie sind für die Erinnerungen verantwortlich, die ihre Vorfahren hinterlassen haben. ... Erinnerung ist bereits ein Protest.*[2]

Sigmund Freuds genialer Schritt nimmt da seinen Anfang. Mit seiner Psychoanalyse setzt er eindeutig bei dieser grundlegenden menschlichen Fähigkeit, dem Gedächtnis, an.

Die Erinnerungen an die frühe Kindheit, Träume und freie Assoziationen bieten nicht selten den Schlüssel zu einer erfolgreichen Therapie. Kein Wunder, daß auch er – wie Wiesel – Jude ist. Das Judentum hat diese menschliche Fähigkeit sicherlich als Religion am intensivsten gewürdigt und genutzt. Tradition und Erinnerung kann geradezu alles werden. Im theologischen wie kulturell-sozialen jüdischen »Gebäude« ist das der Kern, wie es das fünfte Buch Mose überliefert: *Und das ist das Gebot, das sind die Gesetze und Rechtsvorschriften, die ich euch im Auftrag des Herrn, eures Gottes, lehren soll und die ihr halten sollt ... Wenn du den Herrn, deinen Gott, fürchtest, indem du auf alle seine Gesetze und Gebote, auf die ich dich verpflichte, dein ganzes Leben lang achtest, du, dein Sohn und dein Enkel, wirst du lange leben. Deshalb, Israel, sollst du hören und darauf achten ...: Höre, Israel! Jahwe, unser Gott ist einzig. Darum sollst du den Herrn, deinen Gott, lieben mit ganzem Herzen, mit ganzer Seele und mit ganzer Kraft. Diese Worte ... sollen auf deinem Herzen geschrieben stehen. Du sollst sie deinen Söhnen wiederholen. Du sollst von ihnen reden, wenn du zu Hause sitzt und wenn du auf der Straße gehst, wenn du dich schlafen legst und wenn du aufstehst. Du sollst sie als Zeichen um das Handgelenk binden. Sie sollen zum Schmuck auf deiner Stirn werden. Du sollst sie auf die Türpfosten deines Hauses und in deine Stadttore schreiben.* (Dtn 6,1–9) Das ist das jüdische Glaubensbekenntnis. Und das kann die Menschheit als wichtigste Gabe von den Juden annehmen.

Natürlich ist Tradition und Erinnerung in jeder Religion wichtig. Im Herzen des christlichen Gottesdienst steht die Person Jesu von Nazareth. *Tut dies zu meinem Gedächtnis!* Ich schaue auf Brot und Wein und erinnere mich. Dabei glaube ich an einen kontinuierlichen Prozeß der Umwand-

2 Ein Beitrag über *Memory, morality and Germany* im Herald Tribune, September 1992 (Übersetzung Raischl).

Ewigkeit

↑

verarbeitet
und behält
Sinneseindrücke

↑

trägt in sich
grundlegende Formen und
grundlegende Prinzipien

↑

Gedächtnis

Abbildung 4: Gedächtnis

lung, der »Hineinverwandlung«. *Wir hören jedesmal vom Leben, von der Person, dem Werk und der Lehre Jesu. In und durch diese Lesungen der Liturgie erlangen wir unsere Identität zurück: wer wir sind, woher wir kommen, wohin wir gehen und wie wir dorthin kommen sollen. Diese Vision zieht uns weiter voran. Wir sind als Individuen, als Gesellschaften und als der gesamte Kosmos beteiligt.*[3]

Das Zweite Vatikanische Konzil begann und endete mit einem universalen Ruf: *Zurück zu den Quellen!* Vor allem anderen war den Vätern des Konzils in einer Zeit, wo Reformen so notwendig schienen, wichtig, die ganze Tradition in den Blick zu bekommen.

Es ist gar nicht zu ermessen, was die historischen Forschungen, insbesondere natürlich die Bibelwissenschaften, für die Erneuerung christlichen Denkens und Lebens im 20. Jahrhundert geleistet haben.

---

3 Michael Guinan OFM, *To be Human Before God. Insights from Biblical Spirituality*, S. 87, Liturgical Press Minnesota (Übersetzung Raischl). Der Franziskaner ist Professor für Altes und Neues Testament an der *Franciscan School of Theology* in Berkeley/Kalifornien.

Übungen

■ Nimm dir ein großes Blatt und einen Stift. Notiere den Fluß deiner Gedanken und Erinnerungen zum Stichwort »Weihnachten« oder »Geburtstag«. Achte besonders auf sehr konkrete Dinge, die dir einfallen.

■ Betrachte Psalm 136. Nimm dir ein Blatt Papier und schreibe den Psalm weiter, indem du jeweils ein bestimmtes Ereignis deiner Lebensgeschichte in eine Zeile faßt und mit dem Refrain antwortest »Denn deine liebevolle Zuwendung währt ewig!«.
Damit erstellst du deine eigene Lebenslitanei.

Wenn du dich ohne Angst und Schrecken dem Vergangenen und den verborgenen Bildern – Imagination und Phantasie gehören wohl auch hierher – in der Tiefe deiner Seele zuwenden kannst, wendest du dich zugleich dem Heute und Morgen voll und ganz zu. Je mehr und detailierter wir erinnern und träumen, umso mehr werden wir Gott, dem Vater aller Dinge, gleich, der die Quelle des Lebens und Heils schlechthin ist.

DIENSTAG

Logisch, was sonst!

KAPITEL 3, 1.3

Schau, wie sehr du dich selbst liebst! Du kannst dich aber nicht lieben, wenn du dich nicht kennst. Du kennst dich nicht, wenn du keine Erinnerung an dich hast. Wir können nämlich nichts verstehen, woran wir uns nicht erinnern. Daraus folgern wir mit dem »Auge unseres Verstandes« – nicht mit unseren physischen Augen –, daß der Mensch drei psychische Fähigkeiten besitzt. Betrachte also Funktion und Mechanismus dieser Fähigkeiten, dann wirst du durch dich, wie durch ein Bild, Gott erkennen können. Es ist so, als ob du durch einen geheimnisvollen Spiegel blicken würdest.

Die Funktion des Verstandes ist es, Begriffe, Sätze und Schlußfolgerungen zu verstehen. Der Verstand erfaßt die Bedeutung eines Begriffes, wenn er erkennt, wie er definiert ist. Definiert muß etwas aber durch übergeordnete Begriffe werden, die wiederum ihrerseits durch übergeordnete definiert sind. Schließlich kommen wir zu den übergeordnetsten und allgemeinsten Begriffen. Wenn wir diese nicht verstehen, können wir auch die untergeordneten Begriffe nicht eindeutig klären. ... Negatives können wir nur auf dem Hintergrund des Positiven erkennen. ... Wir glauben, der Verstand begreife nur dann den Sinn eines Satzes ganz, wenn er sicher wahr ist. ...

Worum es bei einer Schlußfolgerung geht, erkennt unser Verstand schließlich wahrheitsgemäß, wenn wir sehen, daß sich die Folgerung zwingend aus dem Vorhergehenden ergibt. Das ist aber nicht nur bei zwingenden Schlußfolgerungen so. Zum Beispiel sagen wir: Wenn jemand läuft, bewegt er sich. Das ist so, nicht nur, wenn es diese Dinge tatsächlich gibt, sondern auch wenn es sie nicht gibt. Dieser Satz gilt nämlich, ob es diesen Menschen jetzt gibt oder nicht: Wenn jemand läuft, bewegt er sich. Die Schlußfolgerung »lebt« also nicht von der wirklichen Existenz, die Grenzen hat, oder einer geistigen Existenz, was nichts anderes als eine Fiktion wäre. ...

Wie schreibt Augustin in der *Wahren Religion*: Wenn jemand seinen Verstand wirklich gebraucht, wird sie oder er von dieser Wahrheit gepackt und versucht auch, wieder zu ihr zurückzukommen. So ist es ganz offensichtlich, daß unser menschlicher Verstand mit der ewigen Wahrheit verbunden ist. Denn wir können ohne sie nichts mit Gewißheit als wahr begreifen. Diese Wahrheit kannst du also in dir entdecken. Sie lehrt dich, wenn Leidenschaften und Phantastereien dich nicht dabei behindern und sich wie Wolken zwischen dich und die Wahrheit schieben

Josef: Der menschliche Verstand, die Intelligenz, ist eine ungeheuer faszinierende Sache. Auch wenn wir heute schon sehr weit fortgeschritten sind, die immensen Kapazitäten und Möglichkeiten unseres Gehirns genauer zu bestimmen oder gar nachzubauen, so sind wir immer noch am Anfang damit. Die virtuelle Welt und die künstliche Intelligenz ist, verglichen mit den komplexen Vorgängen unseres natürlich gewachsenen Gehirns, doch weiter sehr begrenzt.

Ist es eigentlich selbstverständlich, daß du verstehst, was dein Gegenüber zu dir sagt? Und dabei rede ich noch gar nicht von neuzeitlicher Hermeneutik, Sprachphilosophie oder gar Kommunikationswissenschaft. Wir können ein Buch lesen und verstehen, was ein uns unbekannter Autor sagen möchte. Wir lesen Begriffe wie »Amsel« oder »Hammer« und meinen zu wissen, was damit gemeint ist. Alles läßt sich letztlich zurückführen auf die wenigen uns bekannten Grundstoffe oder Elemente, ja noch weiter. Wie es im fünften Kapitel noch eindrucksvoller exerziert wird, endet jede Definition beim *SEIN an sich*. Im *SEIN an sich* trifft sich alles, was ist. Je mehr wir dieses SEIN entfalten, um so differenzierter wird es, um so eingegrenzter. Wenn du deine Mutter beschreiben müßtest, so gibt es da viele unterschiedliche Aspekte ihres Wesens, ihrer Lebensgeschichte und ihrer Fähigkeiten und dessen, was sie alles bewirkt hat. Letztlich kommst du zu der schon sehr weiten Definition »Mutter«, schließlich »Frau«, »Mensch«, »Säugetier«, »Lebewesen« bis hinein in die kosmologische Plazierung. Unser Verstand leitet uns dabei ganz sicher und in logischen Folgerungen. Leider hat sich unsere abendländische Kultur sehr »kopflastig« entwickelt. Alles muß vernünftig sein, alles muß nachvollziehbar sein, muß »sich rechnen«. Die Intelligenz wird allzuoft abgekoppelt von der Erinnerung und Imagination und ebenso von ethischen Überlegungen. Das Christentum mit seinem ganzen theologischen Überbau hat sicherlich wesentlich zu dieser Entwicklung beigetragen. Die christliche Theologie kann sich sicherlich zu den logischsten und genialsten Lehrgebäuden überhaupt zählen. Leider hat sich dabei mehr und mehr auf das Wort, das Verstehen und Begreifen verlagert, auf Kontrolle und Macht. Die Auswüchse dieser Entwicklung sind unübersehbar. Die Praxis der amtlichen Kirche hat Millionen von Menschen das Leben gekostet, moralische Prinzipien wurden pervertiert und ausgehöhlt.

Ich möchte auf einfachere menschliche Erfahrungen zurückkommen. Jedes Kind lernt in den ersten Lebensjahren zu verstehen, das eine besser, das andere weniger gut. Das Kind deutet seine Welt auf je eigene Weise. Es deutet alles und beginnt, Bezüge zu sich selbst herzustellen.

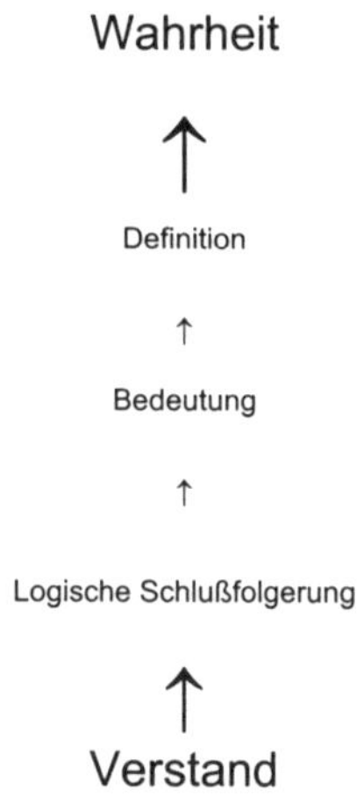

Abbildung 5: Verstand

Vielleicht deutet ein fünfjähriges Mädchen die Traurigkeit seiner Mutter, die von ihrem Mann verlassen worden ist, so, daß es meint, es wäre selbst an dem Leiden der Mutter schuld. Diese Deutung kann ein jahrelanges Leiden auf den Weg bringen, das viele Störungen verursachen kann. Das positive Beispiel ist dagegen, daß ein Kind auf vielfache Weise »merkt«, daß es geliebt und angenommen ist, daß sich »die Welt« über es freut und es schätzt. Die Deutung, die sich in einem solchen Kind auf vielfältige Weise festsetzt, ist dann sicherlich so etwas wie ein Urvertrauen in das Leben und die Menschen.

André: Wie beim Erinnern handelt es sich hier um etwas, was wir Menschen Tag für Tag und Sekunde für Sekunde praktizieren. Unser Verstand ist ein wesentlicher Teil menschlichen Lebens, auch wenn er nicht isoliert werden sollte. In dem alltäglichen Vollzug spiegelt sich das Abbild Gottes, der die Wahrheit schlechthin ist, die Deutung, das Wort, das alles aussagt, begreift und richtig einordnet. Von der begrenzten und fehlerhaften menschlichen Erfahrung läßt uns Bonaventura auf die Vollkommenheit göttlicher Logik und Interpretationskunst schließen.

Jesus sagt: *Ich bin die Wahrheit!* Er wird von Johannes im Originaltext *logos* genannt: *Im Anfang war das Wort, und das Wort war bei Gott, und das Wort war Gott* (Joh 1,1). Der griechische Begriff *logos* meint nicht nur »Wort«, sondern ebenso Bedeutung, Sinn oder Wissenschaft. Wir sind mit dieser zentralen menschlichen Begabung des Verstandes nach dem Bild Gottes, und zwar des Sohnes, geschaffen, der alle Sinnfindung und -deutung in sich birgt, der die Logik der Schöpfung in Vollendung ist. Im Blick auf therapeutische Richtungen fällt vor allem Viktor Frankl mit seiner »Logotherapie« auf. Natürlich fußen auch die Lerntheorien sowie Gesprächspsychotherapien auf »vernünftiger« Auseinandersetzung und Bewußtmachung. Von den Weltreligionen konzentrierte sich das Christentum sicherlich am meisten auf diese menschliche Begabung.

Übungen

▪ Nimm deine »Lebenslitanei« vom gestrigen Tag noch mal zur Hand. Betrachte und bete sie. Ebenso wie die Juden im Psalm 136 zunächst unverständliche Ereignisse miteingeschlossen haben, findest du sicherlich manches, was du im nachhinein heute dankbar annehmen kannst, im unmittelbaren Geschehen aber überhaupt nicht begreifen konntest. Wähle dir ein oder zwei dieser Geschichten aus und betrachte sie näher.

▪ Spiele mit einem Gegenüber folgendes Kommunikationsspiel. Erst sagst du einen Satz (beispielsweise »Die Treppe ist nicht geputzt!«), dann hat dein Gegenüber die Möglichkeit dich zu fragen »Meinst du, daß …« (beispielsweise »… ich sie putzen soll?«). Wenn du diese Frage dreimal bejaht hast, ist es Zeit die Rollen zu tauschen. Die Sätze können ganz alltäglich und banal sein.
Was gehört zum Verstehen eines Wortes alles dazu?
Nach ein paar Runden sollten die Beteiligten zusammenfassen, was ihnen aufgefallen ist.

MITTWOCH

Ich tue das, was ich will!

KAPITEL 3, 1 UND 4

Auf den ersten beiden Stationen haben uns Gottes Spuren also dem Ziel schon näher gebracht. Sie bringen uns dorthin, wo wir wieder zu uns selbst kommen, in unser Inneres, wo Gottes Bild so deutliche Konturen annimmt.

Wir besitzen außerdem die Begabung, Entscheidungen zu treffen. Wenn wir überlegen, urteilen und nach etwas verlangen, handelt es sich um diese Fähigkeit. Überlegen bedeutet, zu untersuchen, ob das eine besser als das andere ist. Wir bezeichnen etwas nur deshalb als besser, weil es sich dem Besten annähert. Das geschieht aber nur, wenn sich etwas mehr und mehr angleicht. Also weiß niemand, ob das eine besser als das andere ist, wenn er nicht feststellt, welches der beiden dem Besten ähnlicher ist. Nun weiß aber niemand, ob etwas einem anderen mehr gleicht, wenn er dieses andere nicht kennt. Ich weiß ja nicht, ob einer dem Peter ähnlich ist, wenn ich von Peter nichts weiß oder ihn nicht kenne. Also muß jeder, der überlegt, eine Ahnung vom höchsten Gut haben.

Wenn wir überlegen, erreichen wir aber nur dann ein sicheres Urteil, indem wir uns auf ein Gesetz stützen. Das tun wir aber nur, wenn wir auch sicher sind, daß das Gesetz richtig ist und selbst nicht beurteilt werden muß. Wir urteilen aber über uns selbst. Das Gesetz aber, das wir für unser Urteil anwenden, können wir nicht beurteilen. Es steht über uns. Und wir urteilen so damit, wie es in uns angelegt ist. Da über dem menschlichen Geist aber nur sein Schöpfer steht, berühren wir beim Urteilen, wenn es ganz auf den Grund der Dinge geht, die göttlichen Gesetze.

Unser Sehnen gilt in erster Linie dem, was uns am meisten bewegt. Am meisten bewegen uns aber die Dinge, die wir am meisten lieben. Wir lieben es am meisten, glücklich zu sein. Glücklich sind wir aber nur dann, wenn wir das Beste und Äußerste erreichen. Unser Sehnen richtet sich also nur deshalb auf etwas, weil es das höchste Gut ist oder sich nach ihm ausrichtet oder ihm irgendwie gleicht. Ja, wir können überhaupt nichts lieben, wenn wir uns nicht nach dem höchsten Gut sehnen. So wichtig und stark ist das höchste Gut. In jedem Fall täuschen wir uns, wenn wir meinen, sein Abbild und seine Darstellung wären das Wirkliche. Wie nahe sind wir also Gott!

Josef: Was wären wir Menschen ohne unsere ureigene Willenskraft? Wären wir nur willfährige Marionetten? Hätten wir überhaupt ein eigenes Profil, etwas Eigenes? Gäbe es etwas Gutes?

Im Alter von zwei bis vier Jahren lernen Menschen ihren eigenen Willen entdecken. Allgemein bezeichnen wir diese für Eltern durchaus schwierige Entwicklungsstufe als »Trotzphase«, weil es häufig zu massiven Konflikten mit der direkten Umwelt kommt. Das Kind entdeckt sich selbst und seine Bedürfnisse, es entdeckt die Notwendigkeit, »Ich« zu sagen und die eigene Entscheidungsfähigkeit zu demonstrieren. Wehe, es gibt nicht genau das Eis zur Nachspeise, das es sich ersehnt und vorgestellt hat! Wehe, die Mama erzählt nicht genau die Geschichte mit dem genau gleichen Verlauf, wie das Kind es sich gewünscht hat! Es ist schon eine ungeheuere Kraft und Dynamik, die sich da zu entfalten beginnt.

Bonaventura sieht diese Kraft in einer Linie mit Gott, dem *Höchsten Gut* überhaupt, nach dem wir Menschen unsere Hände ausstrecken. Selbst in der Szene im Spielwarengeschäft, in dem meine Söhne von einem Regal zum anderen laufen und heftigst fordernd schreien: »Papa, das will ich haben!«, sieht Bonaventura ein wunderbares Abbild Gottes, eine Demonstration urgewaltiger Sehnsucht nach dem, was alle Güter übersteigt.

Übungen

- Überdenke eine deiner wichtigen Entscheidung der letzten Jahre. Was hat diese Entscheidung und ihre Entstehung geprägt? Wie lief deine Überlegung? Mit wem hast du dich beraten? Was war dein Maßstab?

- Was wünschst du dir für dein Leben? Nimm dir ein Blatt Papier, male oder schreibe auf, was dich »bewegt«!
  Was wünschst du für dich heute?
  Was wünschst du dir im Rückblick auf dein ganzes bisheriges Leben?
  Was wünschst du einem Menschen, der dir nahesteht?
  Was wünschst du den Völkern der Erde, deiner Mitwelt?

Neulich brachte mich meine Frau dazu, mit ihr zum Möbelkauf zu fahren. Wir brauchten ein neues Sofa für unser Wohnzimmer. Wochenlang hatte sie schon Informationen eingeholt und die Angebote sondiert. Auch ich war in den Überlegungsprozeß schon länger miteinbezogen. Vor Ort kamen wir schließlich zu einer Entscheidung, was in unser Wohnzimmer, für unsere Familiensituation und zu unserem Geschmack passen würde. Es ist eine Frage der »Proportion«, wie Bonaventura es ausdrückt. Alle unsere menschlichen Kräfte sind in dem Entscheidungsprozeß beteiligt: die Sinne, Gedächtnis, Verstand und auch die Kraft des Willens. In diesem Prozeß, ein Möbel auszusuchen, spiegelt sich Gottes Wirklichkeit. Es findet sich nämlich, wiederum in unserer begrenzten menschlichen Weise (nach ein paar Jahren könnten wir feststellen, es hätte doch noch eine bessere Couch für uns gegeben), das *Optimum* Gottes. Alles Nachdenken und Kramen im Schatzkästchen unserer Erinnerungen, alles mehr oder weniger logische Überlegen und sprachliche Ausdrücken und Definieren, all das bleibt doch im leeren Raum hängen, wenn es nicht zur Aktion kommt. Alles Verhalten und jeder Willensakt sollte auf das Gute gerichtet sein und auf das Gute hin verglichen und überprüft werden. Was ist mein Maßstab? Ich passe mich an und ziehe dort den Kopf ein, wo ich aufstehen und protestieren müßte. Und es gibt immer viele gute Gründe und Ausreden, den Kopf einzuziehen! Was »bringt es mir« schon – außer Ärger?

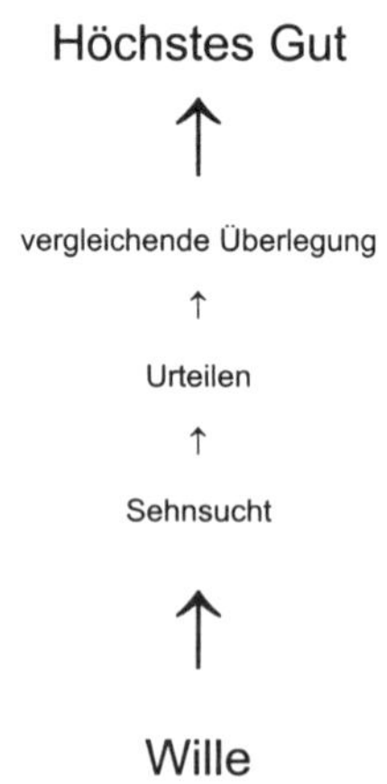

Abbildung 6: Wille

Oder wie viele leben und strecken sich nur nach dem, was der andere mehr oder besser hat. Sie leben vom ständigen Vergleichen, Gegeneinander-Ausspielen oder gar Bekriegen. Mag dieser Prozeß unserer Willenskraft noch so verengt oder gar verkehrt herum laufen, nämlich hin zum Übel: Bonaventura sieht unseres Erachtens selbst darin das Abbild des Gottes der Liebe und Zuwendung.

Alle Arten von moralischen und ethischen Überlegungen gehören ebenso hierher wie politisches Handeln im Großen und im Kleinen. Wie zentral also diese menschliche Kapazität für das Menschsein ist, können wir nicht genug achten.

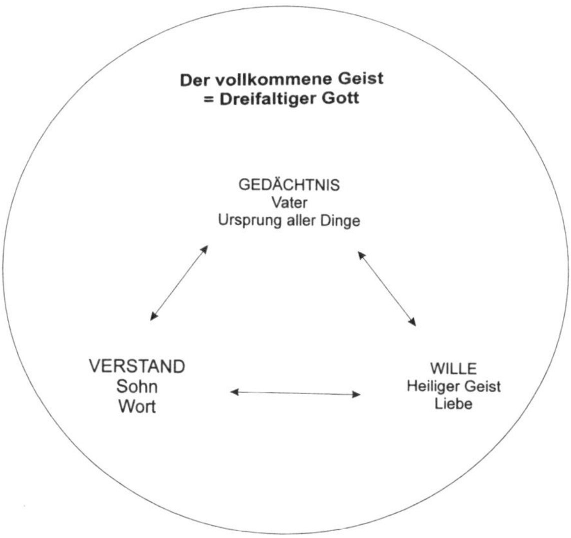

Abbildung 7: Kapitel 3

Abbildung 7 verdeutlicht den Gesamtzusammenhang des dritten Kapitels, nämlich das Bild des dreieinen Gottes, das sich in unserer menschlichen Erfahrung von Gedächtniskraft, intellektuell-rationalen Fähigkeiten und unseres Willens spiegelt.

Im therapeutischen Bereich ist die Verhaltenstherapie die Richtung, die hier ansetzt. Bei den Weltreligionen ist es sicherlich die Stärke des Buddhismus und anderer asiatischer Glaubensgemeinschaften, die Willenskraft in die Mitte zu stellen. Manche sagen, der Buddhismus wäre überwiegend oder gar gänzlich ein ethisches System. Natürlich hat auch Jesus mit seinem Hauptgebot der Gottes-, Selbst- und Nächstenliebe diese Kraft in den Mittelpunkt gestellt. Das Christentum als ganzes hat allerdings in der Hauptsache eine fein ausgetüftelte und streng durchdachte Lehre für das Wesentliche gehalten. Wie oft wurde und wird die Liebe doch der Lehre geopfert!

DONNERSTAG

Psychische Gesundheit oder was wir vom Dreifaltigen Gott lernen können

KAPITEL 3,5–7

Funktion, Ursprung und gegenseitige Beziehung dieser menschlichen Begabungen vereinen uns mit dem allerglücklichsten, dreifaltigen Gott. Das Gedächtnis gebiert nämlich die Erkenntnis wie ein Kind. Denn wir verstehen immer dann etwas, wenn ein Bild aus dem Gedächtnis ins Bewußtsein springt. Und dieses Gedächtnisbild ist nichts anderes als ein Wort. Gedächtnis und Verstand beleben die Liebe, die beide verbindet. Der Geist, der alles hervorbringt, das Wort und die Liebe, diese drei, sind in uns als Gedächtnis, Verstand und Wille angelegt. …

Wenn wir uns also selbst betrachten, betrachten wir durch uns selbst gleichsam wie durch einen Spiegel das Glück der göttlichen Gemeinschaft des Vaters, des Wortes und der Liebe. …

Die Wissenschaften vervollständigen und üben … diese unsere drei Begabungen und versinnbildlichen auf dreifache Weise den allerglücklichsten dreifaltigen Gott. …

Die Naturwissenschaften unterteilen sich in Metaphysik, Mathematik und Physik. … Die zweite Art der Philosophie, die Geisteswissenschaften, läßt sich in die Grammatik einteilen, die uns befähigt, uns auszudrücken, in die Logik, die uns in die Kunst der Beweisführung einführt, und in die Rhetorik, die uns dazu vorbereitet, andere zu überzeugen und zu motivieren. Auch hier deutet sich in ähnlicher Weise das Geheimnis des allerglücklichsten, dreifaltigen Gottes an.

Die Ethik differenziert sich in Individual-, Familien- und Gesellschaftsethik. Von daher weist die erste darauf hin, daß die Ur-Quelle ohne Anfang ist, die zweite, daß der Sohn die Zusammengehörigkeit begründet, und die dritte, daß der Heilige Geist frei macht.

Diese Wissenschaften benutzen allesamt sichere und unfehlbare Regeln, die uns wie Lichter oder Strahlen von einem ewigen Gesetz her treffen. …

Die Strahlung dieses Lichtes führt
die Weisen, die sich ihr aussetzen, zum Staunen,
die Dummen aber, die sich dem Glauben nicht öffnen, um zu begreifen,
führt sie in das Durcheinander.

André: Bonaventura blickt auf die Kräfte der menschlichen Psyche nicht nur in ihrer je eigenen Qualität und Wirkweise. Jede einzelne stellt etwas von der Ewigkeit, Wahrheit und All-Güte Gottes dar. Wie Abbildung 7 zeigt, sieht Bonaventura Gedächtnis, Verstand und Wille auch in ihrem Zusammenwirken. So wird unser »psychischer Apparat«, auch mit all den Gefühlen, die sich unausgesprochen daran knüpfen, zum Abbild der Dreifaltigkeit, des Vaters, des Sohnes und des Heiligen Geistes. Im dritten Kapitel erreichen wir die Fülle des christlichen Gottesbildes, zumindest formal.

Josef: In unserem Hospizdienst hat es eine alte Dame übernommen, die Geburtstage aller Mitarbeiterinnen zu erinnern. Sie sucht sie sich in den Akten – ein Teil des »Gedächtnisses« einer Institution – zusammen, versteht und bringt es zum Ausdruck, was an jedem einzelnen liegt, wie wertvoll jeder einzelne für alle ist, und stärkt somit das Band zwischen uns. Dieses Gedenken und Achten geht wiederum in das Gedächtnis der einzelnen und aller als eine freudige Erinnerung ein. Der Kreis schließt sich auf diese Weise und zieht sich zugleich weiter. Solche und ähnliche Rituale, beispielsweise die Feier von Gedenktagen, sind für das Überleben einer Gemeinschaft unerläßlich. Und alles geht vom Erinnern aus. Dieser Prozeß ist in uns ständig in Gang. Das ist Teil unserer Psyche, wie sie Bonaventura 1259 als ein Professor von Paris begreift, und wie wir bis heute »funktionieren«.

Kannst du etwas verstehen, wenn du dich nicht daran erinnern kannst? Sicher nicht. Erst recht ist dann der Weg zu versöhnendem und liebevollen Handeln verschlossen, zumindest was diese Erinnerung angeht. In einer vollkommenen »gesunden« Psyche müßte das Gedächtnis all seine Kapazität, all seine Phantasien und Träume, auch all die dunklen Schatten der Kindheit, frei- und weitergeben – hin zum Bewußtsein, zum Verstehen, zum Ins-Wort-Bringen. Und alles Verstehen soll seinerseits zu liebevollem Handeln und Engagement führen, das ist ja der Sinn des Begreifens. Das würde bedeuten, daß Gegenwart und Zukunft von der Wahrheit durchdrungen in Liebe und Vertrauen angenommen und gelebt werden könnte. Und diese Erfahrung, sich mit ganzem Herzen und ganzer Kraft in voller

Bewußtheit auf das Gute hin auszustrecken, würde wiederum zurückfließen in den unendlichen Schatz des Gedächtnisses.

Bonaventura sagt, daß nur in Gott diese vollkommene Psyche zu finden ist, wo eine Person sich ganz der anderen übermittelt. Auf dem Weg, den wir miteinander gehen, ist hier die Stelle, wo er zum erstenmal die Trinität, den dreifaltigen Gott einführt. Vater, Sohn und Heiliger Geist in ihrem lebendigen Miteinander sind in diesem Mechanismus unserer menschlichen Psyche Sekunde für Sekunde unseres Lebens abgebildet. Wir sind tatsächlich nach dem Bild und Gleichnis Gottes geschaffen! Und: je mehr wir in uns diesen Fluß der Gaben im Fließen halten, um so mehr gleichen wir Gott. Grundgelegt aber ist das Abbild in jedem Augenblick unseres Lebens.

Ein alter Mann beispielsweise, der vor zwei Jahren seine Frau verloren hat, dreht sich innerlich und in jedem Gespräch wieder und wieder um die furchtbaren letzten Tage seiner Gefährtin. Er ist voller Bitterkeit und Vorwürfe; so mancher Arzt wurde von ihm mit einer Klage bedroht. Zorn und Ärger, ein Gefühl löst das andere jeweils ab. Diese »dunkle« Erinnerung dominiert das Leben dieses Mannes so sehr, daß er sich nicht mehr seinem aktuellen Leben zuwenden kann. Er kann auch nicht verstehen, was wirklich passiert ist. Und der unterbrochene Kreis endet in einer starren Unversöhnlichkeit und einem penetranten Festhalten, die vom Zuhörer die ganze Geduldskraft kostet. Letztlich ist es ein tödlicher Kreis für ihn, weil er im Grunde verweigert, sich und sein Leben mit der neuen Situation anzunehmen. Viele Witwer und Witwen sterben in den ersten zwei Jahren nach ihrem Partnerverlust, auch weil sie den Prozeß nicht weiter fließen lassen können.

Übungen

- Bedenke wichtige Entscheidungen in deinem Leben. Kannst du dich auf eine der wichtigsten konzentrieren?
  Bedenke diese Entscheidung im Blick auf Abb. 7, das Miteinander von Gedächtnis, Verstand und Wille. Was hat dazu beigetragen, daß die Entscheidung gut oder weniger gut gewesen ist?
  Wem warst du »gehorsam«, worauf hast du gehört?
  Was hätte in den Prozeß miteinfließen sollen?
  Was hast du ausgeblendet?
  Was prägte deine Ängste und deine Hoffnungen?
  Was war deine Sehnsucht?

■ Betrachte im Licht des trinitarischen Bildes Kapitel 15,9–17 im Evangelium nach Johannes. Jesus konnte alles aufnehmen und auch alles weitergeben, die ganze Liebe und die ganze Freude.

Beende die Übungen in Anbetung der göttlichen Dreiheit, dem ununterbrochenen Fluß des Lebens und der Liebe.

Franz von Assisi erinnert sich in seinem Testament, kurz vor seinem Tod am 3. Oktober 1226, an eine fundamentale Begegnung in seiner Jugend. Da gab es diese Aussätzigen, diese lebendig Begrabenen und Ausgestoßenen, die furchtbar stanken und ekelhaft aussahen. Franz, der Ästhet, konnte sie nicht ausstehen, er konnte sie nicht »riechen«. Ein Zusammentreffen auf dem Weg war ekelhaft für ihn. Es war ihm *bitter*, schreibt er. Er konnte nichts verstehen und auch nichts daran ändern. Aber eines Tages packte es ihn, er wandte sich nicht ab, lief nicht weg und näherte sich dem häßlichen, abstoßenden Gesicht. Er umarmte und küßte den Leprosen. Und er begriff: Gott ist mit ihm! Der Weg der Ausgestoßenen ist sein Weg! Und er schreibt es allen seinen Brüdern ins Lehrbuch: Lebt eine Zeit mit den Brüdern, den Aussätzigen, und ihr werdet begreifen, wer Gott ist und wohin er euch führen will. Das ist von nun an ihr Noviziat, ihre Grundausbildung.

Wenn Christen Eucharistie feiern – dieser Gedanke läßt sich auf viele Rituale anwenden –, tun sie eigentlich nichts anderes: sie gedenken, sie hören und versuchen zu verstehen, und sie wünschen sich Frieden und sollen Frieden bringen. Die Hoffnung ist, daß sie in der Wiederholung dieses Ritus immer mehr in den wunderbaren Austausch von Vater, Sohn und Heiligem Geist hineingezogen und -verwoben werden. Und es geht da sicher nicht um ein stupides Wiederholen. Es geht um einen sehr lebendigen und fordernden Prozeß.

Das Zweite Vatikanische Konzil gab genau dies als Erneuerungsprogramm in Auftrag. Geht zurück zu euren Quellen, zur Heiligen Schrift, zur Überlieferung, zu euren Vätern und Müttern im Glauben. Und: versucht eure Geschichte zu verstehen und auszudrücken. Erst als dritter Schritt ist ein lebendiges Engagement für die Zukunft möglich. Hier kommt ein weiterer Aspekt in Blick. Dieser Kreislauf von Gedächtnis, Verstand und Wille kann als Bild ebenso auf Familien, Gruppen, Nationen, Religionsgemeinschaften und die Menschheit als Ganzes angewandt werden.

FREITAG

Immer brav gehorsam sein!?

KAPITEL 6, 3.7

In der göttlichen Dreiheit vereinen sich nämlich intensivste Kommunikation mit individuellen Personen, maximale Wesensgleichheit mit pluraler Ausformung, höchste Gleichförmigkeit mit verschiedenen Persönlichkeiten, weitestgehende Gleichheit mit Abstufungen. Obwohl alle gleich ewig sind, fließt doch eins aus dem anderen. Größte gegenseitige Intimität vereint sich mit einer Sendung nach außen. Ist das alles nicht zum Staunen?

Wenn wir das erhabenste GUTE bedenken, erkennen wir ohne jeden Zweifel, daß sich im dreifaltigen Gott all dies findet. Wenn in Gott nämlich höchste Einheit und wahre Trennung existieren, dann finden sich in ihm auch Ursprung und echte Unterscheidung. Weil aber alles kommuniziert bzw. geteilt wird und nicht nur ein Teil, so schenkt es sich ohne Vorbehalt ganz selbst. Einer fließt heraus und ein anderer gebiert. Sie unterscheiden sich nach ihren Eigenheiten und sind doch eins. …

… du wirst dich wundern,
daß es ein Ineinanderfließen, das das je Eigene wahrt, gibt,
daß es ein Einssein gibt, das die Vielfalt gleichermaßen zuläßt,
daß es eine gemeinsame Gestalt gibt,
die trotzdem die je eigene Persönlichkeit nicht verleugnet,
daß alle gleich, und doch einer Ordnung unterworfen sind,
daß alle ohne Anfang und Ende sind,
und doch einer die anderen hervorbringt,
daß sie sich unendlich nah sind und doch auseinandergehen. …

Josef: Für Franz von Assisi war Gehorsam ein anderer Ausdruck für »Dazugehören«. Neue Brüder wurden *zum Gehorsam aufgenommen*, so wurde die Aufnahme in den Orden genannt. Könnten wir aus Abbildung 7 nicht ein neues Konzept für »Gehorsam« entwickeln? Würde evangelischer Gehorsam dann nicht bedeuten, auf die ganze Erinnerung unserer Gemeinschaft, unserer Familie, unserer Beziehung zu schauen, diese Geschichte überhaupt erst wieder kommen zu lassen, dann in Ruhe hinzuschauen und versuchen zu verstehen, dem »logos« auf die Spur zu kommen, und dann erst zu Entscheidungen zu kommen, in Liebe und im Blick auf das All-Gute?

Übungen

■ Formuliere selbständig ein Gebet. Denke zunächst an ein konkretes Erleben der letzten Tage. Fasse es in Worte. Drücke deine Gefühle aus. Bitte um Orientierung, Sinn und Kraft: den ›logos‹.
Bleibe im Schweigen.
Laß all deine Gedanken und dein Schweigen in Lob und Dank münden.

■ Finde Beispiele für wahren, liebenden und vollkommenen Gehorsam (nach Franzens dritter Ermahnung) aus deinem eigenen Leben. Versuche dich an viele Einzelheiten zu erinnern, notiere es in Stichpunkten und betrachte die Situationen im Licht der Abb. 8.

Gehorsam muß mehr sein, als einfach zu tun, was einem gesagt wird. In seiner dritten Ermahnung unterscheidet Franziskus den wahren Gehorsam von dem von Liebe getragenen und vollkommenen Gehorsam.

> *Der Herr sagt im Evangelium: »Wer nicht allem entsagt, was er besitzt, kann nicht mein Jünger sein« (Lk 14,33); und: »Wer sein Leben retten will, wird es verlieren« (Lk 9,24). Jener Mensch verläßt alles, was er besitzt, und verliert sein Leben, der sich selbst zum Gehorsam ganz in die Hände seines Oberen übergibt. Und was immer er tut und redet, wenn er davon weiß, daß es nicht gegen den Willen des Oberen ist, so ist dies der wahre Gehorsam, sofern nur das, was er tut, gut ist. Und wenn der Untergebene einmal etwas sieht, was für seine Seele besser und nützlicher ist als das, was der Obere ihm befiehlt, so soll er das Seine freiwillig Gott zum Opfer bringen; was aber vom Oberen kommt, soll er tatkräftig zu erfüllen trachten. Denn das ist der von Liebe getragene Gehorsam (vgl. 1 Petr 1,22), weil er Gott und dem Nächsten Genüge leistet.*[4]

Wenn wir auf den »perfekten« Geist Gottes in Abbildung 8 schauen, wird sofort deutlich, worum es geht. Dort, wo alles ineinander fließt, braucht es keine Befehle oder Dekrete oder Anordnungen. »Man« versteht sich blind. Das ist wahrer Gehorsam, sagt Franz, weil jedes Glied spürt, ob das

4 Franz von Assisi, *Ermahnungen 3*, FrQuSchr I, S. 101.

Eigene in Übereinstimmung mit den anderen ist oder nicht. Das ist die göttliche Seite. Wir Menschen mögen uns dann und wann blind verstehen, es braucht auf längere Sicht aber die stete Auseinandersetzung und klare Abgrenzung.

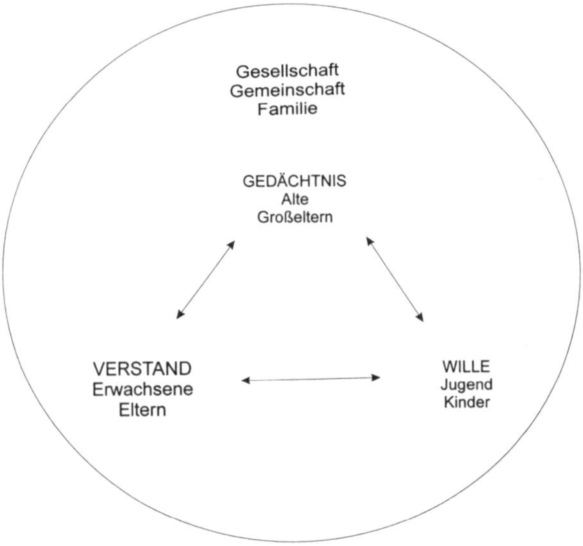

Abbildung 8: Anwendungen für das Kapitel 3

Ein Alltagsbeispiel für den »wahren Gehorsam«: Wenn ich weiß, daß meine Frau am Wochenende unsere Wohnung in Ordnung und sauber haben möchte, werde ich mich bemühen, die anstehenden Aufgaben rechtzeitig zu erfüllen. Wir müssen nicht darüber reden. Sie muß mich nicht dazu ermahnen.

Ich kann auch aus Liebe zu meinem Arbeitsteam, um dem Ganzen zu dienen, einen mir zwar wichtigen, aber nicht zentralen Plan fallen lassen. Das wäre liebender Gehorsam. Aber Franz geht noch einen Schritt weiter:

> *Wenn aber der Obere [dem Untergebenen] etwas gegen seine Seele befehlen würde, so darf er ihm zwar nicht gehorchen, soll ihn aber nicht verlassen. Und wenn er deshalb von einigen verfolgt würde, soll er sie um Gottes willen noch mehr lieben. Denn wer eher Verfolgung erträgt, als daß er von seinen Brüdern getrennt werden wollte, der*

verharrt wahrlich im vollkommenen Gehorsam, weil er sein Leben einsetzt für seine Brüder.[5]

Es kommt also im Sinne des Heiligen darauf an, im Prozeß zu bleiben. Grundsätzlich kommt es darauf an, nicht auszuscheren und davonzulaufen. Er fordert um eines insgesamt heilsamen Prozesses willen, daß auch das Widerspenstige und Störende in den Gesamtfluß eingeht. Die Reibung und Auseinandersetzung ist wichtig. Damit ist keine scheinheilige und erpreßte Harmonie gemeint. Und ich möchte anfügen, daß es in manchen Situationen höchst heilsam sein kann, sich zu trennen und Abschied zu nehmen. Die Vollkommenheit des Gehorsams aber liegt in der langfristigen Aufrechterhaltung der Spannung. Das ist nichts für schüchterne Drückeberger, die aus angeblicher Tugend ihren so wichtigen Teil, gerade weil er für die anderen nicht so leicht annehmbar ist, hinterm Berg halten. Das ist Verrat! Das ist Ungehorsam! Die Botschaft ist, sich selbst und das eigene Gewissen sehr ernst zu nehmen und von Situation zu Situation zu unterscheiden. Wäre so manche Ordensgemeinschaft nicht ganz woanders heute, wenn ihre Mitglieder einen solchen Gehorsam gelernt hätten? Wäre nicht so manches Ehepaar und manche Familie, mancher Betrieb und manche Gesellschaft auf heilsameren Pfaden, würden ihre Mitglieder und Gestalter den Mut zu diesem Gehorsam aufbringen? Der allerschlimmste Anteil der katholischen Kirche am Unheil des Nationalsozialismus oder am Leid unzähliger Menschen in den katholischen Ländern Lateinamerikas ist sicherlich, daß sie über Jahrhunderte den Menschen eine unterwürfige und zu allem Ja sagende, schleichend resignative Demutshaltung gepredigt hat.

Demut darf nicht die Kehlen zuschnüren, wo Aufschreie dem Leben dienen würden. Erich Fried (1921–1988) hat diese alltägliche Taubheit, den gewöhnlichen »Ungehorsam« einmal so formuliert: *Die Störung*

Sie sprachen
von ihrem Kampf
um Freiheit
und Liebe
und Menschenwürde

Da kam ihr Kind
ins Zimmer
und wollte sie
etwas fragen

---

5 Ebd.

Sie winkten ab:
»Laß uns jetzt
und geh schön spielen!«
Das Kind sah den Vater an
und die Mutter
und ging

Ich konnte
dann nicht mehr
gut hören
Da fragten die beiden
geduldig
und freundlich:
»Hat dich das Kind
gestört?«[6]

In Franzens Gehorsamsverständnis ist Kreativität und Dynamik wesentlich. Es stiftet nicht zu blindem Aufruhr und Destruktivität an. Es geht um den Fluß des Ganzen. Das Bild des dreieinen und dreifaltigen Gottes ist das Vor-Bild.

6 Erich Fried, *Lebensschatten*, Verlag Klaus Wagenbach Berlin 1981, NA 1996. Der österreichische Jude Fried, dessen Vater von der Gestapo ermordet wurde, konnte selbst 1938 nach England fliehen und setzte sich engagiert für den Widerstand und Flüchtlinge ein.

SAMSTAG

Mehr als alles

KAPITEL 1,1
UND 6,2.3

Wohl den Menschen, die Kraft finden in Dir,
wenn sie sich zur Wallfahrt rüsten.
Ziehen sie durch das trostlose Tal,
wird es für sie zum Quellgrund,
und Frühregen hüllt es in Segen.
Sie schreiten dahin mit wachsender Kraft;
dann schauen sie Gott auf dem Zion (Ps 84,6–8).

Glück bedeutet nichts anderes, als das höchste Gut zu genießen. Das höchste Gut aber übersteigt menschliches Begreifen. So können nur die glücklich werden, die über sich selbst hinausgehen …

Also paß auf: Das Allerbeste ist das, was wir uns einfach nicht besser vorstellen können. … Denn vom GUTEN sagen wir, daß es sich mitteile, daß es ausströme. Das höchste Gut teilt sich also zur Gänze mit. Bei dieser äußersten Form der Kommunikation muß es sich aber um eine Mitteilung handeln, die tatsächlich geschieht und authentisch ist, die substantiell und persönlich ist, Natur und Wille entspricht, frei und gebunden, ohne Fehl und vollkommen ist. … Es verströmt sich bzw. teilt sich nämlich auf die wunderbarste Weise mit. Von daher können wir uns noch ein größeres Sich-Mitteilen vorstellen, wenn nämlich der, der teilt, dem anderen alles, Substanz und Natur, weitergibt. …

So kannst du mit deinem geistigen Auge das Gute in seiner reinsten Form (kontuitiv) erfassen. Es ist das bloße Geschehen bzw. die reine Tatsache der Urquelle, die bedingungslos und zugleich bedingt und beides kombinierend in liebevoller Liebe liebt. Es ist die natürlich und willentlich maßloseste Verteilung. Es geht dabei um die Kommunikation des Wortes, in dem alles ausgesprochen wird. Und es geht um die Kommunikation des Geschenkes, in dem alle anderen Geschenke enthalten sind. …

Wenn du dies überlegst, gib aber acht und denke nicht, du könntest das Unbegreifliche begreifen. Es gibt darüber hinaus noch einiges zu beachten, worüber du dich wundern wirst.

André: Bonaventura überschreibt die Reise, die er uns vorschlägt, mit den Worten: *Betrachtungen eines Armen in der Wüste.* »Arm sein vor Gott« ist spätestens seit Jesu Bergpredigt (vgl. Mt 5,3 ff.) ein Hauptthema religiösen Lebens. Die Armutsbewegungen des Mittelalters bilden dabei sicherlich einen Höhepunkt. Franz und Klara von Assisi kämpften für dieses Ideal in der Kirche, für ihr »Privileg der Armut«. Sie setzen zunächst zumindest durch, daß ihre gesamte Gemeinschaft keinen Besitz erwerben dürfe.

Zur Zeit sind fünf Schriften bekannt, die Franz für Klara und ihre Gefährtinnen geschrieben hat: eine erste Lebensregel, einen Brief zum Thema Fasten, ein Lied im Anschluß an den Lobgesang der Geschöpfe, einen letzten Gruß und Willen und einen Segen. Klara bezieht sich immer wieder auf Franzens Impulse:

> *Und damit weder wir, noch auch die, welche nach uns kommen, von der heiligsten Armut, welche wir erwählt haben, jemals abweichen, schrieb er [Franz] uns abermals, kurz vor seinem Heimgang, seinen letzten Willen mit folgenden Worten:*
> *»Ich, der ganz geringe Bruder Franziskus, will dem Leben und der Armut unseres höchsten Herrn Jesus Christus und seiner heiligsten Mutter nachfolgen und in ihr bis zum Ende verharren. Und ich bitte euch, meine Herrinnen, und ich rate euch, ihr möchtet doch allezeit in diesem heiligsten Leben und in der Armut leben. Und hütet euch mit Sorgfalt, damit ihr nicht auf die Lehre oder den Rat von irgend jemand hin in irgendeiner Form auf ewig davon abweichet.« Und wie ich selbst zusammen mit meinen Schwestern immer besorgt war, die heilige Armut, die ich Gott, dem Herrn, und dem seligen Franziskus versprochen habe, zu beobachten, so sollen die Äbtissinnen, welche mir im Amte folgen, und alle Schwestern sie unverletzt bis ans Ende zu bewahren verpflichtet sein, nämlich weder Besitz noch Eigentum noch sonst irgend etwas, was begründeterweise Eigentum genannt werden kann, anzunehmen oder zu besitzen, weder persönlich noch durch einen Vermittler, ausgenommen soviel Land, als es zu einem auskömmlichen Leben in der Abgeschiedenheit des Klosters notwendig ist; und dieses Land soll nicht bearbeitet werden, es sei denn als Garten für ihre eigenen Bedürfnisse.*[7]

7 Klara von Assisi, *Regel*, Kapitel 6, 3–6, FrQuSchr II, S. 99f.

Der Schwerpunkt ihres Lebens steht jeweils im Herzstück ihrer Regeln. Bei Franz liest es sich in der *Bullierten Regel* im sechsten Kapitel so:

> *Die Brüder sollen sich nichts aneignen, weder Haus noch Ort noch irgendeine Sache. Und gleichwie Pilger und Fremdlinge in dieser Welt, die dem Herrn in Armut und Demut dienen, mögen sie voll Vertrauen um Almosen gehen; und sie dürfen sich nicht schämen, weil der Herr sich für uns in dieser Welt arm gemacht hat. Dies ist die Erhabenheit der höchsten Armut, die euch, meine geliebtesten Brüder, zu Erben und Königen des Himmelreiches eingesetzt, an Hab und Gut arm gemacht, durch Tugenden geadelt hat. Dies soll euer Anteil sein, der hinführt in das Land der Lebenden.*[8]

»Herrin Armut« macht die Faszination franziskanischen Lebens aus. Franz wählt sie zur Braut, zu seiner »Herrin«. Und wie bei jung Verliebten ist diese Wahl und Entscheidung ungetrübt von Bitterkeit, Verletzung oder Aggression. In einer Zeit, in der die offizielle Kirchenhierarchie einen Reichtum und eine Macht angesammelt hatte wie nie zuvor – diese Entwicklung gipfelte in Bonifaz VIII. um 1300 –, setzen viele ein Zeichen des Protestes und der Auflehnung. Bei Klara und Franz, die sich äußerlich von vielen anderen in ihrer Zeit nicht unterscheiden,[9] liegt allerdings eine durch und durch positive Haltung zu Grunde. Hören wir auf den Originalton:

> *Der ganze Mensch erschauere,*
> *die ganze Welt erbebe, und der Himmel juble,*
> *wenn auf dem Altar in der Hand des Priesters*
> *Christus, der Sohn des lebendigen Gottes ist!*
> *O wunderbare Hoheit und staunenswerte Herablassung!*
> *O erhabene Demut!*
> *O demütige Erhabenheit,*
> *daß der Herr des Alls, Gott und Gottes Sohn, sich so erniedrigt,*
> *daß er sich zu unserem Heil unter der anspruchslosen Gestalt des Brotes verbirgt!*
> *Seht, Brüder, die Demut Gottes und »schüttet vor ihm eure Herzen aus«* (Ps 61,9)*!*

8 Franz von Assisi, *Bullierte Regel,* Kapitel 6, FrQuSchr I, S. 165.

9 Vgl. die authentischen Berichte des belgischen Bischofs Jacques de Vitry, der um 1216, in der Frühzeit der Bewegung, einen sehr wertvollen Einblick von außen abgibt. Er sieht starke Ähnlichkeiten zu Armutsbewegungen in seinem Land.

Demütigt auch ihr euch, damit ihr von ihm erhöht werdet (vgl. 1 Petr 5,6; Jak 4,10)*!*
Behaltet darum nichts von euch für euch zurück,
damit euch als Ganze aufnehme,
der sich euch ganz hingibt![10]

Franziskanische Armut beginnt in der göttlichen Dynamik unendlichen Überflusses. Gott gibt alles! Vorbehaltlos! Das ist das Geheimnis der fröhlichen Armut.[11]

Wenn wir die beiden letzten großen Meditationen von Franz und Klara durchwandern, dann fällt auf, daß sich Redewendungen wie »dominus dedit mihi«, »der Herr hat mir gegeben«, wie ein roter Faden durchziehen. Franz und Klara wissen sich in allem beschenkt vom Herrn des Lebens.

So hat der Herr mir, dem Bruder Franziskus, gegeben, das Leben in Buße zu beginnen: denn als ich in Sünden war, kam es mir sehr bitter vor, Aussätzige zu sehen. Und der Herr selbst hat mich unter sie geführt ... Und der Herr gab mir in den Kirchen einen solchen Glauben ... Danach gab und gibt mir der Herr einen so großen Glauben zu den Priestern ... Und nachdem mir der Herr Brüder gegeben hat, zeigte mir niemand, was ich zu tun hätte, sondern der Höchste selbst hat mir geoffenbart, daß ich nach der Vorschrift des heiligen Evangeliums leben sollte ...[12]

Übungen

■ Bete Psalm 136, die Danklitanei des Volkes Gottes im Rückblick auf ihre Geschichte. Vertiefe dich in einzelne Bilder wie »erhobener Arm«, »Erniedrigung«, »Erbe«, »Feinde« oder »Nahrung«.
Bleibe schließlich bei einem dieser Bilder, das dich heute besonders berührt und lasse es in dir wirken.

■ Schreibe deine eigene Danklitanei im Rückblick auf deine Lebens- und Familiengeschichte. Auch »Mord und Totschlag« – wie im Psalm –

10 Franz von Assisi, *Brief an den ganzen Orden*, 26–29, FrQuSchr I, S. 92.
11 Vgl. Franz von Assisi, 27. *Ermahnung*, FrQuSchr I, S. 109.
12 Franz von Assisi, *Testament*, FrQuSch I, S. 213.

solltest du nicht ausklammern. Kannst du darauf antworten: »Denn deine Huld währt ewig« oder »Danke, du läßt mich nicht allein!« oder »Danke, du bist da!«?

Unter den verschiedenen Gnadengaben, die wir von unserem freigiebigen Spender, dem Vater der Erbarmungen (2 Kor 1,3), empfangen haben und noch täglich empfangen, müssen wir ihm, dem Glorreichen, größten Dank sagen; denn groß ist unsere Berufung ... Deshalb, geliebte Schwestern, müssen wir die uns erwiesenen unendlichen Wohltaten Gottes betrachten ... Darin also können wir die überreiche Güte Gottes gegen uns betrachten, der ob seiner überfließenden Barmherzigkeit und Liebe durch seinen Heiligen (Franz) solches über unsere Berufung und Erwählung zu sprechen sich gewürdigt hat ...[13]

Josef: Der Mensch, der arm ist vor Gott, erfährt sich mit offenen Händen, mit leeren Händen. Und er weiß und hat nichts. Er erwartet alles! Er empfängt alles. Er empfängt mehr als alles, die Fülle des Lebens und der Wonnen. Wer festhält, ist blockiert.

Ich begegne vielen Menschen, die trauern. Trauer ist nichts anderes, als die »Arbeit«, die wir Menschen leisten müssen, um einen Verlust zu verkraften. Ohne zu trauern, kann der Mensch nicht leben und lebendig sein. Trauern ist die innere Arbeit des Menschen, das, was ihm geschenkt war, wieder fließen und gehen zu lassen. Das ist heilsam und läßt neues Leben wachsen. Oft genug fällt es uns schwer, Erlebtes, Gehabtes loszulassen. Dann sind wir nicht mehr lebensfähig, verschlossen, wie tot. Die Kunst der Begleiter liegt darin, den Übergang vom Festhalten zum Fließenlassen zu ermutigen und zu versichern, daß wir Verlassene nicht alles, nicht uns selbst verlieren.

Die Schöpfung in ihrem Rhythmus des Werdens und Vergehens, mit der insbesondere Franz in so enger Verbindung lebte, war und ist sicherlich die wichtigste Lehrmeisterin der Armut.

13 Klara von Assisi, *Testament*, FrQuSch II, S. 109.

VIERTE WOCHE

Wo der Geist des Herrn lebt …

SONNTAG

Ihr seid der Tempel Gottes

KAPITEL 4, 1.2 UND 8

Nicht nur durch unsere äußeren Erfahrungen schauen wir also den Urgrund. Wir können ihn auch in uns betrachten. Und das bringt uns auf dem Weg weiter und steht damit höher, also auf der vierten Stufe. Allerdings ist erstaunlich, daß nur so wenige den Urgrund in sich selbst erkennen können, obwohl Gott uns, wie beschrieben, so nahe steht. Die Begründung dafür liegt auf der Hand. Sorgen lenken die Menschen ab. Sie denken nicht daran, bei sich selbst einzukehren. Alle möglichen Vorstellungen benebeln unseren Verstand dermaßen, daß wir nicht zu uns kommen. Von Gier verführt, finden wir auch durch die Sehnsucht nach innerer Süße und spiritueller Erfüllung nicht mehr zu uns heim. So ist der Mensch völlig im Äußeren gefangen und unfähig, zu sich, als dem Bild Gottes, zu kommen.

Solange aber niemand kommt und einem aufhilft, muß der, der gefallen ist, liegenbleiben. Wir hätten uns nicht ganz aus der Verstrickung befreien und zur Schau unserer selbst und der ewigen Wahrheit kommen können, wenn diese Wahrheit nicht in Christus menschliche Gestalt angenommen und uns so eine Brücke geschlagen hätte. So hat er die erste Brücke, die in Adam zerbrochen war, erneuert. Und wären wir noch so begabt und gebildet, nur mit Hilfe Jesu Christi können wir zu uns selbst finden. Er sagt uns: Ich bin die Tür; wenn jemand durch mich eintritt, wird er gerettet werden; er wird ein- und ausgehen und Weide finden (Joh 10,9). So können wir in uns selbst Gott genießen.

Dieser Tür nähern wir uns aber nur, wenn wir an ihn glauben, auf ihn hoffen und ihn lieben. Wenn wir also die Frucht der Wahrheit kosten wollen, dann müssen wir den Weg des Glaubens, der Hoffnung und der Liebe zu Jesus Christus, dem Mittler zwischen Gott und Mensch, dem paradiesischen Baum des Lebens, gehen.

Wenn wir von all dem erhellt und erfüllt sind, werden wir wie das Haus Gottes von göttlicher Weisheit bewohnt.

Wir sind zur Tochter Gottes,
zur Braut und Freundin,
zum Glied am Haupt, Christus,
zur Schwester und zum Bruder und Miterben,
aber auch zum Tempel des Heiligen Geistes
erbaut worden.
Sein Fundament ist der Glaube,
Hoffnung richtet ihn auf,
Heiligkeit des ganzen Menschen weiht ihn ganz Gott.

Das alles wächst aus einer ganz echten Liebe zu Christus, die ausgegossen ist in unsere Herzen durch den Heiligen Geist, der uns gegeben ist. Ohne den Geist vermögen wir den verborgenen Gott nicht zu kennen.

André: Auf der vierten Stufe führt uns Bonaventura zum erstenmal auf im engeren Sinne religiöses Terrain. Er betont zunächst die Hilflosigkeit und Ohnmacht des Menschen. Zur Fülle des Lebens kommen wir nur durch Christus, der die verschlossene Tür aufgestoßen hat. Dieser Satz enthält den Kern des Dogmas über die sogenannte *Erbsünde*. Christen glauben an Christus, der jedem Menschen, jeder Kreatur Heil und Frieden bringt. Gottes Kraft ist in Jesus so lebendig geworden, daß durch seine Nachfolge der Weg zum Leben offen ist. Wir sind Erlöste! Und Gottes Kraft ist in uns – nicht nur bildhaft – mächtig.

Dieses zentrale Kapitel des Buches bietet dem religiösen Menschen die bisher vertrauteste Sprache. Zum erstenmal ist die Rede von so etwas wie »Sünde«, auch wenn der Begriff nicht fällt. Zum erstenmal ist vom direkten »Einbruch« Gottes in die Verstrickungen des Menschen die Rede. Gott baut eine Brücke, kommt dem Menschen entgegen und hilft ihm auf!

Hier wird also Gottes Gegenwart und Abbild am deutlichsten, weil das, worum es geht, nur sein Werk sein kann, nicht das des Menschen; weil das, was ich erfahre und spüre, wenn ich glaube, hoffe und liebe, eine direkte Begegnung mit dem Geist Gottes ist – in mir! Hier endet eigentlich unsere menschliche Erfahrung. Jede menschliche Erfahrung hat in den ersten vier Kapiteln der Reise ihren Platz.[1] Wenn wir es wirklich zulassen

1 Der siebte und letzte Schritt ist sicherlich auch zur Erfahrung zu zählen, allerdings geht es dort eher um eine »Nicht-Erfahrung«.

können, dann »operiert« hier jemand in uns. Wir müssen uns »nur« zur Wohnung bereiten. Franz ermahnt die Brüder:

> *Darum, ihr Brüder alle, wollen wir uns sehr davor hüten, daß wir nicht durch den Blick auf eine Belohnung oder ein Werk oder eine Hilfe unsere Seele und das Herz verlieren oder vom Herrn abwenden. Vielmehr bitte ich in der heiligen Liebe, die Gott ist (vgl. 1 Joh 4, 16), daß alle Brüder, sowohl die Minister*[2] *als auch die anderen, sich mühen, alle Hindernisse zu beseitigen und alle Sorge und Besorgnis hintanzustellen, und, wie nur immer sie besser können, mit geläutertem Herzen und reinem Sinn Gott dem Herrn zu dienen, ihn zu lieben, zu ehren und anzubeten; und dies sucht er selbst über alle Maßen. Und immer wollen wir ihm dort Wohnung und Bleibe bereiten (vgl. Joh 14,23), der da ist der Herr, der allmächtige Gott, der Vater und der Sohn und der Heilige Geist …*[3]

Josef: In Maria hat sich diese Erfahrung verleiblicht. Sie hat Jesus physisch empfangen. Der christliche Glaube ist durch und durch inkarnatorisch. Er bleibt nicht ein »schwebendes Verfahren«, sondern bekommt Hand und Fuß, wird greifbar und widerständig in menschlicher Geschichte. Maria wird genannt die »gnadenvolle«. Jede und jeder von uns ist auf ihre bzw. seine Weise im Prozeß der »Begnadung«.

Wie ein lascher, leerer Luftballon liegen wir da, auf dem Boden, bis Gott selbst uns Glaube, Hoffnung, Liebe und unterschiedliche »geistliche« Gaben einflößt. Wir müssen diese Geschenke nur einlassen, enthüllen, nutzen – und als allererstes die offene Hand ausstrecken, um die Geschenke entgegen zu nehmen. Sie werden uns nicht nachgeworfen. Und was entsteht dann an Dynamik und Schubkraft! Laß mal einen Luftballon, eben aufgeblasen, los!

2 »Minister« ist neben dem »Guardian« die früheste Bezeichnung für einen Oberen der »Minderen Brüder«, wie Franziskus seine Gemeinschaft nennt. Der Begriff selbst heißt übersetzt »Diener«. Franz bezeichnet sich immer als »Diener« oder »Knecht«. »Guardian« ist der, der einer wandernden Kleingruppe von Brüdern vorsteht. »Minister« bezieht sich auf eine gesamte Region oder Provinz. Seit 1221 vertreten sie alle anderen Brüder auf den Generalkapiteln des Ordens.

3 Franz von Assisi, *Nicht Bullierte Regel*, Kapitel 22, 25–27, FrQuSchr I, S. 195.

Übungen

■ Nimm dir einen Luftballon und spiel mit ihm. Probiere verschiedenste Dinge aus und betrachte dich selbst und den Odem Gottes im Spiel.

■ Schreibe auf, wo du in deinem täglichen Leben die »Gnade Gottes« erfährst, wo du spürst, daß da mehr ist als nur dein eigenes Mühen und Suchen.
Wo spürst du Gott in dir?
Komponiere eine Litanei mit deinen Beobachtungen. Antworte auf jede Zeile bzw. Erfahrung mit *Atme in mir, lebendiger Geist Gottes, erfülle mich mit Glaube, Hoffnung und Liebe!*

Franziskus schreibt in seinem zweiten Brief an die Gläubigen:

> *Und alle jene Männer und Frauen: wenn sie dieses tun und darin bis zum Ende verharren, so »wird der Geist des Herrn auf ihnen ruhen« (Jes 11,2), und er wird sich in ihnen eine Wohnung und Bleibe schaffen (Joh 14,23). Und sie werden Kinder des himmlischen Vaters sein (vgl. Mt 5,45), dessen Werke sie tun. Und sie sind Anverlobte, Brüder und Mütter unseres Herrn Jesus Christus (vgl. Mt 12,50). Anverlobte sind wir, wenn die gläubige Seele durch den Heiligen Geist mit Jesus Christus verbunden wird. Brüder sind wir ja, wenn wir den Willen seines Vaters tun, der im Himmel ist (vgl. Mt 12,50). Mütter sind wir, wenn wir ihn durch die Liebe und ein reines und lauteres Gewissen in unserem Herzen und Leibe tragen (vgl. 1 Kor 6,20); wir gebären ihn durch ein heiliges Wirken, das anderen als Vorbild leuchten soll (vgl. Mt 5,16).*[4]

Uns ist eine vielfältige Beziehung geschenkt, in der wir beschenkt werden, in der wir Gnade erfahren, in der wir zum »Tempel« für Gottes Gegenwart werden. Folgende Metaphern für den Begriff »Gnade« fallen mir ein:

4 Franz von Assisi, *Zweiter Brief an die Gläubigen,* FrQuSchr I, S. 63 f.

Gnade ist wie
ein Regen, der alles wachsen läßt
eine Brücke über den Abgrund
die Geborgenheit, die ein Kind bei den Eltern empfindet
eine Quelle in der Wüste, die mein Leben rettet
Land für ein untergehendes Schiff
der neue Anfang eines Menschen
Wasser, das von allem Schmutz befreit
Friede nach Krieg
Brot, das uns Kraft gibt zum Leben.

Daß diese Erfahrung in unserer Wohlstandsgesellschaft, wo alles seinen Preis hat, seltener gemacht wird, ist sicher ein Teil der »neuen Armut« des Westens und Nordens. Lothar Zenetti sieht die Pole deutlich: *Heute gilt: Erkennbarkeit – Machbarkeit – Verkäuflichkeit – Verwertbarkeit. Armes Wort Gnade!*[5]

5 Lothar Zenetti, *Texte der Zuversicht,* München ^{6}1987, S. 140.

MONTAG

Kernkraft Glaube

KAPITEL 4, 3

Wir sollten also die drei theologischen Tugenden anziehen und dadurch rein, licht und vollkommen werden. Und so werden wir neugestaltet, dem himmlischen Jerusalem gleich. Wir werden ein Teil der engagiert-aktiven Kirche, die nach Paulus ein Kind des himmlischen Jerusalems ist: Das himmlische Jerusalem aber ist frei, und dieses Jerusalem ist unsere Mutter. Der Mensch also, der an Jesus Christus, das menschgewordene, ungeschaffene und inspirierte Wort Gottes glaubt, auf ihn hofft und ihn liebt, wird erneuert. Denn er ist der Weg, die Wahrheit und das Leben.

Wer nämlich gläubig auf Christus vertraut, das ungeschaffene Wort, das Wort und den Abglanz des Vaters, der kann wieder auf spirituelle Weise »hören« und »sehen«. Er kann hören, um Christi Botschaft aufzunehmen, und sehen, um das Strahlen seines Lichtes zu betrachten. …

Wenn wir die Sinne neu geöffnet haben, dann sehen, hören, riechen, kosten und umfangen wir den Bräutigam und können wie die Braut das Hohe Lied singen, das auf dieser vierten Stufe komponiert wurde und uns jetzt als Betrachtungsübung dienen soll.

Diese Stufe erklimmt niemand, außer er empfängt sie. Hier geht es nämlich mehr um eine affektive Erfahrung als um rationales Überlegen.

André: Viele klagen heute über eine Glaubenskrise. Wir nehmen an, daß sie selber meinen, »gläubig« zu sein, daß sie sich auf sicherem Boden wähnen. Wie schnell so jemand untergehen kann, mußte schon Petrus auf dem See Genesareth schmerzhaft und zugleich blamabel erfahren. Matthäus erzählt diese Glaubensgeschichte in seinem 14. Kapitel. Die Jünger im Boot, mitten in der Nacht bei stürmischem Wetter auf dem See, sie schreien vor Angst, als sie meinen, ein Gespenst komme plötzlich auf dem Wasser auf sie zu. *Habt Vertrauen, ich bin es; fürchtet euch nicht* (Mt 14,27b)*!*

Diese Einladung und Ermutigung Jesu fällt bei Petrus auf fruchtbaren Boden. Er, der Fischer, der von klein auf gelernt hat, daß das Wasser seine Gefahren hat, riskiert den Schritt über die Bordwand. Er sieht Jesus. Er traut Jesus. Ihn kann er erkennen. Er kann nicht prüfen und wissen, daß ihn das Wasser tragen wird. Er verläßt den sicheren Boden, die Heimat und Sicherheit, die das Boot bietet, und liefert sich aus. Er wagt sich auf einen Weg, ohne zu wissen, was genau passieren wird. Er gibt sich dabei keineswegs auf oder zweifelt an sich selbst. Er weiß sich von Jesus angesprochen und ins Auge gefaßt. Jesu Blick und Ruf hält ihn. Solange er sich darauf konzentriert, gewinnt die Bodenlosigkeit Tragkraft. In dem Augenblick, in dem er die »Realität« wahrnimmt, verliert er den Halt. Er bekommt Angst und beginnt unterzugehen. In dieser Glaubenskrise wirft er sich nochmals ganz auf Jesus: *Herr, rette mich!*

Diese exemplarische Glaubensgeschichte kann deutlich machen, worum es geht, wenn im christlichen Kontext von Glaube die Rede ist. Glauben bedeutet: auf Jesus Christus zugehen und von seinem Geist erfüllt werden. Christen dürfen glauben, das heißt gewiß sein, daß Gottes Liebe ihnen sicher ist. Aus diesem Sich-Geliebt-Fühlen-Dürfen kann alles weitere in Freiheit fließen.

Josef: Kurt Marti, der Schweizer Priester und Dichter, formuliert einmal: *Gott? Der Große, Verrückte, der noch immer an Menschen glaubt.*[6] Aus diesem Zutrauen und Glauben Gottes kann alles fließen. Johannes XXIII. benennt das Grundgefühl: *Glaube ist die Heiterkeit, die von Gott kommt.* Die »guten Werke« folgen beinahe notwendigerweise.[7] Abbildung 9 soll nur einige Elemente eines solchen Glaubens veranschaulichen. Kannst du, wenn du keine Glaubenskrise kennst, auf dem rechten Glaubensweg sein? Dabei handelt es sich beileibe nicht immer um Gänge auf dem Wasser. Es geht um den Tag für Tag notwendigen Lebensgrund und -boden, auf dem wir uns bewegen. Und dieser Glaube ist wie ein Geschenkpaket, das darauf wartet, von mir »ausgepackt« und gelebt zu werden. Die Wunder des Glaubens sind alltäglich, da, wo eine der anderen zuhört und sich ganz anvertrauen kann, da, wo Menschen sich nicht aufgeben, wenn sie sich verlassen und entmündigt fühlen.

Eine junge Mutter aus unserer Kirchengemeinde dankte neulich im Gottesdienst, daß es ihr so gut ginge. Ihr wenige Jahre altes Töchterchen saß bei ihr auf dem Schoß. Nach deren Geburt begann bei der Mutter eine fortschreitende Lähmung der Beine. Jetzt saß sie im Rollstuhl. Ihr Mann hatte sie über Jahre geschlagen und schließlich verlassen. Hat sie nichts

6 Kurt Marti, *Zärtlichkeit und Schmerz,* Verlag Nagel und Kimche AG Zürich, S. 34.

7 Vgl. Peter Knauer SJ, *Der Glaube kommt vom Hören. Ökumenische Fundamentaltheologie,* Frankfurt 1982 (als Manuskript gedruckt). Vgl. insbesondere S. 15 und 163–167.

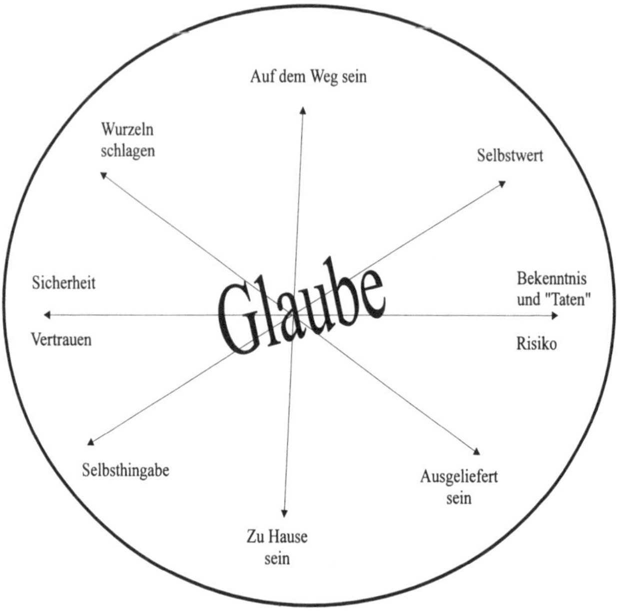

Abbildung 9: Glaube

anderes zu tun, als zu danken? Wie kommt sie bloß dazu? Sie glaubt. Sie nimmt eine Wahrheit an, die teilweise im Verborgenen liegt. Sie sagt »Ja!« zum Weg Gottes mit ihr. Marias *Fiat* (lateinisch *es geschehe*) ist die Antwort des Glaubens schlechthin. Deshalb ist sie die Mutter der Kirche und aller Gläubigen. Auch sie liefert sich aus. Sie hört – und wird »schwanger«. Das ist alles andere als ein Schnellverfahren. Glaube hat mit Treue (lateinisch *fides*) zu tun, mit Loyalität, aber auch mit ständig neu ergriffener Freiheit, Ja und Nein zu sagen.

Übungen

- Wiederhole mit dem Aus- und Eingehen deines Atems den Vers »Herr, ich will glauben, hilf meinem Unglauben!« oder einfach »Amen«.

- Formuliere das, was in dir an Glauben lebendig ist.
Woran glaubst du? Was ist dir in deinem Leben wichtig?

Worauf gründest du? Was bewegt dich?
Was sind die Kreuze deines Lebens, an denen du Halt gefunden hast?

André: Im Römerbrief heißt es: *Der Glaube kommt vom Hören, das Hören aber vom Wort Christi* (Röm 10,17). Bonaventura sagt, daß durch das »ausgepackte« Geschenk des Glaubens die spirituellen Sinne des Hörens und Sehens wiederhergestellt werden. Gelebter Glaube macht uns hellsichtiger und hellhöriger für das Leben um uns. Darüber hinaus bringt der Text aus dem Römerbrief zum Ausdruck, daß Gläubigkeit nicht einfach nur ein inneres Gefühl sein kann, sondern immer von dem lebendigen Hinhören auf das WORT leben kann. Wie bei Petrus geht es um die Aufrechterhaltung der spannungsvollen Beziehung zu dem Jesus, der uns ruft. Das Symbol des Glaubens ist das Kreuz. Es steht sicherlich für diese Spannung. Es steht auch für die Zuversicht. Es ist wie ein Vorzeichen in der Musik. Solch ein kleines Zeichen verwandelt alle entsprechenden Noten in dem Stück. Dieses Zeichen hat Macht. Dieses Pluszeichen des Kreuzes strahlt mit Kraft in unser Leben hinein wie ein Vorzeichen. Und es weist uns den Weg, wie Augustinus[8] meint: *Ein Wanderer ohne Ziel, ein Fragender ohne Antwort, ein Ringender ohne Sieg, ein Sterbender ohne neues Leben: das ist ein Mensch ohne Glauben.*

Eine buddhistische Japanerin erzählt von ihrem wunderschönen Glauben:

Ich bin alt und nur eine Frau. Und man erwartet nicht, daß eine Frau viel von solchen Dingen weiß. Aber ich will Ihnen sagen, was für Gedanken ich habe.
Ich bin schwach und sündig und habe keine Hoffnung auf mich selbst;
meine ganze Hoffnung geht auf Buddha, den Erlöser.
Ich glaube an ihn als das höchste Wesen.
Wegen der Sünden der Menschen und wegen ihrer Leiden nahm Buddha Fleisch an und kam auf die Erde, die Menschen zu erlösen.
Einzig in seinem leidenden Lieben ist Hoffnung für die Welt zu finden.

8 Aurelius Augustinus ist der bedeutenste der lateinischen Kirchenlehrer. Er starb als Bischof von Hippo 430 n. Chr. und hinterließ neben seinen *Bekenntnissen* 22 Bücher über den *Gottesstaat* sowie viele andere philosophische und theologische Abhandlungen.

Ich glaube, daß ich in ein jenseitiges Leben eingehen werde durch die Hilfe Buddhas, des Erlösers. Alles Leid wird da von mir abgetan sein. Ich glaube, daß er mich bis jetzt geführt hat; und meine ganze Hoffnung ist seine Liebe.

DIENSTAG

Was dich hält

KAPITEL 4, 3

Der Mensch also, der an Jesus Christus, das menschgewordene, ungeschaffene und inspirierte Wort Gottes, glaubt, auf ihn hofft und ihn liebt, wird erneuert. Denn er ist der Weg, die Wahrheit und das Leben. ...

Wer aber voll Hoffnung das inspirierte Wort empfangen will, kann durch Zuwendung und Sehnsucht wieder auf spirituelle Art »riechen«.

Umfangen wir liebevoll das fleischgewordene Wort, um von ihm mit Freude beschenkt und in ekstatischer Hingabe in es verwandelt zu werden, können wir wieder »schmecken« und »tasten«. ...

Wenn wir nun auf der vierten Stufe die inneren Sinne erneuert haben, können wir das Schöne auf vollkommenste Weise wahrnehmen, Klänge auf vollkommenste Weise hören, Wohlriechendes auf vollkommenste Weise riechen, die Süße auf vollkommenste Weise schmecken und das Angenehme auf vollkommenste Weise spüren.

Josef: Leben heißt Hoffen. Oder können Sie sich vorstellen, ohne Hoffnung zu sein? Jetzt denkst du vielleicht an Situationen deines Weges, wo du die Hoffnung verloren hattest, wo du etwas oder auch dich aufgegeben hattest. Was hält dich dann noch? Ist Hoffnung denn mehr als das, was du dir und anderen wünschst: Gesundheit, Freude, Zufriedenheit, Erfolg, Fortschritt, Frieden? Worauf hoffst du? Was erhoffst du dir?

Erich Fried schreibt über die Hoffnung einmal:

»Wie lange kann ich noch leben
wenn mir die Hoffnung
verlorengeht?«
frage ich die drei Steine

Der erste Stein sagt:
»Soviel Minuten du
deinen Atem anhalten kannst unter Wasser
noch soviel Jahre«

Der zweite Stein sagt:
»Ohne Hoffnung, kannst du noch leben

solange du ohne Hoffnung
noch leben willst«

Der dritte Stein lacht:
»Das hängt davon ab was du
noch Leben nennst
wenn deine Hoffnung tot ist«[9]

Ich erlebe viele Menschen, die meinen, sie könnten Hoffnung »machen«. Natürlich, eine liebevolle Begegnung, ein prächtiges Naturerlebnis, eine Erfahrung von Ruhe und Stille und vieles mehr können einen froh machen. Ich bekomme wieder Kraft und Mut. Aber ist das Hoffnung?

Ein Arzt sagt zu einer todkranken Patientin: »Wir können nichts mehr für Sie tun!« Ist das wirklich eine richtige Aussage? Oder ist es nicht viel eher eine hilflose und zugleich gefährliche Täuschung, ein sehr unglücklicher Satz? »Laßt alle Hoffnung fahren, die ihr hier eintretet!«, sagte Dante über die Hölle. Aber gibt es in dieser Situation denn keine Hoffnung mehr? Ich erlebe oft, wie die Hoffnungen eines Menschen erst lebendig werden, wenn er akzeptiert, daß die Medizin ihn nicht weiter am Leben erhalten kann. Eine tiefe Hoffnung eines jeden von uns ist es, daß uns unser Gegenüber ehrlich und warmherzig begegnet und daß du mich nicht im Stich läßt, wenn ich dich brauche. Und wie stark kann unsere Hoffnung sein! Selbst im verzweifelsten Versuch, sich durch Suizid das Leben zu nehmen, schwingt häufig eine letzte Hoffnung und ein Aufruf mit: Hörst du mich nicht? Siehst du mich nicht? Achte mich!

Neulich begegnete ich einem Einsiedler, einem völlig isoliert lebenden 50jährigen mitten in der Großstadt. Herr B. hatte seit 5 Jahren Krebs und wußte um die Unheilbarkeit seiner Erkrankung. Nach dem Tod seiner Mutter, mit der er immer zusammengelebt, und die ihn immer behütet und geschützt hatte, war er ganz auf sich gestellt und hatte das Leben im Grunde verweigert. Seine Wohnung war ein einziges Durcheinander. Er hatte nie die Energie, Mutters Arbeit zu übernehmen, also hatte er über Jahre nicht saubergemacht. Inmitten dieser Verwahrlosung saß ein Mann, hochintelligent und doch so hilflos, der sich mit dem Gedanken quälte: Soll ich mir das Leben nehmen? Darf ich das? Und dann hatte er den Mut, sich sehen zu lassen. Er ließ mich in seine Wohnung. Und der Blick in die Augen eines anderen Menschen, der ihn nicht verachtete, die Unter-

9 Erich Fried, *Lebensschatten*. Verlag Klaus Wagenbach Berlin 1981, NA 1996; zitiert nach: Gesammelte Werke, Band 2, Berlin 1998, S. 465 f.

stützung von Menschen, die ihm zuhörten und mit seinen schwierigen körperlichen Symptomen nicht allein ließen, erfüllte einen Teil seiner unendlichen Hoffnung auf ein »Du«.

André: Das Symbol für die Tugend und das Geschenk der Hoffnung ist der Anker. Im Hebräerbrief wird über Abraham gesprochen, der *durch seine Ausdauer das Verheißene* (Hebr 6,15) erlangt. Der Autor meint, wir sollten die von Gott *dargebotene Hoffnung* (Hebr 6,18) ergreifen: *In ihr haben wir einen sicheren und festen Anker der Seele, der hineinreicht in das Innere hinter dem Vorhang* (Hebr 6,19). Die Hoffnung läßt uns also in Gott selbst gründen und festmachen.

Übungen

■ Betrachte beim Propheten Jesaja im 25. Kapitel die Verse 1–8: tröstende Bilder der Hoffnung wie »Obdach«, »Schatten«, »Schweigen«, »Festmahl« ...
Was sind deine persönlichen Hoffnungsbilder? Was zieht dich in deinem Leben voran? Was hat dich in früheren Zeiten gezogen?

■ Vierzig Tage lang erkunden ausgewählte Botschafter für die Mose-Schar das Land Kanaan, so wird im Buch Numeri 13 erzählt. Als sie zurückkehren, verbreiten sie Angst und Resignation, obwohl sie sagen: *Es ist wirklich ein Land, in dem Milch und Honig fließen.*
Die Angst vor der Herausforderung, vor dem, was kommt, bringt den Mutlosen den Tod (Num 14, 37). Sie wollen wieder zurück, sollte es auch Unfreiheit und Heimatlosigkeit bedeuten.

Wenn du an der Schwelle zu Neuem stehst, ist beides da: das, was dich zieht, und das, was dich zurückhält. Du stehst zwischen Hoffen und Bangen. Wähle eine bestimmte Entscheidungssituation in deinem Leben und konkretisiere die beiden Seiten im Blick auf das Ganze deines Lebens, im Blick auf Gott, der dir Heimat und Frieden schenken will.

Bonaventura verbindet diese Gabe mit dem Geruchsinn. Der Duft oder Geruch ist meist für das Wohlbefinden, die Entspannung, die Sympathie, die vertraute und sichere Umgebung ein zentrales Organ. Wir riechen Gefahr, wir riechen aber mindestens so sehr, wo uns Gutes zukommt. Wir folgen dem Duft, ja wir werden von ihm angezogen.

Paulus meint im Römerbrief: (Röm 8,23–26a)

> *Aber auch wir, obwohl wir als Erstlingsgabe den Geist haben, seufzen in unserem Herzen und warten darauf, daß wir mit der Erlösung unseres Leibes als Söhne offenbar werden. Denn wir sind gerettet, doch in der Hoffnung. Hoffnung aber, die man schon erfüllt sieht, ist keine Hoffnung. Wie kann man auf etwas hoffen, das man sieht? Hoffen wir aber auf das, was wir nicht sehen, dann harren wir aus in Geduld. So nimmt sich auch der Geist unserer Schwachheit an.*

Die Schwester der Hoffnung ist die Geduld, *patientia*. Dieses lateinische Wort geht wie das deutsche auf das Leiden und Erdulden zurück. Dabei geht es nicht um ein passives »Den-Kopf-Einziehen«. Allzu lange wurde diese Passivität und das stille Dulden von Unrecht als Tugend hingestellt. Wie vieles wurde dabei unterdrückt! Wieviel Leben wurde zerstört! Die Hoffnung des Menschen braucht einen tiefen Anker im Unerschütterlichen, in dem, was einem nicht genommen werden kann, in der tiefen Einheit mit dem Lebendigen schlechthin. Das ist die Hoffnung im JETZT. Als Zeit-Menschen harren wir aber auch immer auf ein »Noch-nicht«.

MITTWOCH

Vom alltäglichen Wunder der Liebe

KAPITEL 4,3

Der Mensch also, der an Jesus Christus, das menschgewordene, ungeschaffene und inspirierte Wort Gottes, glaubt, auf ihn hofft und ihn liebt, wird erneuert. Denn er ist der Weg, die Wahrheit und das Leben. …

Umfangen wir liebevoll das fleischgewordene Wort, um von ihm mit Freude beschenkt und in ekstatischer Hingabe in es verwandelt zu werden, können wir wieder »schmecken« und »tasten«. …

Nach den drei Versen des Hohenliedes der Liebe werden wir zu diesem Höhepunkt menschlicher Erfahrung fähig, indem wir uns hingeben, staunen und uns von Herzen freuen. Der erste Freudenschrei löst sich aus überfließender Hingabe, in der wir einer Duftwolke von Spezereien aus Myrrhe und Weihrauch gleichen. Der zweite fließt aus der tiefsten Bewunderung, in der wir der Morgenröte, dem Mond und der Sonne gleichen. Und der dritte entspringt dem absoluten Überfluß der Freude, durch den wir von lieblichstem Vergnügen erfüllt sind und uns völlig auf unseren Geliebten stützen.

Josef: Kaum ein Wort ist so in den Schmutz getreten und mißhandelt worden wie das Wort »Liebe«. Was ist »Liebe« eigentlich? Was ist »Liebe« nicht? Wir haben in anderen Abschnitten bereits wesentliche Aspekte berührt: die Erfahrung unserer Augen, die Bildung des Urvertrauens oder die Intensität und Sensibilität in unseren Berührungen.

Kann man Liebe haben? … In Wirklichkeit gibt es nur den Akt des Liebens. …Lieben ist ein produktives Tätigsein, es impliziert, für jemanden oder etwas zu sorgen, ihn zu kennen, auf ihn einzugehen, ihn zu bestätigen, sich an ihm zu erfreuen – sei es ein Mensch, ein Baum, ein Bild, eine Idee. Es bedeutet, ihn (sie, es) zum Leben zu erwecken, seine (ihre) Lebendigkeit zu steigern. Es ist ein Prozeß, der einen erneuert und wachsen läßt …[10]

10 Erich Fromm, *Haben oder Sein*, © 1976 Deutsche Verlags-Anstalt GmbH, Stuttgart; zitiert nach der Ausgabe dtv 1979, S. 52.

Was Erich Fromm (1904–1996; Wiener Psychoanalytiker) hier sagt, ist nicht mehr und weniger, als daß wir ohne diese Liebe nicht leben können. An einer anderen Stelle sagt er: *Ohne Liebe könnte die Menschheit keinen Tag existieren.* Und ein zweites: es geht nicht um ein paar wenige Augenblicke romantischen Glücks mit Händchenhalten im Sonnenuntergang oder sexueller Vereinigung, wenn es sein muß sozusagen im Vorbeigehen. Das amerikanische *to make love* hat leider häufig gar keine andere Bedeutung mehr.

Die Grundlage von »Liebe« bildet eine Bindung, ein »Ja«. Es geht um lebendige Kommunikation, ein Aug-in-Aug-sein und -bleiben. Es geht um eine lebendige Treue, die das Gegenüber stets neu und ganz in den zugeneigten Blick bekommt. Das braucht Zeit, Geduld und Stille!

Übungen

■ Nimm dir Zeit und einen schönen Briefbogen. Schreibe einen Brief an einen Menschen, den du liebst. Schreibe von echten Gefühlen. Ob du den Brief abschicken willst, entscheide erst später.
Vergleiche dazu die 4 Briefe Klaras an Agnes von Prag. Der erste Brief beginnt so:
Der ehrwürdigen und heiligen Jungfrau, Herrin Agnes, der Tochter des hocherhabenen und hochberühmten Königs von Böhmen, entbietet Klara, die unwürdige Dienerin Jesu Christi und unnütze Magd der Frauen von der strengen Klausur des Klosters S. Damiano, ihre in allem unterwürfige Dienerin, allseitige Ergebenheit mit dem besonderen, ehrfurchtsvollen Wunsch, daß sie die ewige Herrlichkeit und Glückseligkeit erlange.[11]

■ Lies das Hohelied der Liebe, das »Lied der Lieder« aus dem Alten Testament in einem durch. Klara hat es mit Vorliebe zitiert. Achte nicht so sehr darauf, alles zu verstehen, sondern lasse den Text als Ganzes auf dich wirken.
Stört die Liebe nicht auf, weckt sie nicht, bis es ihr selbst gefällt (Hld 2,7b)*!*

Albert Camus, der französische Schriftsteller, Journalist und Theatermann (1913–1960), meint einmal: *Im Geschrei, in dem wir leben, kann die Lie-*

11 Klara von Assisi, *Vierter Brief an Agnes von Prag*, FrQuSchr II, S. 116.

be nicht sein. Schau dir doch einmal in Ruhe einige der Wundergeschichten Jesu an. Er heilt meist ohne viele Worte, mit einem ruhigen durchdringenden Blick, mit körperlicher Berührung und mit der ausgestreckten Hand. Bonaventura verbindet mit der Gabe der Liebe die Wiederherstellung des Schmeckens und des Tastens. Liebe geht also wirklich durch den Magen, das ist eine Seite. Sie geht durch das »Schmecken« und »Verkosten« insgesamt. Ebenso wichtig aber ist das Berühren, das Spüren, das Fühlen, das Streicheln, das Liebkosen, das Umarmen – auch das Festhalten.

Ein für allemal schreibe dir darum ein kurzes Gebot ein: Liebe, dann tue, was du willst! Schweigst du, so schweige aus Liebe; schonst du, so schone aus Liebe: die Wurzel der Liebe sei in deinem Inneren! Aus dieser Wurzel kann nur Gutes erblühen.

Augustinus spricht hier das Wesentliche aller Dinge und allen Tuns an. Was wäre alles Leben ohne das größte Geschenk der Liebe? Raoul Follereau sagt es anders: *Dies ist die Wahrheit: lieben. Ohne die Liebe sind alle Kniebeugungen, alle Glockenklänge, ist alles Fasten vergebens.* Die inneren Beweggründe für unser Tun – und möge es noch so »heilig« oder »fromm« oder »liebevoll« scheinen, sind entscheidend für unseren Weg.[12] Die allzu wunderschöne Fassade unserer Wohltätigkeit und karitativen Zuwendung kann recht plötzlich in sich zusammenbrechen. Liebe ist der Schlüssel zum Glück, und zwar nicht losgelöst von den Bindungen und Pflichten des Lebens. Ein unbekannter Verfasser macht nochmals deutlich, daß Liebe das Herzstück allen Seins ausmacht:

Pflicht ohne Liebe macht verdrießlich.
Verantwortung ohne Liebe macht rücksichtslos.

Gerechtigkeit ohne Liebe macht hart.
Klugheit ohne Liebe macht gerissen.
Freundlichkeit ohne Liebe macht heuchlerisch.

Ordnung ohne Liebe macht hochmütig.
Besitz ohne Liebe macht geizig.
Glaube ohne Liebe macht fanatisch.
Ein Leben ohne Liebe ist sinnlos.

---

12 Vgl. die allzu bekannte und berühmte Passage bei Paulus 1 Kor 13: … *hätte aber die Liebe nicht …*

Umgekehrt möchte ich ergänzen, daß das Symbol für die Liebe, das Herz, nicht schlagen kann ohne den festen Rahmen des Körpers. Pflicht, Ordnung, Verantwortung, Gerechtigkeit, Besitz usw. sind fest eingegraben in die Ordnungen der Liebe. Liebe ist nichts Freischwebendes oder Abgehobenes. Die Liebe ist ein alltägliches Wunder, wie der Herzschlag. Sie ist nichts, was wir uns selber geben könnten: sie ist ein göttliches Geschenk. Sie trägt und erhält uns Atemzug für Atemzug. Wie sagt Johannes: *Nicht darin besteht die Liebe, daß wir Gott geliebt haben, sondern daß er uns geliebt … hat. …Gott ist die Liebe, und wer in der Liebe bleibt, bleibt in Gott, und Gott bleibt in ihm. … Wir wollen lieben, weil er uns zuerst geliebt hat* (1 Joh 4,10.16b.19). Und sie ist stark, diese Liebe: stärker als der Tod!

DONNERSTAG

Die Heiligkeit innerer Ordnung

KAPITEL 4,4.5

Wenn wir dies erreicht haben, werden wir innerlich »hierarchisch« geordnet, um gleichsam zum himmlischen Jerusalem aufzusteigen. Dorthin dringt niemand vor, es sei denn, wer aus Gnade vorher ganz tief in seinem Herzen ist, wie es in der Geheimen Offenbarung des Johannes beschrieben wird. Jemand ist aber dann ganz tief in seinem Herzen, wenn er durch die Erneuerung des Abbildes, die theologischen Tugenden, den Genuß der spirituellen Sinne und ekstatischen Erfahrungen »hierarchisch« geworden ist. »Hierarchisch« ist gleichbedeutend mit rein, hell und vollkommen. In demselben Prozeß erscheinen in uns abgestuft auch neun Ebenen. Im Innern [des himmlischen Jerusalems] gibt es nämlich klar gegliedert Verkündigung, Anweisung, Führung, Beauftragung, Stärkung, Herrschaft, Annahme, Offenbarung und Salbung.

Diese entsprechen Stufe für Stufe den neun Chören der Engel. Beim Menschen beziehen sich die drei ersten auf die Natur, die nächsten drei auf das, was wir uns selber schaffen, und die letzten drei auf das, was uns geschenkt wird. Wenn wir all das erfahren und in uns selbst einkehren, dringen wir in das himmlische Jerusalem ein, wo wir die Chöre der Engel schauen und in ihnen Gott selbst, der ihnen innewohnt und alles, was sie tun, vollbringt. Deshalb meint Bernhard im Gespräch mit Eugen: In den Seraphim liebt Gott als Liebe, in den Kerubim erkennt er als Wahrheit, auf den Thronen residiert er als Gerechtigkeit, in den Herrschaften dominiert er als Majestät, in den Fürsten regiert er als Anfang von allem, in den Mächten beschützt er als Heil, in den Kräften wirkt er als Kraft, in den Erzengeln zeigt er sich als Licht, in den Engeln unterstützt er als Frömmigkeit. Wenn wir Gott so betrachten, schließen wir aus all dem, daß er alles in allem ist.

Er wohnt in allen Menschen, wo seine Liebe sich verteilt und überströmt.

... In der gesamten Heiligen Schrift geht es um den »Hierarchen« und die kirchliche Hierarchie. Durch die Schrift können wir lernen, rein, hell und vollkommen zu werden, ganz gemäß dem dreifachen Weg, der in ihr aufgezeigt wird, nämlich der Natur, der Schrift und der Gnade.

Josef: Zu Beginn der Woche haben wir schon einmal das Bild eines Luftballons gebraucht. Du hast sicher schon mal einen Luftballon aufgeblasen. Eine schlaffe, lasche Haut, mit der du so kaum etwas anfangen kannst, außer sie zu dehnen und zu ziehen. Ein Luftballon wird aber erst durch die Luft, die du hineinbläst, zum Luftballon. Die Haut spannt sich mehr und mehr. Er nimmt immer mehr die Form an, die ihm bestimmt ist. Die maximale Spannung ist schließlich die Grenzerfahrung zwischen dem Ausschöpfen des gesamten Innenraumes und dem Platzen. Ein Gegenstand der Freude und des Spiels, der Farben und der Leichtigkeit. Und gerade diese spannende Grenze ist oft der Reiz der Sache. Welche Energie da drin steckt, zeigt sich, wenn es ihn zerreißt oder wenn du die Öffnung einfach freigibst. Welch ein Spaß für die Kinder, wenn der Ballon wie eine Rakete abzischt!

Wie in Abbildung 10 zu sehen ist, vergleiche ich das vierte Kapitel im *Itinerarium* mit einem Luftballon. Ähnlich wie die einströmende Luft, die dem Ballon seine vollendete Gestalt gibt, so errichtet der Geist Gottes im Menschen eine heilige Ordnung, eine »Hierarchie«, wie das griechische Wort wörtlich zu übersetzen ist. Diese innere »Hierarchie« verleiht dem Menschen seine wahre Größe: Gott selbst wird mit seiner Kraft im Menschen sichtbar. Bonaventura spricht in dem Zusammenhang von »hierarchischen Operationen« und dem »höchsten Hierarchen«, nämlich Jesus Christus selbst. Im Bild des Luftballons ist der »Höchste Hierarch« der zur Gänze aufgeblasene und bis ins Letzte erfüllte Ballon, in dem sich sozusagen alle göttlichen Gaben völlig zur Entfaltung gebracht haben. Die Gaben des Geistes Gottes erfüllen den Raum, den Leer-Raum des Menschen. Als Geistbegabte werden in uns auch die Sinne auf »spirituelle Weise« lebendig. Hören, Sehen, Riechen, Schmecken und Berühren bekommen noch eine andere Tiefe und Reichweite. Und schließlich – gewissermaßen mit dem letzten Pusten – zerfließt alles in einem Glück der Vereinigung mit Jesus Christus, einem Glück der Anbetung, Verehrung und des Jubels. Das sind die Hoch- und Wohlgefühle der Kontemplation.

Übungen

- Betrachte das Evangelium nach Matthäus 20,20–28 (25–28): *Ihr wißt, daß die Herrscher ihre Völker unterdrücken und die Mächtigen ihre Macht über die Menschen mißbrauchen. Bei euch soll es nicht so sein, sondern wer bei euch groß sein will, der soll euer Diener sein, und wer bei euch der Erste sein will, soll euer Sklave sein.*

Wie geht Jesus mit seiner Macht um?
Wie geht Jesus mit Führungsansprüchen um?
Welche Wege der Umsetzung dieses Textes in meinen Alltag kenne ich?

■ Was hat »Liebe« mit »salben, offenbaren und empfangen« zu tun?
Was fällt dir dazu ein?
Sammle deine Einfälle auf einem Blatt Papier.
Vielleicht fällt dir zu jedem Stichwort eine konkrete Geschichte ein.

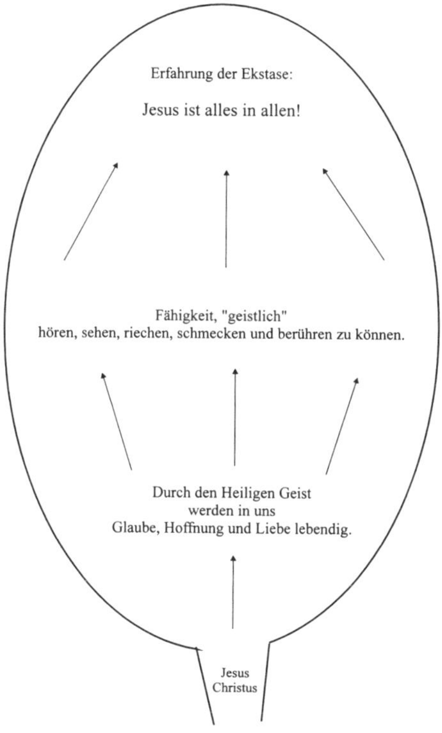

Abbildung 10: Heilige innere Ordnung[13]

13 Jesus Christus ist sozusagen das Mundstück, durch das Gott uns Menschen mit Leben erfüllen möchte. Wer sich aufmacht, um diesen »frischen Wind« in sich aufzunehmen, ordnet sich neu, er wird »hierarchisiert«. Diese innere geistliche Ordnung wird unterstützt durch das Betrachten der Heiligen Schrift (Die Fünf Bücher Mose, die Bücher der Propheten und die Evangelien) und einen ständigen Prozeß der Askese (Reinigung, Erleuchtung und Vereinigung).

Auf unserem Weg ist hier der »Ort« der Engel zu finden. Die Hierarchien der Engel, die neun Chöre, stehen für alle Mächte des Himmels, die uns auf unserer Pilgerfahrt durch das Leben zu Hilfe kommen. Drei mal drei: die Zahl neun steht für die Fülle schlechthin, für sämtliche »ausgestreckten Arme und ausgebreiteten Flügel« Gottes.

André: Die Engel sind die »hierarchischen Kooperatoren«, die mitwirken am »geistlichen« Werk, die unseren Glauben, unsere Hoffnung und unsere Liebe unermüdlich entzünden und am Brennen halten. Nicht wir sind wie Engel, sondern wir erleben gerade in unserem Gebrochensein, in unserer Unzulänglichkeit, in unserem Zweifeln und unserer Angst die Zuwendung der Kraft Gottes. Die Engeln stehen für diese Kraft, stehen für Gottes stetes Angebot, uns zu erfüllen. Ein kraftvolles Bild, die fein gegliederte »Heerschar« des Allmächtigen! Dazu kommt die Kraft des Wortes Gottes, von der wir gleich noch sprechen werden.

Jesus ist der »Hierarch« schlechthin, weil er sich vom Geist Abbas, des Gottes-mit-uns, bis zum letzten Rand hat füllen und »in Ordnung bringen« lassen. Er hat sich auf allen Wegen von seinen Engeln leiten lassen und ist so ganz Gottes Sohn geworden.[14]

Wenn du Bonaventuras Worten genauer folgst, gibt es noch mehr zu entdecken. Der Natur des Menschen ordnet er in der untersten der drei Ebenen die Aktivitäten »Verkündigen, Anweisen, Führen« zu. In jeder menschlichen Gemeinschaft braucht es diese Führungskompetenzen, die freilich nur auf der Grundlage des Sich-Öffnens für den Geist Jesu am rechten Fleck sind. Auch die zweite Ebene lebt von dem, »was wir uns selber schaffen«. Die zugeordneten Fähigkeiten sind »Beauftragen, Stärken und Herrschen«. Wiederum sind es eindeutige Führungsqualitäten, die den »hierarchisierten« Menschen auszeichnen. Diese Worte verweisen sicherlich nicht nur auf die kirchlichen »Hierarchen«, sondern können jeden von uns ermahnen, die Verantwortung in seinem oder ihrem Lebensumfeld zu ergreifen und im Geist jesuanischer Liebe zu leben. Auf der obersten dritten Ebene spricht Bonaventura von dem, »was uns geschenkt ist«. Diese Stufe ist durch »An-

---

14 Bonaventura hat ein kleines Büchlein über den *Dreifachen Weg* geschrieben. Darin behandelt er im einzelnen die drei traditionellen mystisch-asketischen Wege, den purgativ-reinigenden Aspekt, den illuminativ-erleuchtenden und den unitiv-vereinigenden. Das Meditationsbuch gibt praktische Anleitungen, sein Leben diesem vierten Kapitel gemäß zu gestalten: Bonaventura, *De triplice via*, in: Quaracchi Band 8, S. 3–18. Saint Bonaventure, *The enkindling of love also called the triple way*, Paterson N. J. 1956, bietet eine Englische Ausgabe.

nehmen, Offenbaren und Salben« beschrieben. Diese oberste Ebene der heiligen inneren Ordnung, die sich in dir aufbauen möchte, haucht den Geist bedingungsloser Hingabe und vertrauensvoller Erwartung. Du lebst im Staunen, in einer Art Verzückung, im inneren und äußeren Jubel.

Auch aus diesen wenigen Gedanken ließe sich ein Leitbild für christliche und andere »Hierarchen« entwickeln. Die genannten neun Aktivitäten könnten dazu ein Grundgerüst liefern.

Josef: Wenn ich diese Aktivitäten näher betrachte, durchlaufen vielerlei Szenen aus meinem familiären und beruflichen Alltag mein Bewußtsein. Als Vater bin ich nicht einfach auf der gleichen Ebene mit den Kindern. Ich lebe auch in einer »hierarchischen« Beziehung mit ihnen und finde mich in all diesen Worten auch wieder. Die ausgewogene Verflechtung dieser Begriffe wäre ein wunderbares Ziel, sowohl in der Erziehung wie in der Führung von Personal im Beruf. Da geht es nicht einfach darum, auf dem zu beharren, wovon ich jetzt überzeugt bin, den Ton anzugeben und etwas durchzuziehen, koste es, was es wolle. Es geht grundlegend um das Empfangen. Menschen, die einem anvertraut sind, gilt es eine Orientierung zu geben, sie zu bestärken und zu ermutigen und schließlich auch zu salben. In eigener Verantwortung sollen sie ihren eigenen Weg suchen und finden dürfen. Diese heilige innere Ordnung läßt uns gewiß werden, daß unser erster, letzter und überhaupt wichtigster Schritt ist, auf den Geist Jesu Christi in uns zu horchen.

Das Wesen der »Hierarchie« im bonaventurianischen Sinn ist die geistliche Erfüllung. Dies weist somit deutlich auf ein weibliches Bild hin, wo sich die Frau mit Leib und Seele dem Neuen öffnet und alles in den Dienst des neuen Lebens stellt. Maria ist das Urbild der Kirche und der Hierarchie. Sie wird als Modell der Kirche dargestellt. Und das ist »Hierarchie«! Eine Frau steht – eigentlich auch ohne oberhirtliche Zweifel – an der Spitze kirchlicher »Hierarchie«. Das ist ein zutiefst franziskanischer Gedanke.

Freitag — Das lebendige Wort

Kapitel 4, 5 und 6

Die Betrachtung der Heiligen Schrift, die von Gott kommt, ist an dieser Stelle unseres Weges ganz besonders und vor allem anderen wichtig – wie die Philosophie im vorigen Kapitel. Die Heilige Schrift behandelt nämlich in erster Linie das Werk der Versöhnung und Erneuerung. Deswegen geht es hauptsächlich um Glaube, Hoffnung und Liebe, durch die wir Menschen die Kraft zur Erneuerung haben. Ein ganz besonderes Gewicht hat dabei die Liebe. Paulus nennt sie ja das Ziel der Unterweisung, wenn sie aus reinem Herzen, gutem Gewissen und ungeheucheltem Glauben kommt. Die Liebe ist die Erfüllung des Gesetzes, wie er sagt. Und Jesus selbst hat betont, das ganze Gesetz und die Propheten hingen an diesen beiden Geboten, nämlich Gott und den Nächsten zu lieben. Diese beiden konkretisieren sich in dem einen Bräutigam der Kirche, Jesus Christus, der zugleich Nächster und Gott, Bruder und Herr, König und Freund, das Wort, das nicht geschaffen und doch Mensch geworden ist, unser Gestalter und Reformator, das Alpha und das Omega ist. Jesus ist der Hierarch ohnegleichen. Er macht seine Braut, und zwar die gesamte Kirche und jeden heiligen Menschen, rein, hell und vollkommen.

Wir können es vielleicht noch besser an ihren drei Hauptteilen erkennen: das mosaische Gesetz, das rein macht, die Offenbarung der Propheten, die erhellt, und die Lehre des Evangeliums, die vollkommen macht.

All diese Prozesse führen uns zurück in unsere Mitte, wo wir Gott im Lichtglanz der Heiligen betrachten und uns wie auf einem Bett in Frieden schlafen legen und ruhen.

Dabei beschwört uns der Bräutigam, nicht aufzustehen, bis sein Wille nicht geschieht.

Josef: Die Sprache gehört zu den entwicklungsgeschichtlichen Meilensteinen des *homo sapiens*. Sie trennt uns von vielen anderen Lebewesen. Worte versuchen etwas zu greifen und in vorgefertigte Formen zu gießen, die einem Gegenüber etwas vermitteln. Diese Worte drücken eine Wirklichkeit aus und schaffen zugleich eine eigene Wirklichkeit.

Für Christen ist das Wort schlechthin, das gesprochen worden ist und stets neu gesprochen wird, die einmalige Person des Jesus von Nazareth.

Er ist das Wort, wie Johannes sein Evangelium beginnt, das von allem Anfang an bei Gott war. Er ist das Innerste dessen, was Gott auszudrükken vermag.[15] In diesem Wort liegt Gottes gesammelte Kreativität, Schöpferkraft und Ausdruckskraft. Das Wort steht dabei also nicht nur für die Rede. Das Wort steht für sämtliche Ausdrucksformen, d.h. die Kommunikationsformen der Macht und Zuwendung Gottes.

Im Konzilsdokument über die göttliche Offenbarung *Dei verbum* wird die Bedeutung dieses Gotteswortes für unseren Weg eindrücklich unterstrichen. Die Konzilsväter wollen, daß »die ganze Welt im Hören auf die Botschaft des Heiles glaubt, im Glauben hofft und in der Hoffnung liebt«:

> *In der Offenbarung redet der unsichtbare Gott aus überströmender Liebe die Menschen wie Freunde an und verkehrt mit ihnen, um sie in seine Gemeinschaft einzuladen und aufzunehmen. ... Die Tiefe der ... Wahrheit leuchtet uns auf in Christus, der zugleich der Mittler und die Fülle der ganzen Offenbarung ist. ... Er ist es, der ... durch göttliches Zeugnis bekräftigt, daß Gott mit uns ist.*[16]

Für Franz und Klara von Assisi steht dieses Wort der Befreiung, Jesus Christus selbst, im Mittelpunkt ihres Lebens. Und ihre Lebensform ist deshalb *das heilige Evangelium unseres Herrn Jesus Christus.*[17]

In der Lebensbeschreibung Celanos lesen wir:

> *... Wie er die Worte des Evangeliums vernommen hatte, bat er gleich nach Beendigung der Meßfeier inständig den Priester, ihm das Evangelium auszulegen. Dieser erklärte ihm alles der Reihe nach. Als der hl. Franziskus hörte, daß die Jünger Christi nicht Gold oder Silber noch Geld besitzen, noch Beutel, noch Reisetasche, noch Brot, noch einen Stab auf den Weg mitnehmen, noch Schuhe, noch zwei Röcke tragen dürfen, sondern nur das Reich Gottes und Buße predigen sollen, frohlockte er sogleich im Geiste Gottes und sprach: »Das ist's, was ich will, das ist's, was ich suche, das verlange ich aus Herzensgrund zu tun.«*[18]

---

15 Joh 1,1.3: *Im Anfang war das Wort, und das Wort war bei Gott, und das Wort war Gott. Im Anfang war es bei Gott ... Alles ist durch das Wort geworden, und ohne das Wort wurde nichts, was geworden ist.*

16 *Dei Verbum* 1–4 (in Auszügen), K. Rahner/H. Vorgrimler, a.a.O., S. 367–369.

17 Klara von Assisi, *Regel* 1, 1, FrQuSchr II, S. 90.

18 1 Celano 22, FrQuSchr V.

Solche spontanen Entschlüsse klingen wirklich gut. Aber spielt sich so unser Leben ab? Was der Biograph hier in einer Szene faßt, spielte sich wohl im richtigen Leben in einem jahrelangen Prozeß des Suchens und Fragens ab. Franziskus forscht lange nach dem rechten Weg für sich und seine Brüder, und er ist nie damit zu Ende. Die Kirche als Institution wie auch die Brüdergemeinschaft fordern immer wieder eine klarere Definition dieser Lebensform nach dem »heiligen Evangelium Jesu Christi«. Franziskanisch leben heißt, sich dem Wort und Leben Jesu Christi in der je einmaligen Situation des menschlichen Lebens zu stellen, sich damit zu konfrontieren. Und aus dieser Spannung und Auseinandersetzung heraus wird den Wartenden und Suchenden eine Antwort erwachsen, hin zu mehr Leben und Reife.

Übungen

▪ Die Freunde Jesu sitzen allein im Boot. Und die See gerät in Aufruhr. Sie verlieren die Nerven. Sie meinen ein Gespenst zu sehen, als Jesus auf sie zukommt. Nimm dir Jesu Antwort auf die vor Angst schreienden Jünger als ruminierendes Gebet[19] vor:
Habt Vertrauen, ich bin es; fürchtet euch nicht (Mt 14,27)*!*

▪ Betrachte Johannes 15,11–12:
Dies habe ich euch gesagt, damit meine Freude vollkommen wird.
Das ist mein Gebot: Liebt einander, so wie ich euch geliebt habe.
Was ist deine Lebensregel? Welche Sätze fallen dir dazu ein?
Versuche mit wenigen Sätzen für dich selbst eine dich überzeugende und tatsächlich zu verwirklichende Lebensregel niederzuschreiben.

Dieselbe Szene wird in der Dreigefährtenlegende so beschrieben: Franziskus geht mit Peter und Bernhard, seinen ersten Gefährten, in die Kirche St. Nikolaus am Stadtplatz von Assisi. Sie sind alles andere als Schriftgelehrte. Aus tiefer Sehnsucht nach Orientierung und in inständigem Gebet öffnen sie das dort ausliegende lateinische Evangelienbuch dreimal aufs Geradewohl. Sie hatten sich ja längst auf einen »Sonderweg« gemacht, sie hatten sich von den üblichen Wegen abgesondert. Sie mußten sich nun entscheiden. »Das ist unser Leben, unsere Regel und Leben und Regel de-

---

19 Vgl. Impuls zum Sonntag der Zweiten Woche.

rer, die sich uns anschließen!«[20] Die zufällig geöffneten Texte gaben schließlich die Richtschnur.

Franzens Haltung zur Heiligen Schrift, die sicherlich uns modernen und historisch-kritisch denkenden Menschen etwas naiv erscheint, wird an einer Stelle seiner eigenen Schriften deutlich:

> *Deshalb ermahne ich alle meine Brüder und bestärke sie in Christus, daß, wo immer sie geschriebene göttliche Worte finden, sie dieselben, so gut sie können, ehrfürchtig behandeln. Und soweit es an ihnen liegt, sollen sie diese sammeln und verwahren, wenn sie nicht gut aufbewahrt sind oder ungeziemend irgendwo zerstreut liegen, und so in den Worten, die er gesprochen hat, den Herrn ehren. Vieles wird nämlich durch die Worte Gottes geheiligt, und in der Kraft der Worte Christi wird das Sakrament des Altares vollzogen.*[21]

In der ersten Fassung des Briefes an die Gläubigen bringt er das WORT in Verbindung mit Johannes 6, Vers 63, wo es heißt: *Der Geist ist es, der lebendig macht; das Fleisch nützt nichts. Die Worte, die ich zu euch gesprochen habe, sind Geist und Leben.* Es geht um eine sehr dynamische, spannungsreiche und dialogische Auseinandersetzung mit dem Geist Jesu, der sich im Wort der Heiligen Schrift konkretisiert hat.

> *Alle jene, zu denen dieser Brief gelangt, bitten wir in der Liebe, die Gott ist (vgl. 1 Joh 4,16), daß sie die oben angeführten wohlduftenden Worte unseres Herrn Jesus Christus mit göttlicher Liebe gutwillig aufnehmen. Und die nicht lesen können, sollen sie sich oft vorlesen lassen. Und sie sollen sie durch heiliges Wirken bis ans Ende bewahren, denn sie sind Geist und Leben (Joh 6,63).*[22]

André: Wenn du eine Lieblingsspeise hast, dann wirst du wissen, was der Duft dieser Speise auslöst, wenn er in deine Nase dringt. Mir läuft das Wasser im Mund zusammen, wenn ich irgendwie Knoblauch rieche, und dann kommen meine Beine von selbst in Bewegung, Richtung Küche natürlich.

Das ist eine andere Verbindung, die Franziskus herstellt: die duftenden Worte. Auch Klara benutzt diesen Sinn in ihrem vierten Brief an Agnes,

---

20 Vgl. *Dreigefährtenlegende* 28 und 29.
21 Franz von Assisi, *Brief an den gesamten Orden* 35–37, FrQuSchr I, S. 93.
22 Franz von Assisi, *Brief an die Gläubigen* I, 2. 19–21, 35–37, FrQuSchr I, S. 57f.

wenn sie vom lebensspendenden Duft Jesu Christi spricht. Ein Duft kann mich verzaubern, verführen, ganz gefangen nehmen. Dabei geht es um Liebe! In der Beschäftigung mit der Heiligen Schrift geht es nicht in erster Linie um ein trockenes Studium oder intellektuelle Auseinandersetzung und historische Erklärungen. Die mögen hilfreich und aufschlußreich sein. Es geht dabei um ein Wagnis, um Staunen, um ein Sich-Verlieben, um ein tiefes Berührtwerden, um Gefühle überhaupt.

Ausgerechnet Bonaventura, der Theologe, erzählt in seiner Biographie von einer anderen sinnlichen Erfahrung in der Begegnung mit dem WORT: Franziskus leckte sich beim Beten die Lippen, wenn Jesu Namen ausgesprochen wurde. Die Süßigkeit dieses Wortes machte ihm Appetit!

> *Franziskus wollte, daß der Name Jesu nicht nur in Gedanken verehrt würde, sondern auch dann, wenn er ausgesprochen oder geschrieben war. Er überredete deshalb die Brüder einmal, jedes Papierstück, das sie finden würden, doch an einem sauberen Ort aufzubewahren, da ja der Name Jesu draufstehen könnte.*[23]

Für Franz und seine Geschwister ist Jesus Christus der lebendige Mittelpunkt. Er ist der Lehrer. Er ist das Wort. Er ist die Lebensform. Er ist das Buch der Meditation und das Zentrum der gesamten Schöpfung, die vollkommene neue Schöpfung, Gottes Meisterwerk, alles, was der Schöpfer hat ausdrücken können, ist in ihm zum Ausdruck gekommen. Diese Begegnung mit Jesus findet weit jenseits toter Buchstaben statt, sondern mitten in den Anforderungen der Liebe, wie sie sich im Alltag offenbaren.

Franz und seine Brüder in Portiuncula, so wird einmal berichtet, wurden von einer armen Frau um Hilfe gebeten. Sie litt bittere Not und wollte etwas zu essen haben. Aber auch die Brüder hatten nichts mehr. Was tun? Da ordnete Franz an, ihr doch das einzige Evangelienbuch zu schenken, das sie besaßen. Die Brüder protestierten. Wie sollten sie dann das Wort Gottes hören? Sollten sie darauf verzichten? Und Franz antwortete: Es ist wohl wichtiger, das, was da drin steht, zu verwirklichen, als es in frommer Gesinnung zu lesen![24]

23 Bonaventura, *Legenda Maior* 10, 6, FrQuSchr VII.
24 Vgl. Legende von Perugia 93 (s. S. 72) und 2 Celano 91.

SAMSTAG

Die Perspektive der Anbetung

KAPITEL 4,8 UND 5,1

Wir sollten also in der Liebe wurzeln und gründen,
damit wir mit allen Heiligen dazu fähig sein können,
die Länge der Ewigkeit,
die Weite der Freundlichkeit,
die Höhe der Majestät
und die Tiefe der alles beurteilenden Weisheit Gottes zu ermessen
und die Liebe Christi zu verstehen,
die alle Erkenntnis übersteigt. (Vgl. Eph 3,18f.)

Die Kontemplation Gottes ist nicht nur außen und innen, sondern auch über die Erfahrung des Menschen hinaus möglich: außen führen uns die Spuren, innen das Abbild und über uns das Licht unseres Geistes, das Licht der ewigen Wahrheit. Schon Augustin sagt, daß *wir Menschen der Wahrheit entsprechend geschaffen sind.*

Wer sich in der ersten Stufe geübt hat, ist bereits in den Vorhof des Tempels getreten. Wer auf der zweiten Stufe Erfahrungen gesammelt hat, ist im Heiligtum angekommen. Wer nun die dritte Stufe erreicht hat, dringt mit dem Hohenpriester in das Allerheiligste vor, wo glorreiche Kerubim über der Bundeslade thronen und ihren Schatten über den Altar werfen. In den beiden Kerubim sehen wir zwei Perspektiven oder Stufen, von wo aus wir das, was an Gott unsichtbar und ewig ist, betrachten können. Die eine Art der Kontemplation konzentriert sich auf das Sein Gottes, die andere auf das, was die göttlichen Personen betrifft.

André: Mit dem fünften Kapitel des *Itinerarium* verlassen wir den Bereich menschlich-geschöpflicher Erfahrung und blicken sozusagen auf das, was wir uns alles denken können. Wir richten unser Augenmerk dorthin, wo wir auf die Grenzen unseres Denkens stoßen: auf das Größte, das Beste, das Schönste. Wir wechseln den Standort. Bisher führte uns Bonaventura zu den Realitäten unserer Welt, um uns von dort auf die Größe und Vollkommenheit Gottes zu verweisen. Nun schauen wir auf das Vollkommene und Göttliche an sich, das »ganz andere«. Im lateinischen Original überschlagen sich geradezu die Superlative auf »*-issimus*«! Wir treten ein in die philosophisch-theologischen Betrachtungen Gottes bis hin zur Christologie, die in einem herrlichen Lobgesang der Vereinigung aller Gegensätze in Jesus Christus gipfelt.

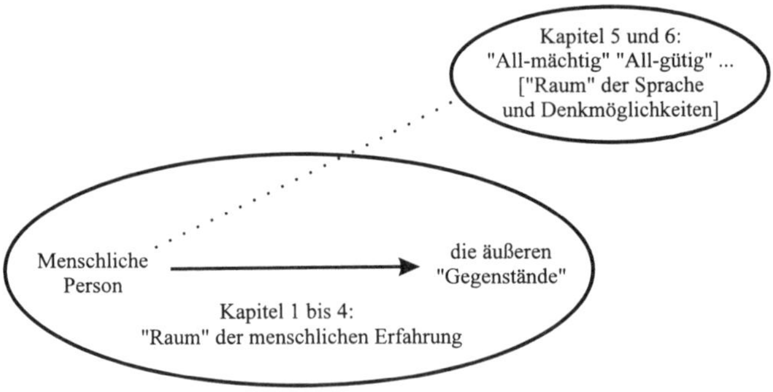

Abbildung 11: Zusammenfassung

Es handelt sich eigentlich um einen sehr einfachen Schritt. Wie betest du? Wie sprichst du Gott an? Sicherlich gebrauchst du Worte, die etwas ausdrücken, was nicht zu überbieten ist. Alles, was die Sprache an Reichweite anbietet, werden Gläubige nutzen, um die Größe und Weite Gottes zu preisen. Würdest du »deinen« Gott so ansprechen bzw. denken, daß du einschließt, es könnte noch jemand Größeren geben? Nein. Die meisten Gebete der Religionen beginnen nicht von ungefähr mit »Allmächtiger«, »Allweiser« oder »Größter«.

Es ist zwar auch die Sprache der Philosophie, aber Franz und Klara von Assisi sowie Bonaventura geht es mit Sicherheit um die Kontemplation. Menschen des Glaubens sind in diesen Kapiteln zu Hause. Höre auf Franz, wie er betet:

Heilig heilig heilig Herr allmächtiger Gott
Der ist der war der kommt
Loben und erheben wir Ihn über alles in Ewigkeit

Würdig bist Du Herr unser Gott zu empfangen
Lob Ruhm Ehre und Segen
Loben und erheben wir Ihn über alles in Ewigkeit.[25]

25 Franz von Assisi, *Preisgebet zu allen Horen*, Übersetzung Hug/Rotzetter, S. 143.

Im Schlußgebet desselben Hymnus, der jede Gebetszeit der Brüder abschließen sollte – so wichtig war ihm der Text –, heißt es:

Allmächtiger
Heiligster
Höchster und erhabenster Gott

Jedes Gut
Höchstes Gut
Ganzes Gut
Du allein bist gut[26]

Übungen

- Finde deine eigene Litanei des Lobes, der Anerkennung Gottes, ähnlich dem folgenden Lobpreis. Nimm dir ein Blatt Papier und schreib!
Wiederhole die Worte »wiederkäuend« jeweils einige Minuten.

- Male ein Bild Gottes, wie du dir Gott vorstellst. Versuche es zunächst frei weg.
In einem zweiten Versuch bleibe möglichst abstrakt.
Betrachte Deine Bilder und komm in ein inneres Gespräch mit Gott in den gemalten Bildern!

Seinen *Lobgesang der Geschöpfe (Sonnengesang)* beginnt er mit: *Du höchster, mächtigster, guter Herr.* In seinen Texten scheint Franziskus an der Grenze dessen, was wir auszudrücken vermögen, jubilierend zu jonglieren. Es ist aber auch die Sprache unseres alltäglichen Betens. Höre noch einmal auf den meditierenden Franz:

Du bist der Starke.
Du bist der Große.
Du bist der Erhabenste …
Du bist das Gute,
jegliches Gut, das höchste Gut,

26 Ebd. S. 144 f.

der Herr, der lebendige und wahre Gott (vgl. 1 Thess 1,9).
Du bist die Liebe, die Minne.
Du bist die Weisheit.
Du bist die Demut.
»Du bist die Geduld«(Ps 70,5).
Du bist die Schönheit.
Du bist die Milde.
Du bist die Sicherheit.
Du bist die Ruhe.
Du bist die Freude.
Du bist unsere Hoffnung und Fröhlichkeit.
Du bist die Gerechtigkeit.
Du bist das Maßhalten.
Du bist all unser Reichtum zur Genüge.
Du bist die Schönheit.
Du bist die Milde.
»Du bist der Beschützer« (Ps 30,5).
Du bist unser Wächter und Verteidiger.
Du bist die Stärke.
Du bist die Erquickung.
Du bist unsere Hoffnung.
Du bist unser Glaube.
Du bist unsere Liebe.
Du bist unsere ganze Wonne …[27]

Josef: In all diesen Begriffen und Bildern meint Franziskus immer den Superlativ, das maximal Denkbare. Wie sagte Anselm von Canterbury (1033–1109)[28] einmal: *Gott ist der, über den hinaus nichts Größeres gedacht werden kann.* Solltest du doch etwas Größeres denken können, so ist eben dies Gott ähnlicher.

Die Dimension und Perspektive der Anbetung und des Dankes, des Lobes, der positiven und überschwenglichen Annahme des Guten »schlechthin« ist vielleicht das größte Geschenk franziskanischen Geistes an die Geschichte der Menschen. Freilich blickt der suchende Mensch dabei direkt ins Licht, wie Bonaventura sagt, und verliert dabei die Sicht! Er ist geblendet. Es ist die Kunst religiösen Lebens, beide Perspektiven zu ver-

---

27 Franz von Assisi, *Schriftstück für Bruder Leo. Lobpreis Gottes*, FrQuSchr I, S. 205 f.

28 Anselm war zunächst Benediktinerabt und schließlich Erzbischof von Canterbury. Er gilt als Vater der mittelalterlichen Scholastik und Mystik.

einen: die konkrete, gebrochene Geschichte der eigenen Erfahrungen und menschlichen Situationen auf der einen Seite und die Größe und Glorie Gottes auf der anderen Seite. Für Bonaventura sind beide nur unterschiedliche Perspektiven des einen Seins Gottes. Gottes Sein spiegelt sich in alldem. In der direkten Anrede Gottes, in der Sprache unserer Gebete, wird das Spiegelbild klarer und verschwommener zugleich. Gott selbst ist jenseits selbst der äußersten Grenzen unseres Denkens und Ausdrucksvermögens. Aber was bleibt uns? Das ist alles, was wir Menschen leben und erfahren können, Kapitel eins bis sechs. Fast alles.

Überall, an jedem Orte, zu jeder Stunde und zu jeder Zeit, täglich und unablässig wollen wir alle wahrhaft und demütig an ihn glauben und an ihm im Herzen festhalten und ihn lieben, ehren, anbeten, ihm dienen, ihn loben und benedeien, verherrlichen und hoch erheben, ihn preisen und ihm Dank erweisen, dem erhabensten und höchsten ewigen Gott, der Dreifaltigkeit und Einheit, dem Vater und dem Sohn und dem Heiligen Geist, dem Schöpfer von allem und dem Retter aller, die an ihn glauben und auf ihn hoffen und ihn lieben, der ohne Anfang und ohne Ende ist, unveränderlich, unsichtbar, unbeschreiblich, unaussprechlich, unbegreiflich, unerforschlich, gepriesen, lobwürdig, ruhmreich, hocherhoben, erhaben, groß, milde, liebenswert, Freude bereitend und ganz über alles zu ersehnen in Ewigkeit. Amen[29]

29 Franz von Assisi, *Nicht Bullierte Regel*, Kapitel 23, 11, FrQuSchr I, S. 199f.

Fünfte Woche — Vom Sein und vom Guten

Sonntag — Von der Phantasie der Bäume

Kapitel 5,2.3

Die erste Stufe der Kontemplation beschäftigt sich zunächst und hauptsächlich mit dem SEIN selbst. Gott wird zuerst als der benannt, der ist. … Beim ersten Schritt beziehen wir uns auf das Alte Testament, das das Einssein Gottes ganz besonders betont. Mose ist ja gesagt worden: *Ich bin der »Ich-bin-da«*. …

Willst du also den unsichtbaren Gott betrachten, so wie er ist, bedenke das SEIN selbst. Schau, das SEIN selbst ist in sich so absolut gewiß, daß es undenkbar wäre, es könnte nicht existieren. Das Sein in abstraktester Form kann uns nämlich nur als völliger Gegenpol zum Nichts begegnen. Ebenso ist NICHTS genau der Gegensatz zum SEIN. … Da das NICHTS ein Mangel an Sein ist, nehmen wir es nur durch das Sein wahr. Denn alle wahrnehmbare Wirklichkeit verstehen wir entweder als NICHTS oder als tatsächliches oder potentielles Sein.

Wenn also NICHTS nur durch SEIN verstanden werden kann und potentielles Sein nur durch das tatsächliche, SEIN also die reine Wirklichkeit bezeichnet, dann nehmen wir Sein als erstes wahr und dieses Sein ist reine Wirklichkeit, purer Akt.

Josef: Wenn ich mir das *Sein an sich* vorstellen soll, tue ich mich schwer. Es hat etwas Uraltes an sich, etwas Beständig-Unverrückbares, Bleibendes, etwas Unverwüstliches und trotzdem etwas sehr Kreatives. »Sein« ist wohl das, was ganz im Hier und Jetzt ist, mit aller Kraft. Es ist wie das Grundwasser, aus dem wir unseren Durst ganz selbstverständlich stillen, auch wenn wir seine Tiefe und sein Woher und Wohin, vielleicht sogar sein Wo, gar nicht ermessen oder ergründen können.

Ein Bild für »Sein an sich« ist der Baum. Bäume berühren uns Menschen bis tief unter die Haut. Sie ermöglichen sogar unser physisches Leben. Sie sind die Lungen unseres Planeten Erde. Werden sie geschlagen und gefällt, gerät unser Fundament ins Rutschen und wir sind in Lebensgefahr. Sie sind einfach da, so scheint es. Sie waren vor uns und werden noch nach uns sein. Sie sind wohl die Lebewesen, die am ältesten werden können. Die kalifornischen Borstenkiefern nähern sich beispielsweise einem Alter von 5000 Jahren! Was sind da unsere bescheidenen 60, 80 oder 90 Jahre? Und welche Lebens- und Überlebenskunst lehren uns diese Geschöpfe! An welch waghalsigen, zunächst unvorstellbaren Orten können sie sich halten, ja festklammern. Mauern durchdringen und Felsen sprengen sie. Ihre Wurzeln erspüren den Weg zum Leben, auch dort, wo wir denken, da kann keiner sein. Und welche Kraft sie hält, diese oft mächtigen und hohen Stämme. Jeder, der in Gebirgen wandert, wird staunend vor diesen »Erscheinungen« zum Stehen kommen. Ja, sie laden uns auch ein, einfach auszuruhen, in ihrem Schatten, im sanften und leisen Gewisper der vom Wind gestreiften Blätter und Äste. Sie bieten uns einen Versammlungsort an. Sie bilden Gemeinschaft und spenden uns Kraft und Wärme. Ich erinnere mich an eine alte Eiche, die den Mittelpunkt unseres kleinen Dorfes bildete. Sie war der Mittelpunkt unseres kindlichen Spiels und so mancher gemütlichen Gespräche der Erwachsenen. Schließlich wurde sie dem Verkehr geopfert. Dem Dorf ging etwas Wesentliches verloren.

In den meisten Kulturen der Menschheit hat es heilige Bäume oder Wälder gegeben, so beispielsweise bei den Semiten, den Griechen, den Druiden, den Azteken und Normannen. Die Götter wohnen in den heiligen Hainen, war ihre Überzeugung. Wir erinnern uns an Mose, dem Gott in einem Baum begegnete, in einem brennenden Busch.

Übungen

■ Mache einen deiner Träume zum Gebet.
Wenn du ins Bett gehst, bitte Gott und dein Unbewußtes zunächst um gute Träume. Wenn du geträumt hast, schreibe dir die Teile des Traums auf, an die du dich erinnerst und betrachte die Bilder und Gefühle des Traums vor und mit Gott! Die sinnhafte Deutung kann ruhig offen bleiben.

■ Mache einen Spaziergang durch ein Wäldchen, zu deinem Lieblingsbaum oder in die Berge.
Achte ganz besonders auf die Bäume, denen du begegnest.
Versuche zu begreifen, warum ein bestimmter Baum dich »anrührt«.

Ein Grund, warum Bäume uns so eigentümlich berühren können, liegt sicher darin, daß sie uns Menschen äußerlich ähneln. Strecke einmal deine Arme nach oben, wurzle deine Beine fest im Boden und wehe ein wenig mit dem Wind. Bäume haben so viel Initiative, Imagination und Hoffnung. Wir können nicht vorhersagen, wohin sie weiterwachsen. Sie sind sehr weise: sie verändern das, was sie verändern können, und akzeptieren, was sie nicht verändern können. Sie wachsen dann einfach drum herum. Sie entwachsen dem Schatten und strecken sich hinein ins Licht. Sie kennen so viele Möglichkeiten wider alle Sackgassen. Und wie beständig sie sind! Sie laden uns ein, unter ihren Zweigen und Ästen Schutz und Schatten zu suchen. Sie laden uns ein, einfach da zu sein, zu atmen und zu leben.

Welche Botschaft sie für diese geschäftige, unruhige und oft einfältige Welt sind. Welche Botschaft für Menschen, die Gefahr laufen, zu den eigenen Wurzeln, zum *Sein an sich*, zu einem Sinn inmitten ihres Getriebenseins Berührung und Kontakt zu verlieren.

Franz von Assisi, so berichtet uns Thomas von Celano, hatte eine besondere Liebe zu den Bäumen:

Mit unerhörter Hingebung und Liebe umfaßte er alle Dinge, redete zu ihnen vom Herrn und forderte sie auf zu einem Gebet. ... Wenn die Brüder Bäume fällten, verbot er ihnen, den Baum ganz unten abzuhauen, damit er noch Hoffnung habe, wieder zu sprossen. – Den Gärtner wies er an, die Raine um den Garten nicht umzugraben, damit zu ihrer Zeit das Grün der Kräuter und die Schönheit der Blumen den herrlichen Vater aller Dinge verkündigten. Im Garten ließ er noch ein Gärtchen mit duftenden und blühenden Kräutern anlegen, damit sie die Beschauer anregten, der ewigen Himmelslust zu gedenken. ... Mit dem Namen »Bruder« rief er alle Lebewesen, wenn er auch von allen Tieren die zahmen bevorzugt liebte. Wer könnte hinreichend alles aufzählen? Jene Urgüte, die einst alles in allem sein wird, erhellte ja diesem Heiligen schon hienieden alles in allem.[1]

Wir könnten so vieles von unseren Brüdern und Schwestern, den Bäumen, lernen.

---

1 2 Celano 165, FrQuSchr V.

MONTAG

Die Kunst der Philosophie

KAPITEL 5,6.8

Dies ist so sicher, daß sich kein vernünftiger Mensch das SEIN an sich anders vorstellen könnte. Die eine Eigenschaft schließt die andere notwendig mit ein.

Weil es das SEIN schlechthin ist, ist es also einfach das erste.
Weil es einfach das erste ist, wird es von nichts anderem verursacht,
noch konnte es aus sich selbst wachsen; weshalb wir es ewig nennen.
Und so geht es weiter:
Weil es zuerst und ewig ist, besteht es auch nicht aus anderen Teilen.
Also ist es unübertrefflich einfach.
Weil es zuerst, ewig und äußerst einfach ist,
sind keine Übergänge vom Möglichen zum Wirklichen vorhanden.
Folglich ist es das Wirklichste.
Weil es das erste, ewige, einfachste und wirklichste ist,
ist es das vollkommenste, dem nichts abgeht noch hinzugefügt werden kann.
Weil es das erste, ewige, einfachste, wirklichste und vollkommenste ist,
ist es auf höchste Weise eins. …

Fassen wir zusammen. Da SEIN ganz rein und absolut, sprich SEIN schlechthin ist, ist es zuerst und zuletzt. Daher ist es die Quelle aller Dinge und ihr vollendendes Ziel. … Es ist sozusagen die Zeitmitte und zugleich deren Begrenzung. Ganz einfach und überaus groß, ist es sowohl völlig innerhalb wie außerhalb aller Dinge. Und deshalb ist es etwas Geistiges, dessen Mitte überall und dessen Begrenzung nirgends ist.

Völlig wirklich und unveränderlich, bleibt es stabil und bewegt doch alles.

Unvergleichlich vollkommen und unermeßlich, ist es in allem, aber nicht gefangen; außerhalb, doch nicht ausgeschlossen, über allem, doch nicht erhöht, unter allem und doch nicht unten liegend.

Weil es aber ganz eins und alles ist, ist es alles in allem (1 Kor 15,28), egal, ob mit »alles« »viel« gemeint ist und es selbst eins ist. Aufgrund der ganz einfachen Einheit, der völlig reinen Wahrheit und dem Guten, das makellos ist, besitzt dieses SEIN alle Kraft, Modellhaftigkeit und Kommunikation. …

Wenn du das ganz begreifst, wirst du glücklich sein. So ist es auch Mose gesagt worden: *Ich will meine ganze Schönheit vor dir vorüberziehen lassen* (vgl. Ex 33, 18–23).

André: Bonaventura entwickelt in diesem fünften Kapitel die philosophisch-theologische Lehre vom *Sein an sich*, die Ontologie. Ich möchte dich jetzt nicht in die Einzelheiten seiner philosophischen Denkweise einführen, sondern deinen Blick auf das lenken, was dieses Nachsinnen eigentlich bedeutet. Das Gleichnis (*similitudo*) Gottes in diesem fünften Schritt liegt nämlich dort, wo ich auf das schaue, was mein Verstand und meine Sprache »herstellen« können, wenn ich frage: Was und wie kann ich über das *Sein an sich* denken?

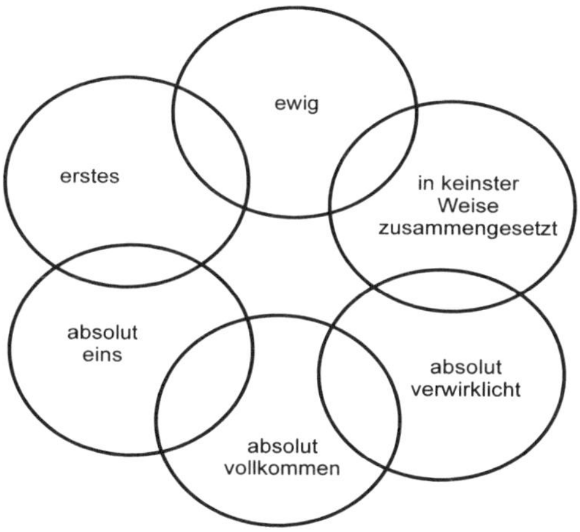

Abbildung 12: zu Kapitel 5,6

Bonaventura zählt zunächst sechs Eigenschaften auf, die allerdings ganz eng ineinander greifen. Eins bedingt das andere. Das allem zugrundeliegende Sein muß das erste sein, ohne jede »Qualifikation«, ohne jede Ursache oder Eingangsvoraussetzung. Es muß ewig sein, ohne Anfang und Ende, zeitlos oder immer zeitig. Es darf von niemand und von nichts abhängig sein, ohne jede zeitliche Begrenzung. Aus diesen beiden Schritten folgt, daß es sich um etwas äußerst Einfaches, d.h. nicht Zusammengesetztes handeln muß. Sonst könnten wir es ja zerteilen bzw. zurückführen auf etwas Ursprünglicheres. Das vierte Glied heißt *actualissimum*. Es ist etwas völlig und ohne Einschränkungen Verwirklichtes und Umgesetztes. Es bleibt nicht nur bei einer möglichen Anlage, sprich potentiell, sondern alle Anlagen werden in die Realität »übersetzt«. Schließlich muß es deswegen das Vollkommenste überhaupt sein, wiederum im Superlativ des Superlativs. Es kann durch nichts ergänzt werden. Es ist aus einem Guß, ein unzerlegbares Stück, eine absolute Einheit. Es ist deutlich zu spüren, wie dieses Sein unsere Wirklichkeit und unsere menschliche Situation übersteigt, auch unser Begreifen. Dem sprachlichen Denken entsteigt ein Gebilde wie eine wundervolle Symphonie, in der ein Ton den anderen ergibt und durch keinen anderen ersetzt werden kann.

Übungen

- Suche dir ein Stück Musik, wenn möglich klassischer Art, aus, das du dir in Ruhe ein- oder auch mehrmals anhörst. Höre auf die Spannungsbögen, die das Werk ausmachen: vom Tempo, der Dynamik, der Lautstärke, der Melodieführung, der Instrumentierung her. Versuche ganz in der Musik zu atmen und zu sein.

- Zeichne einen Bogen (wie in Abb. 13) und setze für die Worte der einzelnen Steine deine Worte zu folgenden Fragen ein:
Was hält dein Leben zusammen? Wo sind die Gegensätze in dir?

Ein Akkord, eine Harmonie fließt in die andere. Eine herrliche Komposition, die zerfällt, wollte jemand eine Note, einen Akkord herauslösen. Vergleichen Sie es mit der Musik Mozarts. George B. Shaw (1856–1950), der angloirische Dramatiker und Musik- und Theaterkritiker, nennt dessen Musik einmal »die einzige Musik, die in Gottes Mund nicht daneben klingen würde«. Peter Iljitsch Tschaikowskij (1840–1893), der russische Komponist, schrieb über Mozart: »Ich liebe Mozart als den Christus der Musik. Seine Musik ist voller göttlicher Schönheit.« Aber zurück zur Philosophie, die sich wie ein strahlender, vollkommener Akkord aufbaut, eine Note auf der anderen, ein Stein auf dem anderen.

In Segovia, Spanien, gibt es einen 2000 Jahre alten Äquadukt, der das Wasser über das Tal in die Stadt geleitet hat. Unzählige, kunstvoll aufeinandergeschichtete Steine, ohne jedes Bindemittel erbaut. Die Steine halten zusammen, weil sie auf- und ineinander passen. Stieße man einen oder mehrere heraus, das ganze Gebäude würde zusammenfallen.

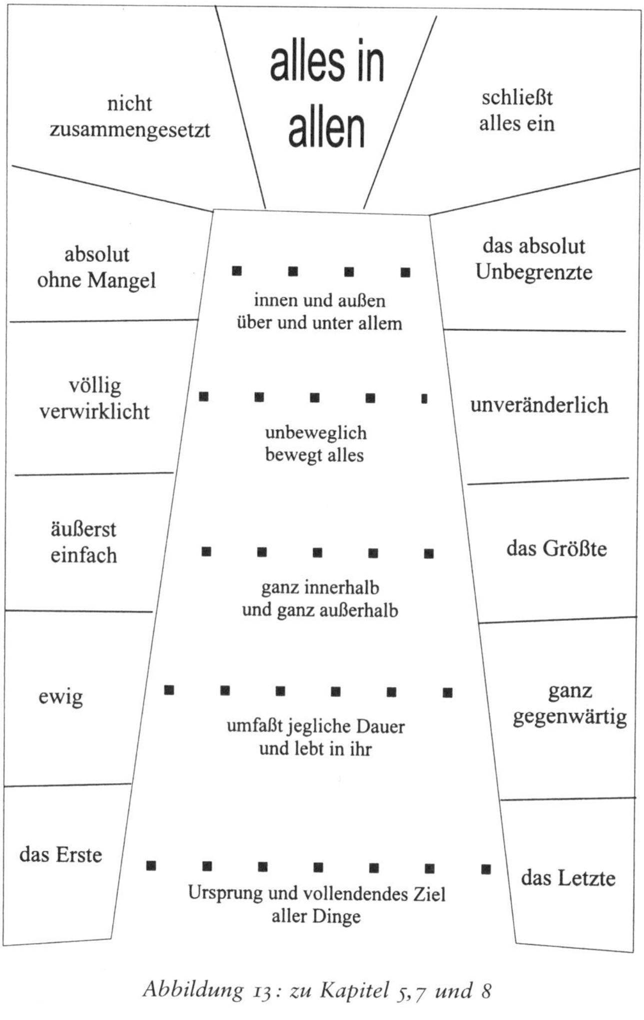

Abbildung 13: zu Kapitel 5,7 und 8

Ich habe einen dieser Bögen, der hier für das Ganze stehen soll, ausgewählt. Die Gegensätze halten die Spannung aufrecht. Es geht nicht um einen harmonischen Einheitsbrei; der trägt niemand und nichts! Das *Sein an sich* ist der Grund aller Dinge, alles in allen und allem. Je näher wir dem Ziel unserer Reise kommen, umso mehr verstricken wir uns in Widersprüche und geraten in aussichtslose und angstvolle Dunkelheiten. Philosophie hat mit unserem Leben wirklich viel zu tun!

Dienstag

Eines wie das andere

Kapitel 5, 5 und 6, 2

Betrachte also dieses reinste SEIN, wenn du es kannst, und du wirst merken, daß du gar nicht darüber nachdenken kannst, als wäre es ganz woanders her. Und deshalb muß es ohne Ausnahme als erstes gedacht werden, das weder aus dem NICHTS noch anderswoher sein kann. Was hängt schon von sich selber ab? Nur das *SEIN an sich* ist durch sich und aus sich selbst.

Du kommst auch nicht um die Erkenntnis herum, daß ihm Nichtsein gänzlich fehlt. Aus diesem Grund hat es weder Beginn noch jemals ein Ende. Es ist ewig. Außerdem wirst du merken, daß es nichts, aber auch gar nichts beinhalten kann, es sei denn das SEIN selbst. Daher kann es auch mit nichts anderem zusammengesetzt sein. Es ist ganz einfach.

Dir fällt auch auf, daß es keine Entwicklungsmöglichkeiten besitzt. Jede Möglichkeit trägt etwas vom NICHTS in sich. Es ist deshalb das Wirklichste überhaupt. Du wirst auch keine Defizite oder Schwächen beobachten. So ist es das Vollkommenste. Schließlich stellst du in ihm keinerlei Unterschiede fest. Also ist es ganz eins. Sein also, das rein, einfach und absolut ist, ist das erste, ewige, einfachste, wirklichste, vollkommenste und völlig eine SEIN.

Da es das höchste Gut ist, muß in ihnen (Vater, Sohn und Geist) dichteste Kommunikation, aus dem Grund höchste Wesensgleichheit, wegen der wiederum höchste Gleichförmigkeit, darum auch höchste Gleichartigkeit und eben deshalb höchste »Gleichewigkeit« und aufgrund all des Genannten höchste gegenseitige Intimität herrschen. Dadurch geht der eine ganz in den anderen ein und sie durchdringen sich gegenseitig ganz. Jeder wirkt mit dem anderen völlig zusammen, weil es keine Barrieren zwischen ihnen gibt bezüglich Substanz, Kraft und Wirksamkeit des dreifaltigen Gottes.

André: In diesem Abschnitt soll uns die *Konvertibilität* des SEINS beschäftigen. Wenn alle diese Eigenschaften nämlich aneinandergereiht und gegenübergestellt sind, bleibt festzuhalten, daß alles, was wir über das eine Wort sagen können, auch für die anderen gilt und umgekehrt. Ein

Beispiel: *Sein an sich* und Einheit bzw. Einssein sind konvertibel, sprich austauschbare Begriffe. Das läßt sich auch auf das sechste Kapitel ausweiten. Alles, was ist, ist gut! Alles was ist, ist gut, wahr und schön und jeweils auch umgekehrt. So lassen sich folgende Spalten von gegenseitig austauschbaren Begriffen aufbauen:

Sein an sich	⟷	Nicht-Sein
eins	⟷	gespalten
gut	⟷	böse
wahr	⟷	verlogen
schön	⟷	häßlich

Wenn du diese Gegenüberstellung betrachtest, dann sagt Bonaventura, daß die linke Seite vor der rechten sozusagen »flieht«, und umgekehrt. Die Begriffe und Wirklichkeiten links und rechts von den Pfeilen sind jeweils untereinander austauschbar. Dies ist sehr bedeutsam. Die Welt ist zum Sein gerufen, ist dazu gerufen, eins zu werden. Auch du bist dazu gerufen! Du bist gerufen, von rechts nach links zu wandern. Und das hängt nicht nur von deiner Kraft und Energie ab, sondern du darfst und mußt dich auch ein Stück ziehen lassen.

Übungen

- Wähle eines der Gegensatzpaare (siehe oben) aus und suche dir Bilder und Szenen aus deinem Alltag und deiner unmittelbaren Umgebung für jede Seite. Denke über den Prozeß nach, wie es zu dieser Situation kam oder kommt. Was zieht dich in welche Richtung?

- Betrachte (singend oder sprechend) den Pfingsthymnus *Veni Sancte Spiritus* [EG 125 oder GL 244]. Der Geist Gottes begleite und erfasse uns immer mehr auf dem Weg der Mensch- und Gottwerdung!

Das Brückenwort liefert Johannes der Täufer: »Ich muß abnehmen, er aber muß wachsen!« Dies ist ein Brückenwort nicht nur zwischen den alt- und neutestamentlichen Schriften. Wenn ich als »Sünder«, als Lügner, als Bösewicht und gespaltener Mensch abnehme, kann Göttliches in mir wachsen. Wo ich auch anfange, es verändert das gesamte Bild. Die gesamte Potenz, alle Anlagen und Möglichkeiten in mir drängen zur Wahrheit und Aktualisierung, hin zum göttlichen Sein. Jesu Bitte lautet: »Damit sie eins sind wie wir!« (Joh 17,11)

Dieser Prozeß findet nicht irgendwo, sondern in mir, in meiner gesamten menschlichen Person statt. Die Sehnsucht der Menschen nach mehr Einheit, Güte, Wahrheit und Schönheit ist so gesehen auch eine Frucht des göttlichen Seins. Mehr Einheit unter den Völker und Rassen ist eine Zunahme an göttlichem Sein. Der englische Franziskaner Eric Doyle (1938–1984), dem die Bedeutung der Vereinten Nationen gerade von daher sehr bewußt und wertvoll war, führt diesen Gedanken aus:

> *Sein und Einheit sind austauschbare Begriffe. So wäre der Versuch, eine weltweite Gemeinschaft mittels größerer Einheit unter den Menschen zu schaffen, das Produkt der bisherigen Evolution. Die erreichte Einheit wäre eine Steigerung des Seins. Es ist wohl nicht zu verrückt zu behaupten, daß das wachsende Bewußtsein von der einen Welt, das Sich-Kümmern um die anderen auf universaler Ebene, die Friedensbewegung und die Suche nach authentischem Zusammenleben, ja daß all das auf unterschiedliche Weise den Anfang einer weltweiten Menschheitsfamilie kennzeichnet. Diese bedeutet einen Zuwachs an Sein und ist das Ergebnis der Evolution in der Phase der Vermenschlichung.*[2]

John Scott Haldane (1860–1936), der britische Physiologe und philosophische Schriftsteller, schreibt einmal:

> *Wenn die Zusammenarbeit von mehreren tausendmillionen Gehirnzellen unser menschliches Bewußtsein hervorbringen kann, wird der Gedanke sehr plausibel, daß die Zusammenarbeit der Menschheit – oder zumindest einiger Teile davon – das, was Comte das Große Sein genannt hat, ausmacht.*[3]

Ein anderes Beispiel sind die sogenannten evangelischen Räte. Fast alle Ordensgemeinschaften, die nach dem 16. Jahrhundert entstanden sind, wählten eine eher caritativ-tätige Lebensweise. Sie waren dienstorientiert. Das Tun stand meist sehr einseitig im Vordergrund. Heute haben weitgehend professionelle Dienste diese Berufsbereiche übernommen. So sind viele Gruppierungen in die Krise geraten. Franz und Klara war so ein Ge-

---

2 Eric Doyle, a.a.O., S. 141.
3 Übersetzung nach einem Kalenderzitat von J. Raischl.

danke völlig fern. Armut war für sie eine Liebschaft mit einer Lady, der »Herrin« Armut. Keuschheit bedeutete ihnen ganz schlicht, allein vor Gott zu stehen. Gehorsam verstanden sie als Fähigkeit, Gott zu antworten. Auch in diesen drei Kristallisationspunkten evangelischen Lebens für Zölibatäre geht es letzlich um das Sein! In diesen Lebensformen soll sichtbar und greifbar werden, was göttliches Sein bedeutet. Es geht vielmehr um Sein als um Tun! Für Ehepaare, die das Sakrament der Ehe leben möchten, kann die Einladung zum Sein ebenso heilsam und friedensstiftend sein. Nur da zu sein, füreinander oder auch allein, ist ein Segen! Aus dem Sein kann das Einssein wachsen, Wahres und Schönes zugleich!

Mittwoch — Vom Brunnen, der überfließt

Kapitel 6, 1–3

... so ist das Gute selbst die allererste Basis, um auf das zu schauen, was aus Gott fließt.

... vom GUTEN sagen wir, daß es sich mitteile, daß es ausströme. Das höchste Gut teilt sich also zur Gänze mit. Bei dieser äußersten Form der Kommunikation muß es sich aber um eine Mitteilung handeln, die tatsächlich geschieht und authentisch ist, die substantiell und persönlich ist, Natur und Wille entspricht, frei und gebunden, ohne Fehl und vollkommen ist. ... Es verströmt sich bzw. teilt sich nämlich auf die wunderbarste Weise mit. Von daher können wir uns noch ein größeres Sich-Mitteilen vorstellen, wenn nämlich der, der teilt, dem anderen alles, Substanz und Natur, weitergibt. ...

Es ist das bloße Geschehen bzw. die reine Tatsache der Urquelle, die bedingungslos und zugleich bedingt und beides kombinierend in liebevoller Liebe liebt. Es ist die natürlich und willentlich maßloseste Verteilung. Es geht dabei um die Kommunikation des Wortes, in dem alles ausgesprochen wird. Und es geht um die Kommunikation des Geschenkes, in dem alle anderen Geschenke enthalten sind. ... Dadurch geht der eine ganz in den anderen ein und sie durchdringen sich gegenseitig ganz. Jeder wirkt mit dem anderen völlig zusammen, weil es keine Barrieren zwischen ihnen gibt bezüglich Substanz, Kraft und Wirksamkeit des dreifaltigen Gottes.

... In der göttlichen Dreiheit vereinen sich nämlich intensivste Kommunikation mit individuellen Personen, maximale Wesensgleichheit mit pluraler Ausformung, höchste Gleichförmigkeit mit verschiedenen Persönlichkeiten, weitestgehende Gleichheit mit Abstufungen. Obwohl alle gleich ewig sind, fließt doch eins aus dem anderen. Größte gegenseitige Intimität vereint sich mit einer Sendung nach außen. Ist das alles nicht zum Staunen?

André: Das, worüber hinaus nichts gedacht werden kann[4], geht sogar über das fünfte Kapitel hinaus, nämlich das Gute selbst. Bonaventura zi-

4 Vgl. noch einmal Anselm von Canterbury, Samstag der Vierten Woche.

tiert hier Dionysios Areopagita[5], der letztlich von Gott nicht anders denken kann als vom Guten selbst. Das Gute muß sich austeilen und verströmen. Das ist das göttliche Grundprinzip schlechthin. Das Gute kann sich nicht abschotten. Es ist nichts für Einzelgänger. Auch Gott kann kein solcher sein. Das Gute muß fließen, es strömt über die Eingrenzungen hinaus, wie ein Brunnen, der überläuft, der das Wasser von einem höheren Becken niederfließen läßt auf ein darunterliegendes und so fort. Das geschieht ständig, im Präsens, im Hier und Jetzt. Es hat weder angefangen, noch hört es je auf. Ist dir schon einmal aufgefallen, daß entscheidenste Abschnitte deines Lebens vom Fließen- und Loslassen bestimmt sind? Am Anfang steht die Mutter, die alles teilt, von der uns der Lebenssaft und schließlich die nährende Milch zufließt. Und am Ende muß jeder einzelne alles wieder fließen lassen: ans Herz gewachsene Menschen, Besitz, das Leben als solches. Ich muß es gehen und weiterfließen lassen. Zum Fließenlassen gehört auch das Weinen. Und in entscheidenden Krisensituationen scheint es oft so, als würde einem nach langem und quälendem Hin und Her ein wichtiger nächster Schritt einfach zufließen und geschenkt. Ich muß ihn »nur« empfangen können!

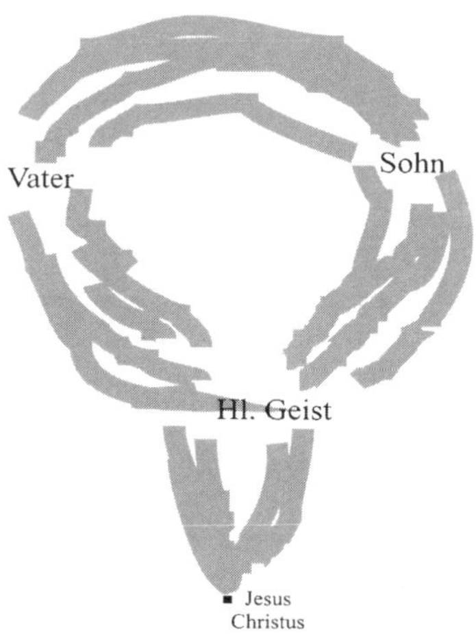

Abbildung 14: Überfluß

Bonaventura zeichnet das Bild eines überfließenden Brunnens, der strömt und strömt. Es handelt sich um eine »ewige Ko-Produktion«, wie er sagt,

5 Ein Schüler des Apostels Paulus.

ein reges Hin und Her, Zusammenwirken und »Befruchten« von Vater, Sohn und Geist innerhalb der Dreifaltigkeit Gottes. Diese Vorstellung Gottes ist nicht mehr und nicht weniger als das Maximale, was wir Menschen uns überhaupt vorstellen können. Dieses philosophisch-theologische Konzept der Trinität gehört sicherlich zum Großartigsten, was menschlicher Geist im Laufe seiner Geschichte hervorgebracht hat.

Die Schöpfung kann dieses grandiose göttliche Verströmen eigentlich gar nicht entsprechend auffangen. Innerhalb dieses kleinen Punktes, der die gesamte Schöpfung in der vergleichenden Dimension dieses kontinuierlichen göttlichen Prozesses andeutet, taucht dieser noch viel kleinere Punkt auf, nämlich dieser in Zeit und Geschichte greifbare Mensch Jesus von Nazareth, in dem die ganze Fülle dieses Prozesses aufleuchtet.

Ist das nicht jenseits aller Grenzen, die von den großen Religionsgemeinschaften gesteckt sind, ein von allen Menschen geteiltes, gemeinsames Zeichen für Heiligkeit? In einer Person ist das ganze Geheimnis des Lebens, die Fülle, die Höhe und Tiefe, die Länge und Breite zu ermessen und zu verstehen.[6]

Das ist das Ur-Geschenk, die ererbte Gnade, das, was die katholische Kirche im Innersten mit dem Geheimnis der »Unbefleckten Empfängnis« in Maria für die gesamte Kirche aussagt: Gottes Überfluß ist schamlos, arglos, grenzenlos und ohne jede Absicherung und Selbstgerechtigkeit. Wie positiv sich mit diesem Ansatz und mit dieser Erfahrung alles wenden kann, sagt uns ein anderer Bruder des Franziskus, Johannes von La Verna (1259–1322), den sogar Kaiser Heinrich VII. und Dante besucht haben.

Johannes hielt vor den versammelten Brüdern einmal folgende Ansprache:

Als ich in den Orden eintrat, beschenkte mich Gott mit der Gnade, Gott für jeden und für alles in diesem Menschen zu danken. Als ich nun sah, daß den Brüdern riesige und wunderschöne Kirchen gehörten, oder daß sie geräumige Schlafzimmer, Speisesäle und Krankenabteilungen unterhielten, pries ich Gott. Als ich wahrnahm, daß die Brüder eine große Anzahl von Hemden, Büchern und anderen Din-

---

6 Vgl. dazu Eph 3,17–19: *Durch den Glauben wohne Christus in euren Herzen. In der Liebe verwurzelt und auf sie gegründet, sollt ihr zusammen mit allen Heiligen dazu fähig sein, die Länge und Breite, die Höhe und Tiefe zu ermessen und die Liebe Christi zu verstehen, die alle Erkenntnis übersteigt. So werdet ihr mehr und mehr von der ganzen Fülle Gottes erfüllt.*

gen, die ihnen von der göttlichen Barmherzigkeit zugeflossen waren, besaßen, pries ich Gott in all dem. Und ich bewahrte zu jeder Zeit in meinem Herzen Frieden, indem ich dachte, daß diese Ordensleute, Priester oder auch Laien, denen diese guten Dinge geschenkt waren, diese schon verdienten. Und mit Hilfe dieser Meditation konnte ich Schweigen bewahren und gegen niemand mein Wort erheben.[7]

Übungen

- Sitz in der dir vertrauten Meditationshaltung mit nach oben geöffneten Handinnenflächen, empfange jeden Atemzug und lasse ihn ganz bewußt auch wieder gehen. Achte nur auf das Kommen und Gehen des »Lebenshauches«.

- Geh zu einer Quelle, einem Springbrunnen oder Fluß und betrachte einfach das Fließen.

- Mache einen Nachtspaziergang, wenn der Himmel klar ist.
Betrachte die unendliche Zahl der Sterne und laß dich beeindrucken von dem Überfluß des Universums.

Franziskus würde sagen: Wenn du dich in deinem Eifer für das Gute immer nur aufregen mußt und über alle und alles schlecht denkst, lebst du im Unfrieden und am Guten vorbei. Du eignest dir etwas an, was dir nicht gehört!

Frieden hängt engstens mit dieser Erfahrung des Überflusses göttlicher Zuwendung zusammen. Diese lädt dich und mich zu einer Haltung überaus großer Dankbarkeit ein.

7 Der selige Johannes von La Verna, zitiert nach McCarron, *Franciscan Spirituals and Capuchin Reform,* S. 16f. (übersetzt von J. Raischl).

Donnerstag — Vom Grundsatz der Enteignung

Kapitel 6, 2

Es ist das bloße Geschehen bzw. die reine Tatsache der Urquelle, die bedingungslos und zugleich bedingt und beides kombinierend in liebevoller Liebe liebt. Es ist die natürlich und willentlich maßloseste Verteilung. Es geht dabei um die Kommunikation des Wortes, in dem alles ausgesprochen wird. Und es geht um die Kommunikation des Geschenkes, in dem alle anderen Geschenke enthalten sind.

Josef: Franz und Klara waren voll von dieser überfließenden Freude und Dankbarkeit. Klara spricht immer wieder von Gott als dem Vater der Barmherzigkeit, dem Geber alles Guten und aller Gnade.[8] Diese spielerische Fröhlichkeit macht bis heute einen Großteil der Attraktivität des franziskanischen Lebensentwurfes aus. Das Leben ist keine todernste Angelegenheit. Es ist ein Segen und Teil dieser unendlichen, für uns kaum faßbaren Zuwendung der Liebe selbst. Gott trägt in dieser Erfahrungswelt in erster Linie ein weibliches Antlitz. Gott ist das Gute, das überfließt und uns Tag für Tag nährt und hält.

Auf dieser Erfahrung basiert das, was wir franziskanische Armut nennen. Franz und Klara haben radikal ohne Besitz zu leben versucht. Das Bild vom überfließenden Brunnen verdeutlicht, daß diese arme Lebensweise ein Prinzip grenzenloser Offenheit und Empfangsbereitschaft verkünden und darstellen soll: die Enteignung von allem, was den göttlichen Fluß des Seins und des Guten blockieren könnte. Nichts Eigenes sollen die Schwestern und Brüder von Assisi für sich haben, so lesen wir in den Kernstücken der überlieferten Regeln.

> *Die Brüder sollen sich nichts aneignen, weder Haus noch Ort noch irgendeine Sache. Und gleichwie Pilger und Fremdlinge in dieser Welt, die dem Herrn in Armut und Demut dienen, mögen sie voll Vertrauen um Almosen gehen; und sie dürfen sich nicht schämen, weil der Herr sich für uns in dieser Welt arm gemacht hat. Dies ist die Erhabenheit der höchsten Armut, die euch, meine geliebtesten*

8 Vgl. ihr *Testament 1* oder den *zweiten Brief an Agnes 3*.

Brüder, zu Erben und Königen des Himmelreiches eingesetzt, an Hab und Gut arm gemacht, durch Tugenden geadelt hat. Dies soll euer Anteil sein, der hinführt in das Land der Lebenden.[9]
Zuversichtlich soll eine der anderen ihre Not offenbaren. Und wenn schon eine Mutter ihre leibliche Tochter liebt und umhegt, mit wieviel größerer Sorgfalt muß eine Schwester dann ihre geistliche Schwester lieben und umhegen. Die Kranken aber sollen auf Strohsäcken liegen und unter dem Kopf ein mit Federn gefülltes Kopfkissen haben; und die, welche wollene Socken und Polster benötigen, sollen sich ihrer bedienen können.[10]

Die Kapitel bei Franz und Klara decken sich inhaltlich. Bei beiden fließen in diesem Kernkapitel die Fragen der Kommunikation untereinander und die Sorge um die kranken Geschwister mit ein. Das Sündenbewußtsein, das sich im katholisch-kirchlichen Bereich seit dem Mittelalter immer mehr auf das sechste Gebot eingeengt hat, ist innerhalb der franziskanischen Quellen geprägt vom Prozeß der Aneignung.

Wenn du an etwas festhalten willst, scherst du aus dem Fluß des ALL-Guten aus und gerätst ins Stocken. Du landest in der Isolation, im Nichts. Biblisch begründet sich diese Haltung der Enteignung im Brief an die Philipper 2,1–11. *(Christus) war Gott gleich, hielt aber nicht daran fest, ... sondern er entäußerte sich und wurde ... den Menschen gleich* (Phil 2,6.7).

Übungen

- Betrachte den Philipperbrief 2, 1–11.

Das Wort im Vers 7 für »sich entäußern« ist im originalen Griechisch ταπεινος [tapeinos]. Versuche Bilder zu finden oder auch eins zu malen, das dieses Wort und den Kern dieses Textes ausdrücken.
Eine mögliche Erklärung für das von Franziskus über alles geliebte Zeichen τ [Tau] ist übrigens, daß es für den Anfangsbuchstaben dieses kleinen Wortes stehen könnte.

- Meditiere und koste die folgende Dichtung:

Wo Liebe ist und Weisheit, ist nicht Angst noch Unerfahrenheit.

9 Franz von Assisi, *Bullierte Regel*, Kapitel 6, 1–5, FrQuSchr I, S. 165.
10 Klara von Assisi, *Regel* (bestätigt am 9. 8. 1253), Fr QuSchr II, S. 102.

Wo Geduld ist und Demut, ist nicht Zorn noch Erregung.
Wo Armut ist mit Freude, ist nicht Gier noch Geiz.
Wo Stille ist und Besinnlichkeit, ist nicht Unruhe noch Ziellosigkeit.
Wo Furcht des Herrn ist, seinen Hof zu bewachen,
kann kein Feind eindringen.
Wo Barmherzigkeit ist und Bescheidenheit, ist nicht Überfluß noch Härte.[11]

Habsucht und -gier, Neid und Mißgunst greifen von klein auf nach unserem Herz. Wir fühlen uns nicht selten benachteiligt und ausgeschlossen. Wie viele Erbstreitigkeiten haben Familien schon erschüttert. Wie viele Geschwister stehen sich dabei unversöhnlich gegenüber, weil sie sich ungerecht behandelt fühlen. Komme ich zu kurz?

Der Prozeß, ganz und heil zu werden, führt durch das Leer-werden, das Los-lassen, das Weg-geben. Wir laden dich auf diesem Hintergrund noch zu einer Durchsicht der franziskanischen »Bergpredigt« ein. In den »Ermahnungen« sind 28 meist recht kurze Sprüche des Heiligen authentisch überliefert, mit denen er die versammelten Brüder ansprechen wollte. In beinahe jeder dieser Ermahnungen wird das Hauptthema seines Lebens berührt. Enteignung beginnt dort, wo sie am schwierigsten ist:

Jener nämlich ißt von dem Baum der Erkenntnis des Guten, der seinen Willen als sein Eigentum beansprucht und sich mit dem Guten brüstet, das der Herr in ihm spricht und wirkt.[12]

Was Führungsaufgaben in der Gemeinschaft angeht, ist Franziskus sehr kritisch. Er führt rotierende, streng begrenzte Ämter ein. Das Lassen ist im besonders wichtig.

Und je mehr sie über den Entzug des Oberenamtes stärker in Aufregung versetzt werden als über das Amt der Fußwaschung, um so mehr häufen sie sich Reichtümer an als Gefahr für die Seele.[13]

Selbstkritisch warnt er davor, sich das Gute anzueignen:

11 Franz von Assisi, *Ermahnungen* 27, Übersetzung Hug/Rotzetter, S. 169.
12 Franz von Assisi, *Ermahnungen* 2, 3, FrQuSchr I, S. 101.
13 Franz von Assisi, *Ermahnungen* 4, FrQuSchr I, S. 102.

Daher ist es eine große Schmach für uns Knechte Gottes, daß die Heiligen Taten vollbracht haben und wir Ruhm und Ehre erhalten wollen, wenn wir davon berichten.[14]

Theologen, Prediger, Gelehrte und solche, die es sein wollen, mahnt er:

Jene sind durch den Buchstaben tot, die nur die Worte allein zu wissen trachten, damit sie unter den anderen für weiser gehalten werden und große Reichtümer erwerben können, die sie dann Verwandten und Freunden schenken. Und jene Ordensleute sind durch den Buchstaben tot, die nicht dem Geist des göttlichen Buchstabens folgen wollen, sondern mehr danach streben, einzig die Worte zu wissen und sie anderen zu erklären.[15]

Wir sehen deutlich, wo Franzens Schwerpunkt liegt:

Wer immer also seinen Bruder um des Guten willen beneidet, das der Herr in ihm redet und wirkt, der zielt ab auf die Sünde der Gotteslästerung, weil er den Allerhöchsten selbst beneidet, der jegliches Gute redet und wirkt.[16]
Und wenn eine Person auf irgendeine Weise sündigt, und der Knecht Gottes würde deswegen anders als aus Liebe aufgeregt und zornig sein, dann häuft er sich Reichtümer der Schuld an. Jener Knecht, der sich über niemanden erzürnt noch erregt, lebt wirklich ohne Eigentum. Und selig ist, wem nichts übrigbleibt, indem er dem Kaiser gibt, was des Kaisers ist, und Gott, was Gottes ist.[17]

Eine wunderbare Zusammenfassung franziskanischer Armut finden wir in den beiden Ermahnungen 17 und 18:

Glücklich der Knecht
Der sich nicht mehr erhöht
Durch das Gute
Das der Herr durch ihn sagt und tut
Als durch das

---

14 Franz von Assisi, *Ermahnungen* 6,3, FrQuSchr I, S. 103.
15 Franz von Assisi, *Ermahnungen* 7,4, FrQuSchr I, S. 103 f.
16 Franz von Assisi, *Ermahnungen* 8, FrQuSchr I, S. 104.
17 Franz von Assisi, *Ermahnungen* 11, FrQuSchr I, S. 105.

Was Er durch einen andern sagt und tut
Es sündigt der Mensch
Der mehr von seinem Nächsten erhalten will
Als er von sich geben will Gott dem Herrn

Glücklich der Knecht
Der alles Gute Gott dem Herrn zurückgibt
Denn wer etwas für sich behält
Verbirgt bei sich das Geld des Herrn seines Gottes[18]

18 Franz von Assisi, *Ermahnungen* 17 und 18, Übersetzung Hug/Rotzetter, S. 96 f.

Freitag

Von der Kunst gemeinsamen Lebens

Kapitel 6, 3.6

Betrachten wir das jeweils für sich, reicht es aus, die Wahrheit zu erspüren. Es aber in ein Netzwerk von gegenseitigen Beziehungen zu bringen, wird uns tief beeindrucken.

… du wirst dich wundern,
daß es ein Ineinanderfließen, das das je Eigene wahrt, gibt.
Daß es ein Einssein gibt, das die Vielfalt gleichermaßen zuläßt,
daß es eine gemeinsame Gestalt gibt,
die trotzdem die je eigene Persönlichkeit nicht verleugnet,
daß alle gleich, und doch einer Ordnung unterworfen sind,
daß alle ohne Anfang und Ende sind,
und doch einer die anderen hervorbringt,
daß sie sich unendlich nah sind und doch auseinandergehen. …
Schau also auf den Ort des Bundes und wundere dich!
Christus ist nämlich eine Person,
besitzt aber drei Substanzen und zwei Naturen.
In ihm herrscht in jeder Hinsicht Übereinstimmung
trotz unterschiedlicher Meinungen;
Gott und Mensch drücken sich in ihm gleichzeitig aus
trotz der je eigenen Charakteristik.
Gemeinsam werden sie angebetet,
und doch geht es um vielerlei Werte.
Gemeinsam werden sie über alles verehrt,
und doch ist ihre Würde differenzierbar.
Gemeinsam regieren sie,
und doch sind ihre Kompetenzen aufgeteilt.

Josef: Ich möchte dich zu einem Blick auf Möglichkeiten und Spannungsfelder menschlichen Zusammenlebens einladen. Eine Grundidee franziskanischen Geistes ist nach all dem Gesagten, daß jedes Mitglied der Gemeinschaft – der Partner, die Kinder, die Jungen und Alten, die Kranken und Müden, die Satten und Suchenden – alle als Geschenk zu empfangen sind. Mitmenschen dürfen nicht dazu verkommen, als Schadensfall angesehen zu werden, als Last, als Belästigung, als nutzloses, überflüssiges Pack, das man zuletzt ausweist oder wegsperrt. Grundsätzlich hat jeder Mensch teil an der überfließenden Liebe Gottes, am ALL-Guten, genauso gut wie ich! Auch ich selbst kann mich annehmen, weil ich Teil in diesem großen Mysterium bin und mir selbst geschenkt bin. Aber da beginnen schon sämtliche Alarmglocken zu läuten: so einfach ist das ja nicht! Es ist soviel gebrochen, in uns, mit uns und in den Beziehungen mit anderen! Betrachte doch die Familie, in der du lebst oder groß geworden bist!

Was heißt es, wenn sich ein Ehepaar »unendlich« nah sein kann? Ist es auf Dauer lebensfähig, wenn es in dieser symbiotischen Nähe stecken bleibt? In der Sterbebegleitung lerne ich nicht selten Paare kennen, die sich beim anstehenden Abschied eines der Partner so schwer tun, weil sie nie gelernt haben, auch für sich, unabhängig vom anderen, Freude und Erfüllung erleben zu können. Es bricht buchstäblich alles für sie zusammen. Wie kann da einer gehen? Ein Gleichgewicht zwischen Nähe und Auseinandergehen – Bonaventura spricht hier von »Mission« – ist lebensnotwendig. Viele Menschen entziehen sich einer so innigen Nähe nicht selten durch eine tödliche Erkrankung. Man kann hier durchaus von »Krankheitsgewinn« oder »Todesgewinn« sprechen. Gibt es keinen anderen Ausweg als den Tod?

Umgekehrt scheint es noch öfters zu passieren, daß Menschen nur noch auseinandergehen. Jeder geht seiner Arbeit nach und seiner Freizeit. Wo bleibt dann die Intimität, das Einssein oder zumindest Miteinandersein? Wie viele Familien und Paare zerbrechen an diesem Ungleichgewicht, an diesem »Doppel-Solo«.

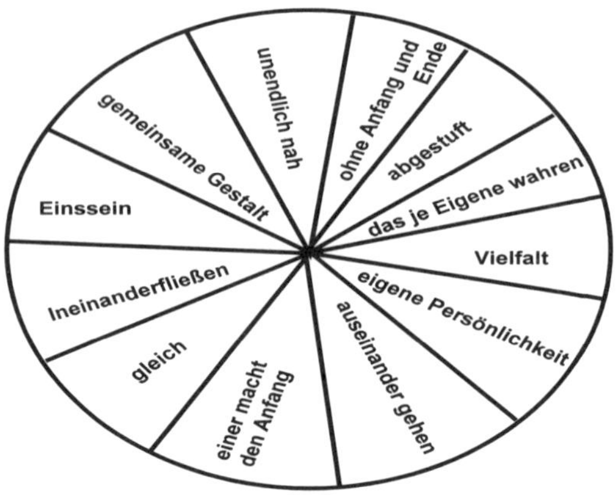

Abbildung 15: zu Kapitel 6, 6

Die grundsätzliche Idee des Zusammentreffens aller Gegensätze sowie das Bild vom überfließenden Brunnen erlauben mir einige Folgerungen für das Miteinander, ob es sich jetzt im Rahmen einer Familie, einer Ordensgemeinschaft, eines Freundeskreises oder des Ganzen einer Gesellschaft abspielt. Schau mit mir auf dieses blendende Gleichnis Gottes, das superexzellente All-Gute!

Wenn dieses Rad aus dem Gleichgewicht gerät, wird es gefährlich. Es kommt aber nur in Bewegung, wenn wir nicht irgendwo in der Mitte hängenbleiben. Die Pole, die Flügel, die Gegensätze wollen bis in die Spitzen hinein gefüllt und gelebt werden!

Wie spannend ist die Frage der »gemeinsamen Gestalt«, die trotzdem die je eigene, unabhängige Persönlichkeit nicht auslöschen soll. Wie tritt eine Ordensgemeinschaft, eine Familie nach außen hin auf? Wie viele Streitpunkte liefert da allein die Frage der Kleidung. Und erst die Frage der Gleichheit! Hier ist bei Bonaventura im 13. Jahrhundert demokratisches Denken grundgelegt. Die Gleichheit heißt für Bonaventura nicht, daß alle dasselbe tun und dasselbe zu sagen haben. Diese Ordnung, diese Stufung darf auf der anderen Seite die eine gemeinsame Ebene nicht zerstören. Es geht um ein sehr sensibles Gleichgewicht!

Vieles könnte an der Stelle vertieft werden. Für Franz und Klara ist hier ein Begriff wichtig. Die Schwestern und Brüder sollen einander nicht nur Geschwister sein, sondern füreinander wie Mütter sorgen.

> *Und vertrauensvoll soll einer dem anderen seine Not offenbaren, damit er ihm das Notwendige ausfindig mache und verschaffe. Und jeder liebe und ernähre seinen Bruder, wie eine Mutter ihren Sohn liebt und ernährt; dabei wird Gott ihm Gnade schenken. Und wer nicht ißt, soll den, der ißt, nicht richten.*[19]

Wiederum das weibliche Antlitz Gottes! Bei aller Zuwendung und Offenheit füreinander, der freien Kommunikation und einer weitestgehenden Transparenz des Denkens und Tuns[20] bleibt die Wichtigkeit von Diskre-

19 Franz von Assisi, *Nicht Bullierte Regel*, Kapitel 9,10–12, FrQuSchr I, S. 183.

20 Vgl. dazu in der *Legenda Major* 6,2: Franz scheute nicht davor zurück, seine eigenen Fehler und sein eigenes Verhalten in aller Öffentlichkeit zu bekennen. Hatte er sich nur einmal etwas Entspannung oder Gutes gegönnt, wollte er das den Menschen nicht vorenthalten. Er wollte nicht ein falsches, wenn auch noch so beeindrukkendes Image pflegen. Einmal ließ er sich deswegen halbnackt von seinen Brüdern gefesselt nach Assisi zerren, um sich den Menschen zu bekennen.

tion und Schutz der persönlichen Sphäre weiterbestehen. Wie vieles geschieht bei uns »hinter dem Rücken« anderer. Hören wir auf Franziskus:

> *Selig der Knecht, der seinem Bruder, wenn er weit von ihm entfernt ist, ebenso liebt und um ihn besorgt ist, als wenn er mit ihm zusammen wäre, und der nicht über ihn hinter seinem Rücken sagen würde, was er nicht in Liebe in seiner Gegenwart sagen könnte.*[21]

Übungen

- Finde zu den Begriffen in Abb. 15 Beispiele aus deinem Leben, so wie du es kennst, und schreib dir diese Erfahrungen kurz auf.
  Wo stehst und lebst du auf dieser Plattform?

- Formuliere frei eine Danklitanei, indem du deine gesamte Familie und deinen Freundes- oder Lebenskreis durchgehst und für all die Menschen dankst, die dir vorangegangen sind und dich bis jetzt begleitet haben und begleiten.
  Achte gut darauf, wenn dir der Dank für gewisse Mitglieder deines Umfeldes nicht so leicht fällt. Versuche trotzdem, den Dank auch dort fließen zu lassen!

Es gibt beides, Freiheit und Bindung. Das Sein und das ALL-Gute sind die einzige Basis, das Fundament, auf dem alles sich bewegt und lebt. Es ist selbstverständlich, daß die meisten mit dem Gleichgewicht ihre Schwierigkeiten haben werden. Es gibt nur diesen Weg: die anhaltende, geduldige und engagierte Auseinandersetzung, das Wagnis auf sich zu nehmen und auf das Seil hinauszuwandern. In jedem Fall: Grundlage ist und bleibt dankbare Freude.

21 Franz von Assisi, *Ermahnungen* 25, FrQuSchr I, S. 109.

SAMSTAG

Alles dreht sich um …

KAPITEL 4,2 UND 6,5

Solange aber niemand kommt und einem aufhilft, muß der, der gefallen ist, liegen bleiben. Wir hätten uns nicht ganz aus der Verstrickung befreien und zur Schau unserer selbst und der ewigen Wahrheit kommen können, wenn diese Wahrheit nicht in Christus menschliche Gestalt angenommen und uns so eine Brücke geschlagen hätte. So hat er die erste Brücke, die in Adam zerbrochen war, erneuert. Und wären wir noch so begabt und gebildet, nur mit Hilfe Jesu Christi können wir zu uns selbst finden. Er sagt uns: *Ich bin die Tür; wenn jemand durch mich eintritt, wird er gerettet werden; er wird ein- und ausgehen und Weide finden* (Joh 10,9). So können wir in uns selbst Gott genießen. …

Wenn wir also die Frucht der Wahrheit kosten wollen, dann müssen wir den Weg des Glaubens, der Hoffnung und der Liebe zu Jesus Christus, dem Mittler zwischen Gott und Mensch, dem paradiesischen Baum des Lebens, gehen.

Als der eine Kerub betrachtest du nämlich das Wesen Gottes
und wirst dich wundern!
Denn das göttliche Sein ist erstes und letztes zugleich,
ewig und ganz im Jetzt,
äußerst einfach und groß bzw. unbegrenzbar,
immer alles und niemals faßbar,
ganz verwirklicht und niemals bewegt,
überaus vollkommen, weder zu viel noch zu wenig,
und dennoch maß- und grenzenlos unendlich,
auf höchste Weise eins und doch allumfassend:
alle Kraft, alle Wahrheit und alles Gute.
Schau auf den Altar und staune:
In Christus ist das Erste mit dem Letzten verbunden,
Gott mit dem Menschen.

Josef: Ich lerne einen Mann kennen und höre ihm zu. Als erstes käme bei ihm die Arbeit als Handwerker, als zweites das Pferd und schließlich doch noch – nach langer Pause – seine Freundin. Diese erwarte jetzt ein Kind von ihm.

Was sind deine persönlichen Werte und Prioritäten? Wage einmal diese Frage einem vertrauten Menschen zu stellen. Und dabei geht es nicht um Lippenbekenntnisse oder die Verkündigung hehrer Ideale. Nein, es geht ganz einfach um das, worum sich unser Leben dreht, was unsere Energie beansprucht und gefangen nimmt.

Kannst du mit dem Begriff »Christozentrismus« etwas anfangen? Heißt es, daß sich alles um diesen Christus dreht oder drehen soll – und alle Welt soll das auch wissen und gefälligst zur Kenntnis nehmen? Oder noch besser: alle Welt soll tief beeindruckt von ihm sein und sich auch zu diesem Christus bekehren!

Soll mit diesem Wort nicht eher gesagt werden, daß im Mittelpunkt des Lebens und des gesamten geschaffenen Kosmos diese Person Jesus von Nazareth, der Christus, steht, der das Leben ist und zugleich der Weg dorthin? Heißt das, daß wir jenseits unseres je persönlichen Lebens und unserer unterschiedlichen Lebenserfahrung wissen dürfen: Er lebt, wir leben in IHM und sind in IHM aufgefangen und beheimatet? Er ist die Lebensenergie. Er ist das wirkmächtige Wort der schöpferischen Kraft Gottes, er ist die Kreativität an sich?

Übungen

■ Zeichne einen leeren Kreis auf ein Blatt Papier und in die Mitte des Kreises einen Punkt. Nun male weitere, kleinere Kreise in den großen leeren Kreis und beschrifte sie.
Was ist in deinem Leben wichtig, was beansprucht wieviel Energie?
Kennzeichne deine Wertliste durch die Größe der Kreise und den Abstand zur Mitte. Je näher zur Mitte, um so wichtiger ist dir der jeweilige Bereich.
Betrachte das Ergebnis in Ruhe und tiefer Ehrlichkeit.

■ Laß die gesamte Übungszeit nur die Worte in dir wiederklingen:
Jesus Christus, Alpha und Omega, Anfang und Ende.

■ Sing leise oder laut vor dich hin den Kanon (U 99):
Ausgang und Eingang, Anfang und Ende, liegen bei dir, Herr.
Fülle uns die Hände!

Christozentrik heißt für Theologen, daß alles Denken und Forschen um Christus kreist, von dem aus alles andere sich erschließt und an dem sich alles mißt. Er ist die Zeitenwende. Mit ihm beginnen wir unsere Zeit neu zu zählen. Die Welt und ihre Geheimnisse sind in IHM bereits erschlossen. Pierre Teilhard de Chardin[22] nennt IHN den Omegapunkt, auf den alles zuläuft, die gesamte Evolution, die Entwicklungsgeschichte unseres Kosmos. Christus führt diese Welt heim, er ist ihr innerer Strom, ihr Gleichgewicht, ihre Dynamik, ihr unbändiger Wille zum Weiterwachsen. Das dramatische Geschehen zwischen Gott und Gottes Welt liest sich auf diesem Hintergrund völlig neu und in anderen Dimensionen.

H. Cousins, der Bonaventura-Fachmann aus New York, sieht diese Idee bildhaft in den gotischen Kathedralen ausgedrückt.[23] Die Aufwärtsbewegung der Mauern bis zu den höchsten Höhen stellt den Aufstieg der gesamten Schöpfung und durch die Schöpfung dar. Und von oben, von den hohen Fenstern bricht das Licht herein ins dunkle Schiff. Das bezeichnet die absteigende Bewegung Gottes, die sich insbesondere im Wirken seines Geistes ausdrückt. Auf dem architektonischen Grundriß treffen sich diese beiden Bewegungen im Zentrum, wo das Hauptschiff und die Seitenschiffe sich kreuzen. Sie laufen auf das Kreuz zu, auf den Altar, wo sich unsere Augen sammeln. Dort begegnen sich Licht und Dunkel am intensivsten. Alles sammelt sich in Christus. Jesus Christus ist das Zusammentreffen der Gegensätze schlechthin, Anfang und Ende, Alpha und Omega, das Meisterwerk Gottes.

André: Zachary Hayes, nordamerikanischer Franziskaner und Professor, hat in seinem Buch *The hidden Center* umfassend Bonaventuras Christologie beschrieben: *Die verborgene Mitte*. Das ist ein ureigenes Konzept Bonaventuras, speziell entfaltet im *Itinerarium* und in seinem *Sechstagewerk*. In beiden Fällen wählt der Autor sieben Kapitel, wobei Christus, der alles in allen ist, in der Mitte steht. Metaphysisch betrachtet ist er die zweite, d.h. mittlere Person der drei göttlichen Personen. Physikalisch gesehen ist er das Energiezentrum, von dem alle Kraft und alle Gnade ausgeht. Und diese Energie geht nie verloren, sie verwandelt sich nur.

Christus ist auch die Mitte der menschlichen Geschichte. Er steigt hinab in die tiefsten Tiefen der Demütigung und Verlassenheit, um die Schöp-

---

22 Teilhard de Chardin (1881–1955) war Jesuit und Paläontologe. Er leistete einen wesentlichen Beitrag zum Gespräch zwischen Theologie und Naturwissenschaften, insbesondere zur Integration der Evolutionstheorie.

23 Vgl. Cousins, S. 16ff.

fung zu befreien. Das ist der Maßstab und der Mittelpunkt eines geometrischen Kreises. *Wenn aber der Mittelpunkt eines Kreises verloren ist, kann er nur durch zwei im rechten Winkel sich kreuzende Linien wiedergefunden werden.*[24] Die Logik der wiedergefundenen Mitte ist die Logik der Liebe, einer Liebe, die sich mitteilen und ganz verschenken möchte. Das ist die einzig konstruktive, göttliche Logik wider die destruktive Logik des Teufels, die nach dem Buch Genesis (3,5) in dem Irrglauben besteht, unsere Sehnsucht nach Glück finde gerade in der Auflehnung gegen Gottes Gebot seine Erfüllung. Ethisch gesehen sind wir eingeladen, uns in diesen Abstieg und Aufstieg Jesu Christi mit hineinziehen zu lassen, ihn nachzuahmen und uns damit mehr und mehr ihm ähnlicher zu machen.

Die Rechtswissenschaften beschäftigen sich mit Gerechtigkeit und Wiedergutmachung. Gerechtigkeit fördert die Schönheit dieser Welt; sie macht nämlich das, was seine rechte Gestalt verloren hat, wieder schön. Christus, als der Archetyp aller konkreten Ausformungen des Lebens dieser Welt und aller Tugenden, wird alles in der letztendlichen Begegnung mit ihm »richten«. Das bedeutet, daß in IHM alles in seiner wahren Wirklichkeit erkannt wird. Ja, und so erreichen wir alle durch Christus auch unsere eschatologische, sprich End-Gestalt.

Ich möchte ein Bild aus der Literatur anfügen. Anna ist ein kleines Mädchen von sechs Jahren. Sie lebt bei ihrem Freund Fynn in London. Und Anna macht sich ihre eigenen Gedanken über Gott und die Welt.[25] Eines Winterabends beginnt sie mit dem Diaprojektor zu spielen, nur mit dem Lichtstrahl. Sie braucht Tage dazu, ihre Gedanken dazu zu sortieren. Dann hält sie ihre Hand in den Strahl und entdeckt den Schatten an der Wand. Sie bittet Fynn um Hilfe. Er soll ein Papier an die Wand halten, den Schatten nachzeichnen und ihn schließlich ausschneiden. Wieder dauert das Nachsinnen lange. Dann hält Anna das ausgeschnittene Papier, den Schatten der Hand in den Lichtstrahl – und zwar der Länge nach. An der Wand zeichnet sich ein Strich ab. Wieder muß der Strich nachgezeichnet und ausgeschnitten werden.

Zuletzt hält sie den dünnen Strich in das Projektorlicht, wieder der Länge nach. Und siehe da, es bleibt nur noch ein kleiner Punkt, ein Schattenpunkt an der Wand zurück. Annas Forschungsergebnis war, daß alles, ob es nun eine Hand, Anna selbst, ein Hund, ein Pferd, ein Elefant oder

24 Bonaventura, *Hexaemeron* 1, 25–30 (V, 333 f.)

25 Fynn, *Hallo, Mister Gott, hier spricht Anna,* © alle deutschsprachigen Rechte by Scherz Verlag Bern, München, Wien.

ein Hut war, auf diesen Punkt zurückgeführt werden konnte. Jubilierend stellt sie fest: Siehst du, Fynn, daß alles in dem Punkt versteckt ist?! Siehst du mich, siehst du dich?[26]

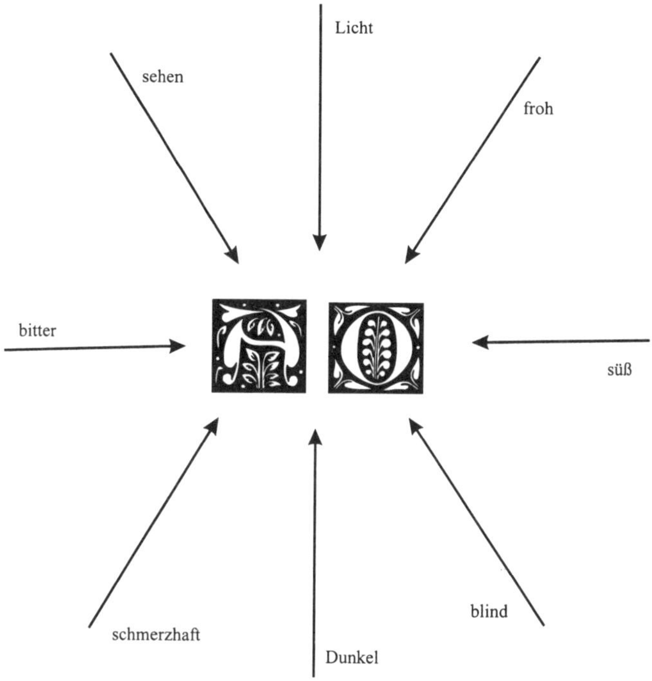

Abbildung 16: Alpha und Omega

Christozentrismus bedeutet, daß sich alle Wirklichkeit in diesem einen Punkt Christus konzentriert und verdichtet. In IHM erklären sich alle Dinge, in IHM erhellt sich alles und erfährt Sinn und Kraft. In IHM begegnen wir freilich jenseits aller bloßen Jesus-Romantik auch dem Kreuz.

26 Vgl. Fynn, *Hallo Mister Gott, hier spricht Anna*, a.a.O.; zitiert nach der Ausgabe Frankfurt 1978, S.86–90.

Sechste Woche — Eintauchen in Gottes lichtes Dunkel

Sonntag — Superhelle Dunkelheit

Kapitel 7,4–6

Das ist jedoch ein mystischer Prozeß und äußerst verborgen.
Niemand kennt das Geheimnis, außer denen, die es empfangen (Offb 2,17).
Niemand empfängt es,
außer denen, die es in Sehnsucht erwarten; …

Mit Pseudo-Dionysios wenden wir uns an den dreifaltigen Gott:
Dreifaltiger Gott, der du weit über allem bist,
sogar weit jenseits dessen, was wir uns unter Gott vorstellen können,
du allerbester Weisheitslehrer der Christen:
zeige uns den Weg hinauf zum Gipfel,
der ganz und gar unbekannt,
strahlend hell und von erhabener Schönheit ist;
dort sind neue und von allem bisherigen losgelöste und unveränderliche
Geheimnisse des Sprechens von Gott verborgen
im Dunkel, das doch überaus hell strahlt,
und in allertiefster, schwärzester Finsternis,
die dem Schweigenden Lehre erteilt. …

Wer diesen Tod liebt, kann Gott begegnen.
Das ist nämlich sicherlich wahr:
Kein Mensch kann mich sehen und am Leben bleiben (Ex 33,20b).
Sterben wir also und gehen hinein ins Dunkel!
Bringen wir unser Sorgen, unsere Sehnsüchte
und unsere Vorstellungskraft zur Ruhe!
Gehen wir mit dem gekreuzigten Christus
aus dieser Welt zum Vater.

André: Bonaventura führt uns zuletzt an den »Ort«, wo alles Gegensätzliche und Widersprüchliche sich urplötzlich und mit ganzer Kraft vereint. Im lateinischen Originaltext bringt die Sprache diesen Höhepunkt voller Klang zum Ausdruck. Die Superlative des Superlativs überschlagen sich geradezu. Eine ungeheure Spannung baut sich auf: Hellste Helligkeit und dunkelster Abgrund, gelähmtes Erwarten und innigste Begegnung!

Der Höhepunkt mystischer Kommunikation, das »Gipfelkreuz« unserer Tour, ist erreicht. Die Übenden schreiten in eine Erfahrungswelt des Schweigens, wo alles zur Ruhe kommt, wo Orientierung und Klarsicht enden. Und trotzdem sind sie nicht verloren. Ihre Vorstellungskraft, ihre Phantasien und Sehnsüchte, die Welt ihrer Erinnerungen sammeln sich in diesem einen Augenblick. Das gesamte Gehirn mit seinen logischen und unlogischen Denkschritten und selbst die Emotionen geben ihr Ringen und ihre Mühe für einen Moment auf. Die Gefühle lassen sich verwandeln. Ist das der »Friede«? Ist das das Ziel: Dunkelheit?

In der Bildsprache der Heiligen Schrift steht »Dunkelheit« für Chaos, das Böse und den Tod im Gegensatz zum Licht, zur Ordnung und zum Leben Gottes, der gut ist. Bonaventura benutzt zwei Begriffe für das Dunkle: *tenebra* und *caligo*. *Tenebra* deutet auf die bedrohende, negative Seite hin, das Böse. *Caligo* benutzt der Autor ausschließlich zur Beschreibung des Höhepunktes, wo die Kontemplative mit Christus am Kreuz hängt und aus dieser Welt zum Vater geht.

Wie sind wir verunsichert, wenn die Lichter ausgehen und wir die klare Sicht verlieren! Als Autostopper war ich vor Jahren einmal in Schottland unterwegs. Als Kind der Berge wollte ich natürlich den höchsten Berg dort bezwingen, den Ben Nevis. Aber mein Eifer erlosch recht schnell. Erst wurde mir mein Rucksack zu schwer, in dem ich mein Gepäck für zwei Wochen mitschleppte. Ich warf ihn schließlich einfach unter die vielen Steine entlang des Weges. Dann war der Weg sehr öde: alles nur Steine. Und keine Sicht! Weder nach unten noch nach oben war viel zu sehen. Die Nebelwolke verdichtete sich zusehends, bis ich an einer Stelle merkte: es geht ja gar nicht weiter! Das muß die Spitze sein. Meine Enttäuschung war riesengroß. Im Nebel oben auf dem Plateau verlor ich sogar noch meinen Pfad aus dem Auge und rannte fast eine Stunde hilflos oben herum. Angst kroch in mir hoch. Die »Wolke des Nicht-Wissens«[1] hatte sich über mich gebreitet.

1 So heißt ein kleines Büchlein, das ursprünglich auf Mittelenglisch von einem anonymen Autor im 14. Jahrhundert geschrieben worden ist: ein Meisterwerk der kontemplativ-mystischen Tradition des Westens.

Gerade in der Verborgenheit und Unaussprechlichkeit Gottes, im Dunkel der Unwissenheit, gerade darin liegt die Möglichkeit der Gotteserfahrung. In den höchsten Formen von Meditation und Kontemplation blendet dich das Licht derart, daß du völlig blind bist. Je mehr du dich dem Gipfel näherst, umso mehr entziehen sich die Gipfel deinen Blicken. Und trotzdem bist du der »Wahrheit« so nah wie nie zuvor! In einem Abschnitt seines *Sechstagewerkes* fragt sich Bonaventura, aus welchem Grund die Strahlung Gottes – dieser »superessentielle Strahl«[2] göttlicher Dunkelheit – blendet, wo sie doch eher erleuchten sollte. Die Antwort, die er findet, ist:

Dieses Blenden ist nichts anderes als intensivstes Licht, da es dort im Menschen passiert, wo der Verstand nicht mehr hinreicht. Der Intellekt ist hier im Dunklen und nicht mehr in der Lage, etwas zu suchen. Das, worum es nämlich geht, übersteigt jede Möglichkeit der Nachforschung. Es handelt sich hier um eine undurchdringliche Dunkelheit, die trotz allem jene erleuchtet, die sich von eitler Forschung befreit haben.[3]

Übungen

■ Beginne mit Psalm 22,2–22.
Denke an eine ganz bestimmte Erfahrung von Dunkelheit in deinem Leben. Nimm dir genügend Zeit zur Auswahl, um dir dann folgende Fragen dazu zu stellen. Laß dir nach jeder Frage einige Minuten Zeit:
Was hast du dabei gefühlt – gedacht – geahnt?
Was hat dich letztlich durch die Dunkelheit geführt?
Bete als Abschluß den gesamten Psalm 22.

■ Setze dich an einen ungestörten Ort und »halte dich« nur an das Ein und Aus deiner Atembewegung. Zünde eine Kerze oder ein Feuer an, wenn möglich in der Dunkelheit. Nimm das Licht im Dunkeln ganz in dich auf!

---

2 »Super-essentiell« ist wörtliche übersetzt und steht in der Reihe von vielen »super« Wörtern im 7. Kapitel. Bonaventura versucht mit den letzten Mitteln der Sprache auszudrücken, was und wer Gott für ihn ist. Dieser Strahl Gottes ist an Intensität, Lebenskraft, Helligkeit und Wärme nicht zu übertreffen.

3 Hexaemeron 20,11.

Eric Doyle machte dazu eine sehr hilfreiche Beobachtung:

> *Wenn der Mond der Sonne direkt gegenüber und am weitesten von ihr entfernt steht, empfängt er am wenigsten Licht, obwohl er scheinbar das meiste erhält und wir ihn Vollmond nennen. Wogegen er in einer Verfinsterung der Sonne so nahe wie möglich steht und dann mehr Licht als jemand sonst empfängt, obwohl er gar keins zu empfangen scheint, weil wir es nicht sehen können. Wenn die Kirche in Kontemplation befangen ist, wird sie in höchstem Grade von Gottes Glanz getroffen und kann mit dem Mond während der Verfinsterung verglichen werden. Ein Mensch in Ekstase steht außerhalb seiner selbst und ist in Kontemplation verloren, so daß er wie tot wirken kann, während doch Überfülle an Leben und Gnade herrscht.*[4]

Josef: Arnaldo, Angela von Folignos Beichtvater (vgl. S. 80f.), berichtet von einer ihrer Erfahrung am Karsamstag 1294:

> *Sie war völlig weggetreten und fand sich mit Christus im Grab wieder. Sie sah ihn, die Augen geschlossen, wie er tot da lag … Es verbreitete sich ein höchst wundervoller und unbeschreiblicher Duft, der von seinem Mund ausströmte, als sie ihn küßte … Dann legte sie ihre Wange an die Wange Christi, der daraufhin seine Hand an ihre andere Wange hielt und sie so eng an sich drückte. Dann sagte er zu ihr: »So habe ich dich schon gehalten, als ich noch nicht im Grab gelegen bin!«*[5]

Die dritte Zeugin der Heiligsprechungsprozeßakten berichtet wörtlich über Klara:

> *Klara war drei Tage lang in Trance. Es begann am Karfreitag. Besagte Zeugin erzählte, daß Lady Klara in ihrer Betrachtung so gefangen war, daß sie den ganzen Karfreitag über, während sie an das Leiden des Herrn dachte, beinahe völlig abwesend war, und zwar den ganzen Tag und einen großen Teil des nächsten Tages auch noch.*[6]

---

4 Doyle, a.a.O., S. 104.

5 Lachance, a.a.O., S. 227.

6 Die Akten des Heiligsprechungsprozesses sind historisch eine äußerst wertvolle Quelle für das Leben Klaras. Bischof Bartholomäus von Spoleto interviewte am 24., 28. und 29. November 1253 – Klara war am 11. August 1253 verstorben – 15 Schwestern von San Damiano und Bürger von Assisi. Dieser Auszug wurde von mir übersetzt aus R. J. Armstrong, *Clare of Assisi. Early documents*, Saint Bonaventure New York 1993, S. 151.

Ganz offensichtlich gab und gibt es diese Erfahrungen. Vielleicht kennst du das Musical *The Phantom of the Opera*, komponiert von Andrew L. Webber. Der Text zum Lied *Musik der Nacht* drückt soviel von Kapitel 7 aus.

Die Nacht schärft jede Sinneswahrnehmung. Dunkelheit weckt unsere Vorstellungskraft. Im Stillen geben die Sinne ihre Abwehr auf. ... Wende dein Gesicht ab vom grellen Licht des Tages. Wende deine Gedanken ab von dem Gefühl der Kälte und Leichtigkeit. Lausche der Musik der Nacht!
Schließe deine Augen und überlaß dich deinen dunkelsten Träumen! Säubere deine Gedanken von dem Leben, das du bisher kanntest! Schließe deine Augen, laß deinen Geist sich ganz öffnen. Und du wirst leben, wie du bis jetzt nie gelebt hast!
Zart und tief soll dich Musik einhüllen. Fühl' sie, hör' sie, wie sie dich ganz erfüllt! Öffne dich, laß deinen Phantasien freien Lauf in der Dunkelheit, von der du weißt, daß du sie niemals finden kannst, die Dunkelheit der Musik der Nacht.
Laß deine Seele eine Reise in eine fremde neue Welt antreten ... Gestatte deiner Seele, dich dorthin zu führen, wo du nur noch dasein willst. Nur dann kannst du zu mir gehören.[7]

7 Eigene Übersetzung aus dem Englischen.

MONTAG

Alles und Nichts

KAPITEL 7,4.5

Soll diese Verwandlung aber vollkommen sein, müssen wir alle intellektuelle Anstrengung zurücklassen. Unser Empfinden muß ganz in Gott aufgehen. Unsere Gefühle sollen gleichsam in Gott hinein verwandelt werden. ...

Die natürliche Konstitution kann dazu kaum etwas beitragen,
wenig nur die persönliche Anstrengung.
Wenig Bedeutung sollten wir der Nachforschung beimessen,
doch viel der Salbung,
wenig der sprachlichen Gewandtheit,
viel der inneren Freude.
Wenig sollten wir uns auf Wort und Schrift stützen,
voll und ganz aber auf das Geschenk Gottes,
den Heiligen Geist.
Wenig oder überhaupt nicht sollten wir uns auf das Geschaffene konzentrieren,
ganz jedoch auf die schöpferische Kraft,
den Vater, den Sohn und den Heiligen Geist.

André: Nicht von den vielen nichtssagenden Worten der theologischen Lehrer will ich hier reden, nicht von den vielen, vielen, denen Gottesworte nichts mehr sagen, weil sie nicht hören oder es nicht mehr in Taten umsetzen können. Ich will in diesem letzten Kapitel des *Itinerarium* von einer Theologie, einer Suche und Rede vom Göttlichen reden, die um die Grenzen unseres Denkens, unserer Ausdruckskraft, auch unserer Sprache weiß: es geht um die sogenannte »apophatische« oder »negative« Theologie. Nicht das, was wir über Gott meinen sagen zu können, sondern das, was wir nicht ausdrücken können, steht im Mittelpunkt und ist das einzig Ausdrückbare.

Was kannst du über die Dunkelheit sagen? Daß sie nicht Licht ist? Daß sie dir Angst macht und dich verunsichert? Daß du nicht gerne orientierungslos bist?

Die theologische Sprache von Mystikern war häufig ein Sprechversuch über unaussprechliche Begegnungen. Sind die Geheimnisse des Lebens überhaupt zu benennen? Der Philosoph Ludwig Wittgenstein (1889–1951) sagt nicht von ungefähr: *Wovon man nicht sprechen kann, darüber muß man schweigen!*[8] Dieses Schweigen ist auch noch ein anderes Schweigen als jenes, das uns erfaßt, wenn wir über einen liebenden und gerechten Gott reden sollen, der die unsagbaren Leiden der Konzentrationslager im »Dritten Reich« zugelassen hat. In der »apophatischen Theologie« geht es vielmehr um den ganz Anderen, einen Gott völlig jenseits unserer Begrifflichkeiten, einen Gott, der sich unseren »Griffen« und unserem Begreifen gänzlich entzieht. Was können wir Zeitmenschen schon über das »Unzeitliche« oder »Ewige« sagen, außer, daß es eben »unzeitlich« ist?

Übungen

- Nimm dir eine Kreuzesdarstellung oder stelle dich vor ein Kreuz mit dem Abbild des Gekreuzigten. Versuche ganz schlicht, Aug in Aug mit Jesus zu verweilen, jenseits von Worten!

- Wähle ein Lied, das du gerne singst oder hörst. Wandere mit der Melodie, nicht mit den Worten, summend, tanzend oder spielend.

Josef: Theologie ist in ihrem eigentlichen Sinn deshalb nicht so sehr das, was wir von Gott wissen, sondern ein Erkennen Gottes mittels Gemeinschaft und Betrachtung, Kommunion und Kontemplation. Im Sinne des Heiligen Dionysos sind »kataphatische« und »symbolische Theologie« mit all dem befaßt, was wir von Gott sagen oder ausdrücken können. Der Münchner Philosophieprofessor Karl-Dieter Ulke sagt über Gott:

> *Er ist eindeutig und endgültig. Er ist nichtssagend und nackt. Wir hingegen haben uns seiner angenommen und etwas aus ihm gemacht, was man vorzeigen kann. Wir haben Gott seit Jahrhunderten und Jahrtausenden in ebenso raffiniert geschneiderte wie zu knapp bemessene Sprech- und Denkkostüme gezwängt, immer eins über das andere, um seine Blöße zu verdecken, statt sie ihm zu lassen. Wir haben Gott verkleidet, haben ihn mit ausgesuchten Stoffen von ausgesuchtem Zuschnitt umhüllt und prüfen seither mit Kennermiene die*

8 Ludwig Wittgenstein, *Tractatus Logico-philosophicus*, London ³1960, S. 188.

wechselnden Camouflagen seiner Unkenntlichkeit. Welcher Wettstreit der Modeschöpfer von Geschlecht zu Geschlecht![9]

Es gibt aber in der theologischen Tradition auch die andere Seite. »Apophatische Theologie« beschäftigt sich mit dem zunehmenden Mangel an Antworten und Klarheiten. Sie sucht uns mit dem Schweigen in Berührung zu bringen, das sich um uns und in uns breit macht, je mehr wir uns Gott nähern. Max Picard hat es in einem ausdrucksstarken Bild so gesagt: *Das Schweigen ist für das Wort wie ein Netz, das unter dem Seiltänzer ausgespannt ist.*[10] Können wir ohne das Schweigen überhaupt etwas Positives aussagen? Was wissen wir denn schon?

Ohne ein gewisses Vorstellungsvermögen und dem Hauch einer künstlerischen Begabung ist es schwierig, auch nur im geringsten die Bedeutung jener verblüffenden Zahlen über unserer Galaxis zu erfassen und ihre Schönheit nur annähernd zu würdigen: Sie ist 80 000 bis 100 000 Lichtjahre weit, und unser Sonnensystem ist 27 000 Lichtjahre von ihrem Zentrum entfernt. Um etwas von der Bedeutung dieser Zahlen zu erfassen, müssen wir uns nur erinnern, daß Licht im Vakuum mit einer Geschwindigkeit von annähernd 300 000 Kilometern pro Sekunde dahineilt. Eine Entfernung von 300 000 Kilometern ist also eine Lichtsekunde, demnach sind 300 000 × 60 × 60 × 24 × 362 = ein Lichtjahr (= ungefähr 10 Millionen Millionen Kilometer). Unsere Galaxis ist ungefähr 16 000 Lichtjahre weit an ihrem Mittelpunkt und 3 000 Lichtjahre weit an der Stelle unseres Sonnensystems.[11]

Wie lächerlich sind im Grunde schon unsere wissenschaftlichen Ausdrucksformen für die Größe und Weite unseres Universums. Gottes Wirklichkeit ist so unendlich unfaßbar und doch so in aller Tiefe und Tragweite gegenwärtig.

Meister Eckhart hat es so gesagt:

Wer Gottes Raunen hören will, dem müssen alle Stimmen stumm geworden sein.

---

9 Karl-Dieter Ulke, *Das Fragment. Meditationen über Mensch und Sprache,* Passagen Verlag Wien 1997, S. 186.

10 Zitiert nach einem Kalenderblatt. Der Deutsche Max Picard lebte von 1888 bis 1965 und war zunächst Arzt und dann Schriftsteller.

11 Doyle, a.a.O., S. 105.

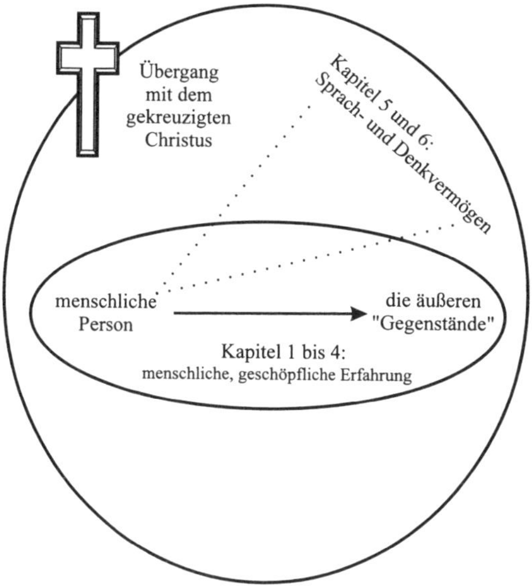

Abbildung 17: Überblick[12]

Und eine letzte Anmerkung zum Unsagbaren des göttlichen Geheimnisses von Karl Rahner, der in seinen letzten Lebensjahren trotz hunderter wissenschaftlicher Veröffentlichungen und theologischer Erörterungen sehr bescheiden geworden ist:

> *Satan: er liebt nicht. Das ist richtig und enthüllt das Wesen der Verdammnis. Darin liebt man nicht und will auf ewig nicht lieben und sucht seine Seligkeit in der Dispens davon, sich liebend in die Unbegreiflichkeit Gottes hineinfallen lassen zu müssen. ...*

12 Im Kapitel 5 und 6 des *Itinerarium* steigt der Mensch über seine begrenzte Erfahrung hinaus und denkt über das Größte überhaupt nach. Deshalb ist hier eine Sprechblase gezeigt, die andeutet, daß diese Kapitel die »höchsten« und »schönsten« Bilder beschreiben, die wir Menschen uns vorstellen können.
Im Kapitel 7 befinden wir uns in dem »Raum«, der all das umgibt, im »Nichts«, das sogar jenseits all dessen liegt, was wir uns noch vorstellen können. Bonaventura kennzeichnet diese »Sphäre« der *verwandelten Emotionen* mit Worten wie: *Tod, Schweigen, Höhepunkt der mystischen Kommunikation, Wüste, »superstrahlende Dunkelheit«, Sabbath der Ruhe.*

Für den, der liebt und weiß, was Liebe ist, ist der Lieblose verdammt … Immer mehr merkt man, wie alle Erkenntnis eben doch nur Weg in die Unbegreiflichkeit ist, daß das eigentliche Wesen der Erkenntnis die Liebe ist, in der die Erkenntnis außer sich gerät und der Mensch sich willig losläßt in die Unbegreiflichkeit.[13]

---

13 Karl Rahner, *Wagnis des Christen*, Verlag Herder Freiburg [3]1975, S. 79.

Dienstag

Die Angst vor dem Lassen

Kapitel 7, 1.4

Wir sind also sechs Schritte der Betrachtung gegangen. Diese Meditationen gleichen dem sechsstufigen Thron der Wahrheit Salomons. Friede kehrt dort ein, wo ein Mensch wahren Friedens im Frieden verweilt, als wäre er in der Stadt Gottes.

Ebenso gleichen diese Schritte den sechs Flügeln des Seraphs, mit deren Hilfe die wahren Kontemplativen voll göttlicher Weisheit aufsteigen können. Ich vergleiche sie auch mit den ersten sechs Tagen der Schöpfung, an denen wir uns zu üben haben, um schließlich den Sabbat der Ruhe zu genießen. …

Freund, geh mutig auf dem Weg mystischer Erfahrungen weiter.
Laß deine Sinne und den Verstand,
sichtbare und unsichtbare Dinge,
alles Nichtsein und Sein zurück.
Und in diesem Zustand des Nichtwissens
sei, so weit wie möglich, frei,
für die Einheit mit dem,
der über allem Sein und Wissen ist.
Wenn du dich selbst und alle Dinge
in unermeßlicher und absoluter Ekstase reinen Geistes
hinter dir läßt, alles losläßt und von allem frei bist,
wirst du zum Licht göttlicher Finsternis hinaufsteigen,
das weit über allem ist, was ist.

Josef: Mit der Geburt stellt sich bereits schonungslos die zentrale Lebensaufgabe: das Lassen. Unser Leben ist von einem steten Werden und Vergehen, einem Nehmen und Geben, einem Geborenwerden und Sterben geprägt. Wer das, was geht, nicht gehen läßt, bleibt hängen, kann nicht mehr Schritt halten, ist nicht mehr »auf der Höhe der Zeit«. Der Gegensatz des Lebens ist also sicherlich nicht der Tod, sondern das Festhalten an dem, was uns wegfließt. So wie das unaufhaltsame Rinnen der Sanduhr nicht gestoppt werden kann – es sei denn, wir brechen völlig aus und stürzen sie um –, so gibt es kein Leben ohne die ständige Erfahrung des »Verlustes«. Die Angst des Menschen, der geboren wird, ist es, den bergenden und vertrauten Lebensrahmen zu verlassen, hinausgestoßen zu werden in eine völlig fremde Welt, die sich höchstens noch durch dumpfe Laute angekündigt hat. Warum muß das sein? Wäre es nicht schön gewesen, dort zu bleiben? Die werdende Mutter fühlt und denkt sicherlich anders.[14] Das Kind im Leib halten zu wollen, würde Mutter und Kind den Tod bringen.

Am Ende des Lebens ist es nicht anders. Wieder vollzieht sich das, was dem Leben eigen ist, ein Übergang. Ist der Raum, in dem wir »landen« werden, etwa viel unvorstellbarer als für ein Ungeborenes unser Erdenleben? Haben wir nicht auch dumpfe Ahnungen von einem anderen Leben? Würden wir nicht auch so gern bei dem bleiben, was wir gewohnt sind und geliebt haben? Eine Lebensaufgabe ist immer das Lassen – natürlich hat auch das Gestalten und Ergreifen seine Zeit. Nur wenn du losläßt, kannst du das, was auf dich zukommt, voll und ganz ergreifen. Nur wer läßt, kann sein Herz weit und vertrauensvoll auftun für das Geschenk eines neuen Augenblicks.

Übungen

■ Betrachte die Geschichte, die sich an die Speisung der Fünftausend anschließt: Markus 6, 45–52. Ein Urbild der Angst: es ist dunkel, mitten auf einem großen See, ein kleines Boot, ein Sturm kommt auf, und dann erscheint auch noch ein Gespenst: *Habt Vertrauen, ich bin es; fürchtet euch nicht!* (Vers 50c) Sind wir viel weiter als die Jünger, die Markus als verstockt und außer sich vor Angst schildert?
Wovor hast du Angst? Was möchtest du nicht verlieren?

■ Versuche mit den Worten des schweizerischen Einsiedlers Klaus von der Flüe (1417–1487) »allein« zu sein:
Gott, nimm alles von mir, was mich hindert zu dir.
Gott, gib alles mir, was mich fördert zu dir.
Gott, nimm mich mir und gib mich ganz zu eigen dir!

André: Willst du Frieden erfahren, dann erreichst du dieses Ziel nicht dadurch, die Komplexität und ungeheure emotionale und physische Heraus-

---

14 Vgl. das wunderschöne Buch von S. B. Nuland, *Wie wir leben. Das Wunder des menschlichen Organismus*, Kindler Verlag 1997.

forderung menschlichen Lebens zu verleugnen. Bonaventura kommt nicht mit einer lockeren und einfachen Lösung daher. Friede ist und bleibt ein Ziel für ihn, um das er bittet. Es wird nicht zu einem schönen Happy-End, wo alles harmonisch ineinander verschmilzt.

Das letzte Kapitel dieser Schrift ist eigentlich ein Gebet, die Annahme unserer ganz einfachen, menschlichen Lebenssituation. Der Autor läßt das Leben zu – und Frieden kann fließen. Im wirklichen Sinn des Wortes: es wandelt sich nämlich gar nichts an Bonaventuras äußerer Situation, weder seine Persönlichkeit noch seine Ordensgemeinschaft, weder sein individuelles noch sein soziales Umfeld verändert sich. Und doch: er findet Frieden!

Anthony de Mello (vgl. S. 35) erzählt einmal folgende Geschichte:

> *Es war bekannt, daß der Meister sich mit den Revolutionären traf, auch wenn er dadurch bei der Regierung in Ungnade zu fallen drohte. Wenn ihn deshalb jemand fragte, warum er sich nicht aktiv der sozialen Revolution widmen würde, antwortete er mit diesem rätselhaften Sprichwort: »Ruhig dasitzen, nichts tun, der Frühling kommt und das Gras wächst!«*[15]

Josef: Hier schließt sich wohl der Kreis. Wer weiß, daß alles im Fließen ist, daß Gott nichts zurückhält, der kann selbst von den sinnvollsten und notwendigsten Notwendigkeiten und durchdachtesten Plänen einen Schritt zurücktreten. Meine ureigenste Angst, ich könnte etwas verpassen, ich könnte schuldig werden oder nicht alles getan haben: was ist diese Angst? Ist es nicht eine unverschämte »Häresie«, ein Irrglaube? Könnten wir lassen, nicht nur das, was hinter uns liegt, sondern auch das, was wir jetzt erleben und wohin wir uns bewegen, könnten wir lassen, weil einer uns das Lassen gelehrt hat, dann könnten wir leben! Karl-Dieter Ulke:

> *Die Wirklichkeit als solche, das Sein selbst ist ebenso zeitlos wie bildlos und darum unzugänglich. Trennen wir uns von der Illusion, dahin zu gelangen! Doch welches Messer braucht man, um die gebotene Trennung zu vollziehen und die Zeit als wichtigste Grenze wieder herzustellen? Welchen Mut braucht man, um in den trennenden Schnitt, in diesen aufgerissenen Abgrund Stille einzusinken? Welche Kraft braucht man, welche Aufmerksamkeit, welchen langen Atem,*

15 Anthony de Mello, *Eine Minute Weisheit*, a. a. O.; zitiert nach der englischen Ausgabe *One minute wisdom*, S. 85 (Übersetzung Raischl).

> *um die gänzliche Tonlosigkeit des Schweigens nicht nur auszuhalten, sondern anschwellen zu lassen in einer durch nichts gerechtfertigten, auf nichts gestellten, in nichts begründeten Erwartung?*[16]

Der Philosoph führt uns zur Radikalität des Lassens. Selbst die Erwartung steht im Leeren, im Nichts. Bonaventura weiß, wovon er spricht, wenn er die Leser auffordert, alles zurückzulassen und »einfach« dazuliegen, da zu sein.

16 Ulke, a.a.O., S. 183.

MITTWOCH

Kraft und Ohnmacht der Hingabe

KAPITEL 7,6

Suchst du aber eine Antwort darauf, wie das alles vor sich geht,
dann wende dich hin
zum Geschenk der Gnade, nicht zur Belehrung,
zur Sehnsucht, nicht zum Verstand,
zu seufzendem Beten, nicht belesenem Studium,
zum Liebhaber, nicht zum Lehrer,
hin zu Gott, nicht zum Menschen,
zur Dunkelheit, nicht zur Klarheit,
nicht zum Licht, sondern zum Feuer, das einen ganz erfaßt.

Dieses Feuer ist wie eine Salbung,
die einen zutiefst berührt, dich gefühlsmäßig entflammt
und in Gott hineinverwandelt.
Dieses Feuer ist Gott selbst.
In Jerusalem wird es in Brand gesetzt (Jes 31,9).
Christus hat es entzündet
in der Leidenschaft und Glut seines Leidens.

Sterben wir also und gehen hinein ins Dunkle!
Bringen wir unser Sorgen, unsere Sehnsüchte und unsere Vorstellungskraft zur Ruhe!
Gehen wir mit dem gekreuzigten Christus
aus dieser Welt zum Vater.
Wenn sich der Vater uns zeigt,
können wir wie Philippus sagen:
Das genügt uns (Joh 14,8c).
Mit Paulus hören wir dann:
Meine Gnade genügt dir (2 Kor 12,b).
Und mit David laßt uns jubeln:
Auch wenn mein Leib und mein Herz verschmachten,
Gott ist der Fels meines Herzens,
und mein Anteil auf ewig (Ps 73,26)!

André: Bist du schon einmal von einem Drei- oder gar Fünfmeterturm ins tiefe Wasser gesprungen? Von einem Sprungbrett oder einem Felsen? Vielleicht wolltest du deinen Freunden beweisen, daß du dich auch traust? Und dann der Sprung! Mit dem Mut der Verzweiflung und mit ganzer Entschlossenheit überantwortest und vertraust du dich der Luft an. Sich der Luft anvertrauen? Sich der Luft hingeben? Sich fallen lassen in die luftigen Arme des Windes und fallen und fallen. Wer fängt dich auf? Wieviel Kraft kostet es dich? Eigentlich besteht der Kraftaufwand »nur« darin, den festen Boden hinter sich zu lassen, abzuheben. Das ist die Kraft der Hingabe. Wenn du dich darauf einläßt, überläßt du dich einem Sog, einer anderen Kraft, die dich zieht und führt. Wieviel Hingabe kannst du wagen? Von wem wirst du gezogen? Und wohin wirst du geführt?
Hast du schon einmal ein Brot gebacken? Etwas Milch, Salz, Mehl, Hefe, Wasser und ganz viel Kneten und Kneten. Alle Zutaten müssen sich für das Ganze, das Neue »hingeben«, müssen sich »aufgeben«, alles »hergeben«. Und welches Wunder entsteht daraus? Naja, nicht immer ist es ein Wunder, manchmal erlebt man dabei auch sein »blaues« Wunder, wenn der Teig nicht aufgeht! Aber wenn es klappt, dann verschmelzen alle Einzelteile, verlassen ihre Form, werden verwandelt, ineinander und zueinander und werden miteinander zu einer neuen Schöpfung. Gäbe sich eine Zutat nicht her, verweigerte sich das Korn dem Mahlen, ließe sich die Hefe nicht zerdrücken, ließe sie sich nicht »gehen«, könnte nichts wachsen, es bliebe alles beim alten. Es geschähe kein Wunder!
Hingabe ist nichts Leichtes, Beschwingtes. Es ist mit Angst, Unsicherheit, Desorientierung, vielleicht manchmal mit Panik verbunden. Es geht um den Verlust von Kontrolle, Planung und allem Einsehbaren. Selbst die Augen, die Spiegel und die Betrachtung (*speculatio*) enden hier. Auch die Sehnsucht. Dunkelheit und Stille kehren ein. Sie erfüllen alles, und Abgründe tun sich auf.

Josef: Hingabe als Begriff wurde leider häufig mißbraucht, denn es schwingt die Ab- und Aufgabe von Macht und Kontrolle mit. Wie viele Fanatiker haben sich ihren Wahnvorstellungen von Gott, Kirche und Religion hingegeben und sind dabei blind verbrecherischen Führern gefolgt. Denken und eigenständiges Handeln wurde und wird dabei zurückgelassen.
Im Blick auf den gesamten *Wanderweg* des Bonaventura ist mir hier wichtig zu betonen, daß Hingabe immer auch kritisch zu hinterfragen bleibt (vgl. Kapitel 3). Blindes Vertrauen und Hingabe haben ihre Zeit. Für Bonaventura stehen sie am Ende eines langen und intensiven Weges, einer Schulung geistlichen Lebens. Die allererste Hingabe, die von uns gefordert

ist, ist die Hingabe an unsere menschliche Existenz, so, wie wir eben sind und leben, mit allen Begrenztheiten und Verstrickungen. So sind wir geschaffen. Stehen Sie auf und breiten Sie Ihre Arme aus: wir sind tatsächlich kreuzförmig! Dieses Kreuz gilt es als erstes zu umfassen und zu umarmen. Die vielgestaltigen Ausprägungen von Ungerechtigkeiten und Armut, von Elend und Angst, von Verwirrtheiten und unbändiger Gewalt – sie alle fordern Hingabe, bevor wir »abheben« zu anderen Ufern. Die Hingabe, wie sie im siebten Kapitel angesprochen wird, soll eingebunden bleiben in ein Auf-und-ab aller Kapitel. Es ist keine Einbahnstraße in einen erd- und menschenlosen Himmel!

Übungen

■ Nimm dir etwas Zeit zum Kochen. Überlege dir, was du machen möchtest. Suche dir die Zutaten zusammen, gehe einkaufen, wenn notwendig. Und nun fang an! Was kommt zuerst dran? Wie muß es bearbeitet werden, daß es all seine Köstlichkeit »hergibt«? Wieviel Zeit braucht es dazu? Wann ist der richtige Zeitpunkt, das eine zum anderen zu bringen, die Gaben zusammenzubringen?
Laß dir Zeit und genieße das Neue, die neue Schöpfung, die aus der »Hingabe« vieler entstanden ist.

■ Tue etwas mit echter Hingabe, d.h. aus ungeteiltem Herzen, mit großer innerer Aufmerksamkeit und Konzentration und ohne Ablenkungen. Egal ist, worum es dabei geht. Es geht um die Hingabe!

Bonaventura spricht in diesem letzten Kapitel auch die Sprache des Todes. Ein Bild, das er gebraucht, ist der Sarg, in dem wir leblos neben Christus liegen. Ich warte auf die »Wiederbelebung«, die »Auferweckung« zum neuen Leben.

Hermann Hesse (1877–1962), der als Schriftsteller zur universalen Ganzheit zwischen West und Ost hinstrebte, schrieb 1927 in seinem *Steppenwolf*:

Obwohl ihm vom Ziel der Menschwerdung mehr bewußt ist als den Bürgern, macht er doch die Augen zu und will nicht wissen, daß das verzweifelte Hängen am Ich, das verzweifelte Nichtsterbenwollen der sicherste Weg zum ewigen Tode ist, während Sterbenkönnen, Hüllen-

abstreifen, ewige Hingabe des Ichs an die Wandlung zur Unsterblichkeit führt.[17]

Ich möchte an der Stelle Franziskus und seine Todes-Inszenierung einblenden. Im Tod begegnet ihm die »Schwester«, die ihn endgültig das Lassen und die Hingabe lehren möchte. Werden auch wir ihrer Einladung folgen können?

... (als Franz) nun erkannte, daß die Stunde seines Todes nahe bevorstehe, rief er zwei Brüder, die ihm besonders liebe Söhne waren, zu sich und hieß sie wegen des nahen Todes oder vielmehr wegen des so nahe bevorstehenden Lebens in Jubel des Geistes dem Herrn mit lauter Stimme die Lobpreisungen zu singen. Er selbst brach, so gut er konnte, in den Psalm Davids aus: »Mit meiner Stimme rufe ich zum Herrn, mit meiner Stimme flehe ich zum Herrn.« – Einer von den umstehenden Brüdern (Bruder Elias) aber, den der Heilige ganz besonders liebte und der für alle Brüder außerordentlich besorgt war, sagte zum heiligen Vater, als er seinen Zustand sah und erkannte, daß sein Ende nahe sei: »Gütiger Vater, wehe, ohne Vater müssen die Kinder zurückbleiben und werden ihres wahren Augenlichtes beraubt. Gedenk daher der Waisen, die du zurücklässest, laß allen ihre Schuld nach und erfreue alle, die Anwesenden und die Abwesenden, mit deinem heiligen Segen!« Ihm erwiderte der Heilige: »Mein Sohn, sieh an, Gott ruft mich zu sich. Meinen Brüdern in der Nähe und in der Ferne lasse ich alle Vergehen und alle Schuld nach und spreche sie davon los, soviel ich kann. Tue ihnen das kund und segne alle an meiner Statt«.
Zuletzt ließ er sich das Evangelienbuch bringen und bat, man möge ihm das Evangelium nach Johannes vorlesen von der Stelle an, wo es heißt: »Sechs Tage vor Ostern, da Jesus wußte, daß für ihn die Stunde gekommen sei, aus dieser Welt hinüber zum Vater zu gehen ...« ... Darauf ließ sich der Heilige auf ein Bußgewand legen und mit Asche bestreuen, da er ja bald Staub und Asche werden sollte. Während nun viele Brüder herbeikamen, denen er Vater und Führer war, und ehrfürchtig ihn umstanden und alle sein seliges Scheiden und glückliches Ende erwarteten, löste sich seine heiligste Seele vom Leibe und wurde in dem grundlosen Meer des Lichtes verschlungen, der Leib aber entschlief im Herrn. Einer aber von den Brüdern und Jüngern des Heili-

17 Hermann Hesse, *Steppenwolf,* © Suhrkamp Verlag Frankfurt am Main.

gen … sah die Seele des heiligsten Vaters geradewegs über viele Wasser hinweg in den Himmel aufsteigen. Sie war wie ein Gestirn, an Größe dem Mond gleich, hatte aber irgendwie den Glanz der Sonne und ward von einem lichten Wölkchen emporgetragen.[18]

18 1 Celano 109 und 110, FrQuSchr V.

DONNERSTAG

Die brennende Liebe des Gekreuzigten

PROLOG 3
UND KAPITEL 7, 1.2

Durch die sechs Flügel (des Seraphs) werden nämlich die sechs Phasen der Erleuchtung gut erkennbar. Wir können durch sie Schritt für Schritt oder je nach dem, wo wir uns gerade befinden, zum Frieden finden, und zwar durch die alles sprengende Kraft der Weisheit in Christus. Es gibt aber keinen anderen Weg als den, dem gekreuzigten Christus mit seinem ganzen, lebendigen Herzen anzuhängen. Durch das Feuer dieses Verlangens nahm Christus in Paulus Gestalt an: *Mit Christus bin ich gekreuzigt. Also lebe nicht mehr ich, sondern Christus lebt in mir* (Gal 2,20). Diese glühende Liebe packte auch Franz und wurde an seinem Körper ablesbar. Vor seinem Tod trug er zwei Jahre lang diese heiligsten Stigmata der Passion. Die sechs Flügel des Seraphs symbolisieren somit die sechs Stufen der Erleuchtung. Sie umfassen alles, was es gibt und in Gott seinen Anfang genommen hat, und weisen auf Gott selbst hin, zu dem wir aber keinen Zugang finden können, es sei denn durch den gekreuzigten Christus. ...

In der Offenbarung des Johannes lesen wir daher: *Selig, die ihre Kleider waschen im Blut des Lammes: Sie haben Anteil am Baum des Lebens und sie werden durch die Tore in die Stadt eintreten können* (Offb 22,14). Das bedeutet, daß wir durch Nachsinnen allein nicht in das himmlische Jerusalem eingehen können, es sei denn, wir wählen als Tor gleichsam das Blut des Lammes.

In diesem Übergang ist Christus für uns *der Weg und die Tür* (vgl. Joh 10,7; 14,6). Christus ist Leiter und Fortbewegungsmittel, ...

Wer diesem Christus, der am Kreuz hängt, in Glaube, Hoffnung und Liebe ganz zugewandt ist, schaut ihn mit Hingabe, Staunen, Lobpreis, Wertschätzung und Jubel. Wir feiern mit ihm das Pascha, den Übergang. Mit dem Stab des Kreuzes durchschreiten wir das Rote Meer, auf dem Weg aus Ägypten in die Wüste, wo wir das verborgene Manna kosten werden. Mit Christus ruhen wir, scheinbar tot, im Grab. Soweit es uns möglich ist, fühlen wir aber dabei mit, was dem mit Christus am Kreuz hängenden Dieb gesagt wurde: *Heute noch wirst du mit mir im Paradies sein* (Lk 23,43).

Josef: Bonaventura weiß, wovon er spricht: dem Brennen und dem Kreuz. Brennen ist unangenehm, ist lebendige, kreative Unruhe, ist glühende Leidenschaft, ist Lust, ist stammelndes Suchen nach dem rechten Wort, ist kämpferisches Engagement und solidarisches Mitgehen. »Brennen« ist etwas gänzlich anderes als wissenschaftliche Distanz, kritisches Beobachten, nüchterne Erkenntnis, gelangweiltes oder angeödetes Mitmachen, schweigendes Dulden, naive Oberflächlichkeit.

Bonaventura ist mit Leib und Seele Gelehrter, Professor, aber auch mit Haut und Haar ein Verliebter. Er ist verliebt, zutiefst von der Ausstrahlung eines Franz von Assisi ergriffen und beseelt. Er ist so engagiert, daß er mit seiner Leidenschaft und Energie sämtliche Probleme der jungen franziskanischen Bewegung in kürzester Zeit öffentlich anspricht und lösen will. Zwei Jahre als verantwortlicher Leiter der gesamten Gemeinschaft »verbrennen« ihn. Es kostet ihn viel Herzblut. Er ist tief verletzt. An diesem Tiefpunkt läuft er nicht weg, schmeißt nicht alles hin, wird nicht hochmütig, zynisch oder verbissen. Er kehrt bei sich ein und stellt sich dieser enormen inneren und äußeren Spannung seines Lebens. Er spannt sich aus auf dem Kreuz, das für ihn bereitsteht. Er vertieft seine leidenschaftliche Suche nach einem gelebten franziskanischen Weg. Das schriftliche Zeugnis dieser Einkehr haben wir in diesem Buch miteinander betrachtet. Zum Schluß unserer Reise kehren wir zurück zu dem Schlüsselwort des Prologs: der tiefen inneren Unruhe und Sehnsucht nach Frieden. Und dieser Weg zum Frieden gleicht weniger einem Spaziergang als einer »Durststrecke«, einem Ausdauer und Geduld fordernden Weg voller Überraschungen und Spannung.

Wie viele Kreuze gibt es im Leben eines Menschen? Aus meinem Hospiztagebuch: »Ich besuche einen 84jährigen Mann, der sich ohmächtig und ruhelos in seinem Bett hin- und herwälzt. Die Ärztin meint, es wären die letzten Tage. Er sei voller Tumormetastasen. Die Nachbarn, die mir aufmachen, erzählen von dem Leben des Sterbenden. Sie leben schon fast 50 Jahre gemeinsam im Haus. Der Patient habe seine eigene Frau nicht selten ganz schrecklich behandelt. Er habe sie geschlagen, vor allem wenn er betrunken war. Und das sei nicht selten der Fall gewesen. Der Sohn der beiden hätte immer wieder bei ihnen, den Nachbarn, Zuflucht gesucht und gefunden. Und nun sei letztes Jahr seine Ehefrau plötzlich verstorben. Der Witwer mache sich bis heute furchtbare Vorwürfe und sei untröstlich wegen seines verkorksten Lebens gewesen. Und jetzt sei er ganz von Sinnen. Letzte Woche hätten sie ihn halbnackt im Gang gefunden. Er wollte heim, heim zu seiner Frau! So habe er gerufen.

Wieviel Ungelöstes, welch ein Scheitern! Und doch auch welche Sehnsucht nach Frieden und Versöhnung. Leider ist keine Zeit mehr, mit dem Sterbenden ins Gespräch zu kommen. Sein Sohn ist – wohl nicht von ungefähr – vor wenigen Tagen nach Schweden in den Urlaub gefahren: über 1000 km entfernt. Er muß eine sehr kritische Beziehung zum Vater gehabt haben.

Übungen

■ Was waren deine Kreuz-Wege? Wann und wie wurdest du »aufs Kreuz gelegt«, ausgespannt in der Leidenschaft deines Herzens, zwischen Leben und Tod, zwischen Heil und Unheil? Wo hast du »Blut geschwitzt«?
Wenn du einige »Stationen« deines Weges beschrieben hast, gehe einen Kreuzweg nach, entweder einen vorgegebenen oder einen Weg mit eigenen Stationen. Jede Station sollte auch Raum zu spontanem Gebet lassen (vgl. GL 775).

■ Betrachte im Buch der Offenbarung 22,1–2:
Und er zeigte mir einen Strom, das Wasser des Lebens, klar wie Kristall; er geht vom Thron Gottes und des Lammes aus. Zwischen der Straße der Stadt und dem Strom, hüben und drüben, stehen Bäume des Lebens. Zwölfmal tragen sie Früchte, jeden Monat einmal; und die Blätter der Bäume dienen zur Heilung der Völker …
Ist das Kreuz in deinem Leben zu einem Baum des Lebens geworden? Oder bist du daran verzweifelt und zerbrochen?
Geh in Gedanken durch eine wichtige Kreuzerfahrung in deinem Leben.

Der Nachbar läßt mich auch einen Blick auf das Kreuz in seiner eigenen Wohnung tun: In seinen jungen Jahren gab es für ihn nur eins: er wollte ein großes Motorboot haben. Er schuftete täglich 16 bis 17 Stunden. Und dann hatte er sich schließlich mit vierzig seinen Traum erfüllen können – aber er konnte es nur einmal genießen. Dann holte ihn ein Herzinfarkt aus seinem Wolkenschlößchen.

Ja, er hatte mit dem Tod leben lernen müssen. Ich merke, wie sehr er um einen Sinn in seinem Leben rang, auch angesichts des bitteren und für ihn sinnlosen Sterbens seines Nachbarn. Meinte es Gott gut mit ihm? Als ich am nächsten Tag wiederkommen wollte, war der Patient bereits verstorben.«

André: Ja, es gibt viel Sinnlosigkeit und Verzweiflung, manchmal auch völlige Gleichgültigkeit, Oberflächlichkeit und Naivität entlang der Lebenswege einzelner und ganzer Familien. *Es gibt keinen anderen Weg,* sagt Bonaventura, *als durch die brennende Liebe des Gekreuzigten.* Der Weg zum Frieden und Glück führt nicht an den Spannungen und Zwielichtigkeiten meines eigenen Lebens vorbei. Er führt geradewegs mitten hindurch, führt mich hinein in Zerreißproben und Feuertaufen, in das Tal des Todes und hinauf in undurchdringliche Nebelwände. Wie ein Kind, das mir störrisch und lästig am Hals hängt, dessen Umklammerung ich ersehne und doch auch manchmal gern lösen möchte, so versuche ich, mich in der Wirrnis meiner Liebe und meiner Sehnsucht an den Jesus zu hängen, der diesen Musterweg gegangen ist. Das macht mich zum Christen. Das ist das Sakrament, das mir Kraft gibt und mich bindet. Das ist die *ars vivendi et moriendi,* die Kunst christlichen Lebens und Sterbens.

Wenn unser gemeinsamer Weg am Gründonnerstag endet, so ist das mehr als passend. *Gehen wir mit dem gekreuzigten Christus aus dieser Welt zum Vater.* Bonaventura läßt uns dort zurück, wo wir selbst in die Dunkelheit treten müssen, wo wir Auge in Auge mit Jesus Christus warten und beten. Mögen wir ihm folgen.

Bausteine für die Begegnung und Erfahrung in Gruppen

Ebenso wie Franz und Klara nicht allein sein wollten, wenn sie sich in die Einsamkeit zurückgezogen haben[1], empfehlen wir Ihnen, diese Texte und Impulse in einer Gruppe zu bearbeiten und zu erfahren.

Wichtige Voraussetzungen für eine gemeinsame Gruppenerfahrung ist eine gute Vorbereitung durch ein Leitungsteam. Wir geben Ihnen im folgenden Bausteine für eine Einführungs- und eine Abschlußsitzung sowie vier weitere Treffen an die Hand.

Als Material sollten für jede Teilnehmerin und jeden Teilnehmer das vorliegende Buch mit dem Originaltext und den einzelnen Tagesimpulsen und -übungen sowie die Heilige Schrift zur Verfügung stehen. Ein gemeinsames Liederbuch oder -heft ist ebenso sinnvoll. Neben den offiziellen Kirchengesangsbüchern, dem katholischen Gotteslob [GL] und dem evangelischen Gesangsbuch [EG], geben wir neuere Lieder aus der Sammlung *Unterwegs. Lieder und Gebete* [U; günstig zu beziehen über das Deutsche Liturgische Institut, Postfach 26 28, 54216 Trier, Tel. 06 51/94 80 80] an.

Der Rhythmus, sprich Ablauf der gemeinsamen Treffen sollte ebenso beständig sein wie der Raum und die gesamte Atmosphäre.

Wir raten zu folgendem groben Ablauf:

A	*Ankommen und Einleitung*	– Gemeinsames Lied oder Körperübung oder meditativer Tanz
		– Gebet (vorformuliert und/oder frei)
B	*Thematischer Einstieg*	– Begrüßung und Frage: *Ist vom letzten Treffen noch etwas übriggeblieben, das jemand ansprechen möchte?*
		– Einführung und Überblick
		– Vortrag eines Textabschnitts (aus dem Originaltext)
		– Stille (3 Minuten)

1 Vgl. Franzens *Regel für die Einsiedeleien*, in der er vorschlägt, es sollten sich jeweils vier Brüder dieser Erfahrung an einem einsamen Ort aussetzen. Zwei sollten als »Mütter« eine Zeit lang die organisatorischen Aufgaben übernehmen und zwei sich zurückziehen. Die Autoren haben zu dieser Regel in englischer Sprache eine Sammlung internationaler Studien und Erfahrungsberichte zusammengestellt: André Cirino/Josef Raischl (Hrsg.), *Franciscan Solitude*, The Franciscan Institute St. Bonaventure/New York 1995.

C	*Gemeinsame Übung*	■ Impuls (1 bis 2 Minuten) ■ Übung (20 Minuten) ■ Kurze Pause und/oder Lied
D	*Austausch in der Gruppe*	■ Gespräch in der großen Gruppe oder auch in Kleingruppen (*sharing*): ca. 15–20 Minuten Jedes Mitglied sollte zu Wort kommen können. Der Akzent liegt auf der persönlichen Erfahrung und nicht auf theoretischen Erörterungen. Die Leitung sollte darauf achten, daß kein Streitgespräch entsteht oder nicht nur noch auf ein Thema eingegangen wird. Jeder sollte von sich selbst sprechen. Die Belehrung anderer sollte unterbleiben.
E	*Abschluß*	■ Ausblick auf die nächste Woche und organisatorische Abklärung ■ Gemeinsames Lied und/oder (Segens-)Gebet[2] und/oder meditativer Tanz

Die Begegnung sollte nicht länger als 90 Minuten beanspruchen. Das dritte und letzte Treffen wird wegen der Mahlzeiten länger dauern.

Der zeitliche Plan dieser 40 Tage mit Bonaventura könnte während der Fastenzeit so aussehen:

1. Einführungsabend am ersten Samstag in der österlichen Bußzeit;
2. Weitere vier Treffen jeweils am Samstag;
3. Abschlußfeier am Mittwoch in der Karwoche.

2 Eine Auswahl von Segensworten finden Sie in: Hermann Multhaupt (Hrsg.), *Möge der Wind immer in deinem Rücken sein* (Alte irische Segenswünsche), Bergmoser + Höller Verlag Aachen.

Bausteine für die Einführung in der Gruppe

Sehnsucht nach Frieden

A	*Ankommen und Einleitung*	Lied: *Ich steh vor dir mit leeren Händen, Herr* [EG 382, GL 621] Der Text wird zunächst vorgetragen, dann spricht jede Teilnehmerin der Reihe nach einen Satz, langsam und besinnlich. Schließlich versuchen wir das Lied gemeinsam zu singen. oder *Unfriede herrscht auf der Erde* [U 113] Gebet: Prolog 1, erster Teil (S. 229)
B	*Thematischer Einstieg*	Begrüßung aller Teilnehmer Jedes Mitglied der Gruppe soll sich selbst vorstellen (zumindest mit Namen) Einführung in diese Art der Exerzitien und den Hintergrund des Originaltextes [vgl. *Das Leben des heiligen Bonaventura,* S. 13–18] und/oder kurze Vorstellung von Franz und Klara von Assisi [vgl. S. 41–51] Lied: *Schweige und höre* [U 112]
C	*Gemeinsame Übung*	Vorstellung des heutigen Themas [vgl. Impuls S. 31 ff.] Vortrag des Textes von Anthony de Mello [S. 35] Stille

		Einzelarbeit nach der Übung auf S. 34 oben Lied: Wiederholung des Kanons *Schweige und höre* [U 112]
D	*Austausch in der Gruppe*	Gespräch über die Einzelarbeit in kleinen Gruppen (2 bis 4 Teilnehmerinnen) Lied: Wiederholung des Kanons *Schweige und höre* [U 112]
E	*Abschluß*	Vorstellung des gemeinsamen Weges über die 40 Tage Aufmalen der einzelnen Abschnitte des *Itinerarium* [Abb. 1, S. 53] und Hinweise zum praktischen Ablauf und zur Organisation [vgl. *Leitfaden zum Gebrauch dieses Buches*, S. 19 f.] Abschließender Text: Kapitel 1, 8 (S. 238) Lied: *Von guten Mächten wunderbar geborgen* [EG 637, U 101] oder *Bleibet hier und wachet mit mir* [EG 700, U 208]

Bausteine für die zweite Gruppensitzung

Leben inmitten der Schöpfung

A *Ankommen und Einleitung*

Lied: *Herr, unser Herr, wie bist du zugegen* [GL 298]

Einladung zu freiem Beten. Die Leiterin beginnt. Abschluß mit Psalmtexten aus Kapitel 1, 1 (S. 235)

B *Thematischer Einstieg*

Erläuterung des ersten Schrittes [vgl. Impuls *Durch die Blume* S. 63 ff.]

Lied: *Laudato si, o mio Signore* [EG 515, U 68]

C *Gemeinsame Übung*

Text: *Sonnengesang* [S. 73 ff.] oder *Das Lied von der Schwester Energie*[3]

Alles übersteigender, grenzenloser, unsterblicher
Gott des Alls!
Dein sind Weisheit, Intelligenz, Ordnung, Methode
und Logik,
Nur in dir ist ihr Ursprung.
Und keiner kann deine Gedanken kennen.

Sei gepriesen, Herr Gott, durch die brüderliche
Gemeinschaft der Schöpfung,
Und ganz besonders durch unsere Schwester
Energie,
Die überall im All verborgen ist, im Verhältnis zu
Masse

3 Doyle, a.a.O., S. 217 f.

Stehend nach E = mc^2.
Sie ist ehrfurchtgebietend und faszinierend,
Deines, des unsichtbaren Gottes, Abbild ist sie.

Sei gepriesen, Herr Gott, durch unsere Schwestern
Quasare, Novae und Supernovae,
In fernen Galaxien hast du sie gemacht,
Glänzend majestätisch und atemberaubend.

Sei gepriesen, Herr Gott, durch unsere Schwester Licht.
Welche 300 000 km pro Sekunde reist
Und die Schönheit der Schöpfung offenbart.

Sei gepriesen, Herr Gott, durch Bruder DNA, Doppelhelix, der genetische Informationen zum Zellkern bringt.

Sei gepriesen, Herr Gott, durch Bruder Ozean,
Der groß und tief ist, reich an Pflanzen und Getier.
Sei gepriesen, Herr Gott, durch unsere Geschwister,
Kohle, Öl, Gas, Sonnen-, Gezeiten-, Kernenergie,
Durch die du uns Licht und Wärme schenkst.
Sie sind stark, kräftig, verläßlich und anziehend.

Sei gepriesen, Herr Gott, durch unsere Schwester Mutter Erde,
Die einen bescheidenen und zugleich hervorragenden Platz hat
In der Herrlichkeit und unfaßlichen Größe des sich immer ausdehnenden Alls.
Aus ihr geht hervor das verwobene, schöne Netz aus Materie, Leben und Geist.

Sei gepriesen, Herr Gott, durch die, die für Frieden und Gerechtigkeit kämpfen.
Selig, die den Vereinten Nationen dienen, sie unterstützen,
Denn du bist die Quelle des Friedens, und durch dich werden sie geheiligt.

Sei gepriesen, Herr Gott, durch unseren Bruder, den leiblichen Tod,
Der uns zur nächsten Stufe des Lebens bringt.
Wehe denen, die die Liebe vertreiben und die Gemeinschaft der Schöpfung zerstören!
Selig, die nach deinem Willen die ganze Schöpfung lieben,
Denn sie bauen den neuen Himmel und die neue Erde.

Wir bilden zu jeweils einer Strophe bzw. einem Element kleine Gruppen. Vielleicht bietet es sich an, Schilder vorzubereiten (»Sonne« und ähnliche). Jede kann sich frei einer solchen Gruppe zuordnen. Die Kleingruppen einigen sich über folgende Möglichkeiten:

a) Erfahrungen bzw. Assoziationen zu dieser Strophe austauschen;
b) mit Wachsmalkreiden Bilder oder ein gemeinsames Bild malen;
c) aufgrund der Strophe ein kurzes szenisches Spiel/ Pantomime vorbereiten.

Lied: *Der Himmel geht über allen auf*
[EG 562, U 39]

D *Austausch in der Gruppe*

Die Teilnehmerinnen stellen ihre Gruppenarbeit in der Reihenfolge der Strophen in der großen Gruppe vor.

Austausch über das Erfahrene

Lied: *Der Himmel geht über allen auf*
[EG 562, U 39]

E *Abschluß*

Ausblick: Was ist für die nächste Woche wichtig? Möglichkeit, kurz auch die praktisch-organisatorischen Fragen zu den täglichen Übungen auszusprechen und wenn möglich zu klären.

Abschließender Text: Kapitel 1, 15 (S. 242)

Lied: *Laudate omnes gentes* [EG 694, U 74]
oder *Jubilate Deo* [EG 617, U 66]

Andere Lieder:
Solang es Menschen gibt auf Erden [EG 427, GL 300]
Gott liebt diese Welt [EG 409, GL 297]
Vom Aufgang der Sonne bis zu ihrem Niedergang [EG 456, U 203]
Te Deum laudamus, wir loben dich, o Herr [U 71]

Bausteine für die dritte Gruppensitzung

Sinnlich Leben – der Blick in unseren inneren Spiegel

A	*Ankommen und Einleitung*	Lied: *Herr, gib uns Mut zum Hören* [EG 588, GL 521, U 55] oder *Gottes Schöpfung gute Erde* [U 54] oder meditativer Tanz: Motiv: durch Tore hin zur Mitte schreiten (Anspielung auf das Tor der fünf Sinne)[1] Gemeinsames, freies Lobgebet: Leiterin: *Lob sei dir, mein Gott, denn durch alles, was wir wahrnehmen können, erfahren wir deine Größe, deine Macht und Schönheit.* Teilnehmer (in Form einer Litanei): *Durch … preise ich deine …* *Durch … preise ich deine …*
B	*Thematischer Einstieg*	Erläuterung des zweiten Schrittes [vgl. Impuls *In vollen Zügen genießen* 67 ff.] Text: Nelly Sachs [S. 70] Stille Lied: *Schweige und höre* [U 112] Zuerst summen, einstimmig singen, dann im Kanon und schließlich wieder summen.

1 Wir empfehlen als Musik die CD von K. Raischl, *Tanz der Schöpfung,* RPA Verlag Landshut 1999. Bernadette Raischl hat dazu Tänze gemacht, die in *Religionspädagogische Praxis* Heft 1999/3, RPA Verlag Landshut 1999 erscheinen. Vgl. Tanz 7.

C 1 *Gemeinsame Übung*

Wir nehmen zunächst eine gute Sitzhaltung ein und hören gemeinsam ein Musikstück: etwa *Morgenstimmung* von Edward Grieg (aus: *Peer Gynt*) oder von Anton Dvorak, Symphonie *Die neue Welt*, 2. Satz oder Frederic Chopin, *Klavierkonzert Nr. 2, Larghetto*.

Stille (2 Minuten)

Wir hören das Stück noch einmal.

C 2 *Alternative*

Wir sehen, riechen, tasten und schmecken Brot, Wein und Wasser.
Zu jeder Gabe können alle Teilnehmer etwas sagen oder auch beten.

Nach dem Austausch und Gebet über die Gaben singen wir ein
Lied: *Wenn wir das Leben teilen* [U 47]
oder *Wenn das Brot, das wir teilen* [U 130].
Dann teilen wir das Brot und die Getränke in Ruhe und Besinnung.
Wir genießen das gemeinsame Mahl (evtl. Hintergrundmusik).

D 1 *Austausch in der Gruppe*

Austausch in der großen Gruppe über das, was jede gehört hat.
Was hast du gehört?
Was wurde in dir durch das Zuhören ausgelöst?
Wiederholung des Textes von Nelly Sachs

Lied: *Meine engen Grenzen* [U 93]

D 2 *Alternative*

Welche Sinne hast du gebraucht?
Was hast du erlebt und erfahren beim Mahl?

Lied: *Jesus Brot* [U 182]

oder *Wenn wir das Leben teilen* [U 47]

E Abschluß

Text: Zusammenfassung der ersten beiden Schritte: Kap. 1, 11 und 13

Ausblick: Was ist für die nächste Woche wichtig? Möglichkeit, kurz auch die praktisch-organisatorischen Fragen zu den täglichen Übungen anzusprechen und wenn möglich zu klären.

Abschließender Text:
Kapitel 2, 10 (letzter Absatz *Alles ist also von Schönheit geprägt ...*, S. 248)

Lied: *Singt dem Herrn alle Völker und Rassen*
[U 67]

oder Wiederholung des Tanzes vom Anfang
[Es kann auch ein sehr freier, bewegter Tanz sein. In diesem Schritt geht es ja um die Sinne und die Freude einfach zu sein!]

oder Segen aus Irland
Segne, was mein Wille sucht, segne, was meine Liebe braucht, segne, worauf meine Hoffnung ruht.

Bausteine für die vierte Gruppensitzung

Der Spiegel der menschlichen Kräfte

A *Ankommen und Einleitung*

Lied: *Hilf Herr meines Lebens* [EG 419, GL 622, U 53]

Gebet: Psalm 136
Reihum liest jeder einen Vers. Wer Lust hat, kann anschließend eine Zeile aus seinem Leben hinzufügen und alle antworten:
Denn deine liebevolle Zuwendung währt ewig.
Wir enden mit *Ehre sei dem Vater, dem Sohn …*

B *Thematischer Einstieg*

Kurze Hinführung zum dritten Schritt [vgl. S. 89 ff.]

Text: Kapitel 3, 1 (S. 250)

C *Gemeinsame Übung*

a) Der Leiter schreibt ein Wort an die Tafel/Flipchart,
beispielsweise »Urlaub«, »Schnee«, »Gemeinde St. …«
Auf Zuruf wird alles notiert, was den Teilnehmern dazu einfällt. Erinnerungen werden erzählt. Es soll deutlich werden, daß wir da beinahe nie aufhören können, denn unser Gedächtnis liefert immer neuen Stoff.

b) Wir definieren eine bekannte Persönlichkeit, beispielsweise die Bürgermeisterin, den Pfarrer, Franz von Assisi oder …
Wieder wird zunächst alles notiert, was jedem dazu einfällt. Dann versuchen wir eine logische

Definition von sehr spezifischen bis zu sehr allgemeinen Beschreibungen.

c) Wir spielen eine Szene, wie eine der Teilnehmerinnen im Vorfeld der Exerzitien überlegt, ob sie den Kurs mitmachen soll oder nicht.
Rollenspiel: Der Leiter und die Teilnehmerin treffen sich und sprechen über die Überlegungen, das Für und Wider.
Dazu kann auch Kapitel 3, 4 (erster Absatz, S. 253) gelesen werden.

Erläuterung des dritten Schrittes [vgl. Abb. 7, S. 105]

Lied: *Wo zwei oder drei* [EG 568, U 129]

D *Austausch in der Gruppe*

In kleinen Gruppen soll das Erfahrene ausgetauscht werden.

Lied: *Manchmal feiern wir mitten im Tag* [U 30]

E *Abschluß*

Ausblick:
Was ist für die nächste Woche wichtig?
Möglichkeit, kurz auch die praktisch-organisatorischen Fragen zu den täglichen Übungen auszusprechen und wenn möglich zu klären.

Lied: *Freunde, daß der Mandelzweig*
[EG 659, U 28]

oder *Lobet den Herren* [EG 447, GL 671, U 202]

Bausteine für die fünfte Gruppensitzung

Alles ist Geschenk – Was wir uns schenken lassen dürfen

A	*Ankommen und Einleitung*	Lied: *Ausgang und Eingang* [EG 175, U 99] Zuerst sprechen wir den Text miteinander, dann wird er vorgesungen, gemeinsam und dann im Kanon gesungen. oder *Wenn das Brot, das wir teilen* [U 130] *Kommt herbei, singt dem Herrn* [EG 599, GL 270, U 147] *Misericordias Domini* [U 81]
B	*Thematischer Einstieg*	Erläuterung des vierten Kapitels [vgl. S. 122ff. und Abb. 10, S. 141] Text: Kapitel 4, 3 (S. 257f.) Stille Lied: *Ausgang und Eingang* [EG 175, U 99]
C/D	*Gemeinsame Übung/ Austausch in der Gruppe*	Bibelarbeit zu Matthäus 14, 22–32: a) eine liest den Text vor, ein anderer wiederholt noch einmal langsam (vielleicht in einer anderen Übersetzung) b) Wer möchte, kann nach einer Stille langsam ein Wort oder einen Satz laut aussprechen. Alle sind eingeladen.

c) In kleinen Gruppen tauschen sich die Teilnehmer darüber aus, was bei ihnen unmittelbar an Erfahrungen hochkam.
d) In der großen Runde schließen wir den Kreis mit zwei Schwerpunktfragen:
Was sagt diese Geschichte über die Frage des Glaubens? Was ist Glaube?
Was hat das mit meinem Leben zu tun?

Lied: *Fürchte dich nicht* [EG 630, U 87]
oder *Auf dein Wort, Herr, laß uns vertrauen* [GL 624]

E *Abschluß*

Gemeinsames Singen des Kanons *Ausgang und Eingang*. Wir begleiten das Singen mit Gesten und Bewegung:
Alle stehen im offenen Kreis und blicken nach rechts in Gehrichtung.
Teil 1: vier Schritte, mit rechts beginnend in Gehrichtung
Teil 2: vier Schritte Drehung um sich selbst, Arme öffnen; wir blicken dann zur Mitte hin
Teil 3: Arme vor der Brust nach ganz oben führen und einen großen Kreis ziehen
Teil 4: wenn die Hände sich unten vor dem Bauch wiederfinden, formen wir sie zu einer Schale

Sie können auch versuchen, zwei oder mehrere Kreise ineinander zu starten, die sich im Kanon bewegen und singen.

Lieder: *Kleines Senfkorn Hoffnung* [U 59]
Bleib mit deiner Gnade bei mir [EG 702, U 96]
Laß uns in deinem Namen, Herr [EG 634, U 56]
Gottes Wort ist wie Licht in der Nacht [U 41]

Bausteine für die abschließende Begegnung und Feier

Von der Größe und der Dunkelheit Gottes

A	*Ankommen und Einleitung*	Lied: *Magnificat* [EG 605, U 140] oder *Adoramus te Domine* [EG 701, U 82] Beides kann man mit freien Gesten verbinden. Gebet: *Lobpreis Gottes* (S. 151 f.)
B	*Thematischer Einstieg*	Erläuterung des fünften [vgl. S. 149 ff.] und sechsten Schrittes [vgl. S. 166 ff.] Text: Kapitel 5, 2 (S. 262 f.) Lied: *Sanctus sanctus* [EG 709, U 183a]
C	*Gemeinsame Übung*	Wir komponieren miteinander ein »Testament« im Sinne von Franz und Klara von Assisi (vgl. Impuls S. 42 ff.) Teilen Sie jeder ein Blatt Papier aus, auf dem ein leeres Schatzkästchen, eine schöne Blume oder ähnliches in leerem Zustand ist. Wir sitzen im Kreis. Jede schreibt ihren Namen in die rechte obere Ecke des Blattes, so daß es gut lesbar ist, wessen »Schatz« oder »Blüten« wir vor uns haben. Dann gibt jeder sein Blatt an den rechten Nachbarn weiter. Wenn wir ein »Schatzkästchen« vor uns haben, schreiben wir ein Wort hinein, das

diesen Menschen auszeichnet: eine Tugend, eine Fähigkeit, eine Begabung. Dann reichen wir das Blatt weiter. Dazu eignet sich z. B. als Hintergrundmusik der *Kanon* von Pachelbel.
Zum Schluß landen die »Blumen« wieder bei dem, dem sie zugehören.

Wir betrachten unsere »Blume« oder den »Schatz« in Stille.
Kurzer Austausch über diesen Teil der Übung: Was überrascht Sie am meisten von den Fähigkeiten, die Ihnen »zugeschrieben« worden sind?
Jeder greift schließlich eine ihm sehr wichtige Eigenschaft oder Tugend aus seinem »Kästchen« und schreibt auf eine kleine Karteikarte:
Der Herr hat mir … gegeben. Ich schätze diese Gabe besonders, weil …
Ich wünsche, daß die nächste Generation von Christen hier in … ebenso …
Die Karteikarten werden von der Leitung eingesammelt und auf einen vorbereiteten großen Bogen Papier geklebt mit der Überschrift:
Testament vom … in …

Zum Schluß wird das gemeinsame Testament, ein Vermächtnis dieser Gruppe von Christen, laut verlesen und alle antworten mit dem Lied.

Lied: Kanon *Magnificat* [EG 605, U 140]

D *Austausch in der Gruppe*

Letzter ausführlicher Austausch über die gesamte Erfahrung der Exerzitien und auch der letzten Übung.

Wenn es paßt, kann sich an das Gespräch ein kleines, einfaches gemeinsames Mahl anschließen.

E *Abschluß*

Lied: *In der Mitte der Nacht* [U 31]
Nun danket alle Gott [EG 321,GL 266]
Komm, Herr, segne uns [EG 170, U 199]

Abschließender Text: Kapitel 7, 1 (S. 272 f.)

Andere Lieder:
Das Weizenkorn muß sterben [GL 620, U 197]
Wir preisen deinen Tod [U 189]
Der Herr segne und behüte dich [U 117]
Der Herr segne dich und behüte dich [EG 570]

Des Menschen Wanderweg in Gott hinein*

* Als Vorlagen für die freie Textübertragung von Josef Raischl dienten die lateinische Originalausgabe – Doctoris *Seraphici S. Bonaventurae opera omnia,* edita studio et cura pp. Collegii a S. Bonaventura, 10 Bände, Quaracchi 1882–1902, Band 5 – und Übersetzungen von Ewert COUSINS (Hrsg.), *Bonaventure. The soul's journey into God – the tree of life – the life of St. Francis,* Paulist Press 1978 und J. KAUP, *Bonaventura. Pilgerbuch,* Kösel Verlag München 1961. Die kritische Textausgabe von Quaracchi beruft sich auf 138 Handschriften, von denen 73 in Bayern und Österreich überwiegend von Benediktinerabteien gesammelt worden sind.

Sehnst Du Dich Nach Frieden?

Prolog

Hier beginnt unser Wanderweg in Gott hinein

1. Zu Beginn besinnen wir uns auf den Anfang überhaupt,
aus dem alles hervorgegangen ist, den Ursprung allen Lichtes,
von dem uns alles Gute und jede vollkommene Gabe zufließt.
Wir rufen den ewigen Vater [und die ewige Mutter] an,
durch den Sohn, unseren Herrn Jesus Christus
und auf die Fürsprache der heiligsten Jungfrau Maria, Jesu Mutter,
und des seligen Franz, unserem Vorbild und Vater,
die Augen unseres Leibes und Geistes zu erleuchten
und unsere Schritte zu lenken auf den Weg des Friedens,
der unser Fassungsvermögen bei weitem übersteigt.

Ich meine den *Frieden*, den Jesus, der Herr, verkündet und selbst gebracht hat. Diesen *Frieden* hat unser Vater Franziskus überall gepredigt. Vor und nach jeder Ansprache ebenso wie in jedem Gruß wünschte er *Frieden*, in jeder Betrachtung seufzte er nach lebendigem *Frieden*. Er war wie ein Bürger Jerusalems, von dem der Friedensfreund, der den Friedenshassern friedfertig begegnet, sagt: *Bittet um das, was Jerusalem den Frieden bringt*. Es war ihm nämlich klar, daß der Thron Salomos keinen Bestand haben würde, außer im Frieden. So heißt es auch in der Schrift: *Sein Zelt war im Frieden errichtet, seine Wohnung auf dem Zion.*

2. Ich wollte also Franz, dem glückseligsten Vater, folgen – sündig und äußerst unwürdig bin ich nach seinem Tod der siebte Generalminister der Brüder – und sehnte mich unendlich nach diesem Frieden. So führte mich Gott 33 Jahre nach dessen Tod, etwa Anfang Oktober 1259, auf den Berg La Verna. An dem ruhigen Ort wollte ich von ganzem Herzen inneren Frieden finden. Während ich über den Weg des Menschen zu Gott nach-

dachte, kam mir in den Sinn, was Franz hier erlebt hatte. Es war ihm ein Seraph mit Flügeln[1] in der Gestalt des Gekreuzigten erschienen. Nach dieser Begegnung waren an seinem Leib die Wundmale Jesu Christi sichtbar. Ich begriff, daß darin sein tiefes inneres Verlangen leiblichen Ausdruck fand; und der Weg, wie wir dorthin gelangen können, wurde mir deutlich.

3. Durch die sechs Flügel (des Seraphs) werden die sechs Phasen der Erleuchtung gut erkennbar. Wir können durch sie Schritt für Schritt oder je nach dem, wo wir uns gerade befinden, zum Frieden finden, und zwar durch die alles sprengende Kraft der Weisheit in Christus. Es gibt aber keinen anderen Weg als den, dem gekreuzigten Christus mit seinem ganzen, lebendigen Herzen anzuhängen. Durch das Feuer dieses Verlangens nahm Christus in Paulus Gestalt an[2]: *Mit Christus bin ich gekreuzigt. Also lebe nicht mehr ich, sondern Christus lebt in mir* (Gal 2,20). Diese glühende Liebe packte auch Franz und wurde an seinem Körper ablesbar. Vor seinem Tod trug er zwei Jahre lang diese heiligsten Stigmata der Passion. Die sechs Flügel des Seraphs symbolisieren somit die sechs Stufen der Erleuchtung. Sie umfassen alles, was es gibt und in Gott seinen Anfang genommen hat, und weisen auf Gott selbst hin, zu dem wir aber keinen Zugang finden können, es sei denn durch den gekreuzigten Christus. Wer nämlich *nicht durch die Tür hineingeht, sondern anderswo einsteigt, der ist ein Dieb und ein Räuber. Wer aber durch diese Tür hineingeht, wird ein- und ausgehen und Weide finden* (Joh 10,1.9).

In der Offenbarung des Johannes lesen wir daher: *Selig, die ihre Kleider waschen im Blut des Lammes: Sie haben Anteil am Baum des Lebens und sie werden durch die Tore in die Stadt eintreten können* (Offb 22,14). Das bedeutet, daß wir durch Nachsinnen allein nicht in das himmlische Jerusalem eingehen können, es sei denn, wir wählen als Tor gleichsam das Blut des Lammes.

Niemand kann also diesen Weg der Gottsuche gehen, ohne, wie Daniel, ein Mensch voller Verlangen zu sein – und dieser Weg wird alle deine bisherigen Erfahrungen übersteigen. Die Sehnsucht danach aber wird in uns

1 Vgl. Jes 6,1–2: *Im Todesjahr des Königs Usija sah ich den Herrn. Er saß auf einem hohen und erhabenen Thron. Der Arm seines Gewandes füllte den Tempel aus. Seraphim standen über ihm. Jeder hatte sechs Flügel: Mit zwei Flügeln bedeckten sie ihr Gesicht, mit zwei bedeckten sie ihre Füße, und mit zwei flogen sie.*

2 Bonaventura verweist an dieser Stelle auf 2 Kor 12,2: *Ich kenne jemand, einen Diener Christi, der vor vierzehn Jahren bis in den dritten Himmel entrückt wurde; ich weiß allerdings nicht, ob es mit dem Leib oder ohne den Leib geschah, nur Gott weiß es.*

auf zweifache Weise geweckt: zum einen durch unseren Aufschrei im Gebet[3] und zum anderen durch die erleuchtende Kraft unserer Betrachtung, wenn wir uns ganz und gar den Strahlen des Lichts zuwenden.

4. So lade ich euch, liebe Leserin und lieber Leser, zunächst zum Aufschrei im Gebet ein. Wir wissen uns dabei eins mit Christus, dem Gekreuzigten, der sein Blut dafür gegeben hat, um allen Schmutz der Sünden von uns abzuwaschen.[4]

> Glaube nicht, daß dir
> das Lesen etwas nützt ohne *Salbung* (1 Joh 2,20.27),
> Betrachtung ohne innere Ergebung,
> Forschung ohne Staunen,
> Überblick ohne Freude,
> Arbeit ohne Frömmigkeit,
> Gelehrsamkeit ohne Liebe,
> Intelligenz ohne Demut,
> Studium ohne göttliche Gnade,
> Selbsterkenntnis ohne Gespür für den Wert alles Lebendigen.
> Euch aber, die ihr demütig und geistlich lebt, besonnen und engagiert;
> euch, die ihr *mit dem Öl der Freude gesalbt seid* (Ps 44,8),
> euch Liebhabern göttlicher Weisheit
> und denen, die vor Sehnsucht nach ihr brennen,
> die Gott verherrlichen, bewundern und kosten wollen,
> euch allen biete ich folgende Überlegungen an.
> Dabei gebe ich zu bedenken, daß der von außen vorgehaltene Spiegel wenig oder gar nichts nützt, wenn nicht unser innerer Spiegel sauber und poliert ist.

Mensch Gottes, übe dich also zuallererst, die kritische Stimme deines Gewissens ernstzunehmen, bevor du auf die Strahlen der Weisheit schaust, die sich im inneren Spiegel reflektieren. Sonst könntest du, davon geblendet, in ein noch bedrückenderes Loch deiner eigenen Dunkelheiten fallen.

---

3 Vgl. Ps 38,9f.: *Kraftlos bin ich und ganz zerschlagen, ich schreie in der Qual meines Herzens. All mein Sehnen, Herr, liegt offen vor dir, mein Seufzen ist dir nicht verborgen.*

4 Vgl. Hebr 1,3: [...] *er ist der Abglanz seiner Herrlichkeit und das Abbild seines Wesens; er trägt das All durch sein machtvolles Wort, hat die Reinigung von den Sünden bewirkt und sich dann zur Rechten der Majestät in der Höhe gesetzt.*

5. Es schien mir sinnvoll, meine Gedanken in sieben Abschnitte einzuteilen. Um den Inhalt verständlicher zu gestalten, habe ich jedem Kapitel einen Titel gegeben. Bitte, achte mehr auf die Intention als die Leistung des Autors, mehr auf die Bedeutung als auf die unangemessene Sprache, mehr auf die Wahrheit als auf die Form, mehr auf die emotionale als auf die rationale Bereicherung. Dazu ist es allerdings notwendig, diese Seiten nicht oberflächlich zu überfliegen, sondern sie in der Art der Wiederkäuer langsam und immer wieder neu zu überdenken und »durchzukauen«.

Genug nun mit meinen Vorbemerkungen.

Kapitel 1/Teil 1 Wegbeschreibung

Schritt für Schritt Einswerden mit Gott

Betrachtungen eines Armen in der Wüste

1. Wohl den Menschen, die Kraft finden in Dir,
wenn sie sich zur Wallfahrt rüsten.
Ziehen sie durch das trostlose Tal,
wird es für sie zum Quellgrund,
und Frühregen hüllt es in Segen.
Sie schreiten dahin mit wachsender Kraft;
dann schauen sie Gott auf dem Zion (Ps 84,6–8).

Glück bedeutet nichts anderes, als das höchste Gut zu genießen. Das höchste Gut aber übersteigt menschliches Begreifen. So können nur die glücklich werden, die über sich selbst hinausgehen – nicht körperlich, sondern mit dem Herzen. Das schaffen wir aber nicht von uns aus. Wir brauchen dazu die Hilfe einer höheren Kraft. Auch wenn wir uns selbst noch so diszipliniert geübt haben, nützt das nichts, wenn Gottes Hilfe uns nicht zur Seite steht.

Gott begegnet aber nur denen, die sich ihm bittend öffnen, die sich in diesem Tal der Tränen nach ihm sehnen und die sich zu intensivem Gebet Zeit nehmen. Das Gebet ist also Mutter und Quelle des gesamten Aufstiegs. Deshalb beginnt Dionysius seine *Mystische Theologie*, die uns geistliche Erfahrungen vermitteln will, mit einem Gebet.

Beten wir also zuerst zu Gott, unserem Herrn: *(Ps 86,11)*
Weise mir, Gott, deinen Weg; ich will deine Wahrheit erspüren.
Richte mein Herz darauf hin, allein deinen Namen zu fürchten.

2. Wenn wir so beten, werden uns die einzelnen Wegabschnitte deutlicher. Denn alles, was existiert, das ganze Universum, führt uns zur Gotteserfah-

rung und weist uns auf ihn hin. Das Universum ist wie eine Leiter. Der Hinweis ist je nach Abstufung klar und deutlich, wobei ich drei Stufen unterscheide. Geschöpfe sind zum einen *Spuren*, zum anderen *Abbilder* – die einen körperlicher Art, die anderen geistiger, die einen endlich, die anderen unbegrenzter Art. So finden sich die einen von der Person aus gesehen außen, die anderen innen.

Um nun dem geistlichen und ewigen Urgrund, der uns übersteigt, zu begegnen, müssen wir zunächst den *Spuren* nachgehen, die sich konkret und (zeitlich) begrenzt außerhalb unserer Person finden. So werden wir auf dem Weg Gottes geführt.

Dann müssen wir die menschliche Person näher betrachten, in der wir das *Abbild Gottes* entdecken. Es handelt sich um etwas Ewiges, Geistliches, das sich in uns findet. Dies bedeutet, Gottes Wahrheit zu erspüren.

Schließlich geht es darum, daß wir uns zum Ewigen, ganz Geistigen hin selbst überschreiten, d.h. die Transzendenz an sich betrachten. Und das bedeutet nichts anderes, als sich an der Erkenntnis Gottes und der Verehrung dessen, der unserer Erfahrung letztlich entzogen ist, zu freuen.

3. Es gleicht also dem dreitägigen Wüstenweg [der Israeliten] (vgl. Ex 3,18) oder den drei Lichtverhältnissen während des Tages: dem Abend, dem Morgen und dem Mittag. Ebenso gleicht es der dreifachen Art und Weise, wie etwas existiert: nämlich materiell, geistig und in der »ewigen Kunst« [in Gottes künstlerischer Phantasie].

Die Schrift sagt es so: *Es werde, er schuf und es wurde gemacht!* Wir könnten es auch mit Jesus Christus vergleichen, der körperlich, geistig und göttlich zugleich ist. Dieser Jesus Christus ist unsere Leiter zu Gott.

4. Analog zu diesem dreigliedrigen Vorrücken gibt es auch drei Hauptaspekte der menschlichen Person. Der eine Aspekt ist das, was außen ist, das Körperliche, weshalb wir Lebe- oder Sinneswesen genannt werden. Der zweite ist das, was innen und verschlossen ist. Diesen Aspekt nennen wir Geist. Der dritte führt über die Person hinaus und heißt Seele. Nun müssen wir uns für den Aufstieg bereitmachen, um mit Gott eins zu werden und ihn aus ganzer Seele, aus ganzem Herzen und aus ganzer Kraft zu lieben.[5] Genau darin besteht ja die tiefste Treue zum Gesetz und alle christliche Weisheit.

5 Mk 12,30: *Darum sollst du den Herrn, deinen Gott, lieben mit ganzem Herzen und ganzer Seele, mit all deinen Gedanken und all deiner Kraft.* Markus zitiert hier fast wörtlich Dtn 6,5.

5. Was bisher gesagt wurde, können wir allerdings auf zweierlei Art und Weise verstehen. Gott ist als Alpha und Omega zu sehen. Außerdem können wir Gott wie *durch* einen Spiegel oder wie *in* einem Spiegel schauen. Zudem lassen sich diese unterschiedlichen Sichtweisen auch miteinander verknüpfen oder rein für sich betrachten. So werden also aus den drei Hauptstufen sechs. Wir könnten es mit dem Schöpfungsbericht der Genesis vergleichen: wie Gott die Welt in sechs Tagen vollendete und am siebten Tag ausruhte, so werden auch wir (»die Welt im Kleinen«) in sechs Lichtstufen zum ruhevollen Frieden der Kontemplation geführt, wo alles ganz aufeinander abgestimmt ist. Ein anderes Bild ist der Thron Salomos, zu dem sechs Stufen hinaufführen (vgl. 1 Kön 10, 19). Die Seraphim in der Vision Jesajas hatten sechs Flügel. Gott rief Mose nach sechs Tagen inmitten der Finsternis,[6] und ebenso nach sechs Tagen führte Christus die Jünger auf den Berg und wurde vor ihnen verwandelt (Mt 17, 1–8).

6. Parallel zu den sechs Stufen, die zur Einheit mit Gott führen, gibt es sechs Ebenen menschlichen Vermögens. Dabei pendeln wir vom Tiefsten zum Höchsten, von außen nach innen, von den Grenzen der Zeit hin zum Ewigen. Die sechs Ebenen sind: Sinneswahrnehmungen, Imagination, Gedächtnis, Intelligenz, Wille, und die höchste menschliche Kraft, nämlich die (Kern-)Kraft zum Guten. Diese Ebenen sind uns von Natur aus gegeben, verlieren aber durch unsere Schuld ihre ursprüngliche Schönheit. Ohne unser Zutun werden sie wiederhergestellt. Jetzt brauchen sie die Pflege der Gerechtigkeit, das Praktizieren des Wissens und die Vollkommenheit der Weisheit.

7. Die Menschen waren anfangs fähig, die Ruhe und den Frieden der Kontemplation zu genießen. Deshalb setzte Gott sie in den Garten Eden, in das Paradies aller Freuden. Sie haben aber dieses klare Licht verloren. Sie wandten sich vergänglichem Glück zu. Aus eigener Schuld – die Erbsünde trifft alle – sitzen sie geduckt da. In zweifacher Weise sind wir dadurch beeinträchtigt: durch geistige Ignoranz und körperliches Begehren. So sitzen wir erblindet und geduckt in der Finsternis und können das Licht des Himmels nicht mehr sehen. Wir brauchen gerechte Gnade wider die Be-

---

6 Vgl. Ex 24, 15–18: *Dann stieg Mose auf den Berg. Die Herrlichkeit des Herrn ließ sich auf den Sinai herab, und die Wolke bedeckte den Berg sechs Tage lang. Am siebten Tag rief der Herr mitten aus der Wolke Mose herbei. Die Erscheinung der Herrlichkeit des Herrn auf dem Gipfel des Berges zeigte sich vor den Augen der Israeliten wie verzehrendes Feuer. Mose ging mitten in die Wolke hinein und stieg auf den Berg hinauf. Vierzig Tage und vierzig Nächte blieb Mose auf dem Berg.*

gierde und weises Wissen wider die Ignoranz. Das alles vollzieht sich durch Jesus Christus, *den Gott für uns zur Weisheit, Gerechtigkeit, Heiligung und Erlösung gemacht hat.* Er ist Gottes Kraft und Gottes Weisheit, inkarniertes Wort *voll Gnade und Wahrheit.* Er brachte Gnade und Wahrheit. Er begegnet uns zugewandt und liebevoll, mit offenem Herzen, gutem Gewissen und echtem Vertrauen. Er richtet den ganzen Menschen in der oben ausgeführten dreifachen Weise auf. Er lehrte die wahre Wissenschaft, die wir in den drei theologischen Fachbereichen behandeln:

- die symbolische Theologie, durch die wir die Sinne recht gebrauchen sollen,
- die eigentliche Theologie, durch die wir alles Verstehbare recht gebrauchen sollen, und
- die mystische Theologie, die uns über menschlich Greifbares hinaus zur lebendigen Gottesbegegnung führt.

8. Wer also Gott begegnen möchte, sollte zuallererst die Sünde vermeiden, die das, was uns von Natur aus gegeben ist, zerstört. Wir sollten unsere oben genannten natürlichen Kräfte üben, um

> durch Gebet die wandelnde Kraft der Gnade,
> durch unser Verhalten die klärende Kraft der Gerechtigkeit,
> in der Meditation die erhellende Kraft des Wissens und
> in der Kontemplation die vollendende Kraft der Weisheit zu erlangen.

Denn niemand wird ohne Gnade, Gerechtigkeit und Wissen weise. Genauso wird niemand wirklich kontemplativ, ohne mit Ausdauer zu meditieren, sich gerecht zu verhalten und andächtig zu beten.

> Da also Gnade gerechten Willen und klaren Verstand begründet,
> sollten wir als erstes beten.
> Als zweites sollten wir uns mühen, heilig zu leben, und
> als drittes auf die Wahrheit zu schauen, wie sie sich zeigt.
> Während dieser Betrachtung können wir Schritt für Schritt nach oben steigen,
> bis wir die Höhe des Berges erreichen,
> *wo der Gott der Götter auf dem Zion sichtbar wird.*

9. Da wir also auf Jakobs Leiter zunächst hochsteigen müssen, bevor wir wieder runterkommen (vgl. Gen 28,12), beginnen wir gleich auf der

ersten Stufe. Die gesamte wahrnehmbare Welt erscheint uns als Spiegel, durch den wir Gott, den kreativsten aller Künstler, erreichen können. Auf diese Weise ziehen wir wie wahre Hebräer aus Ägypten ins verheißene Land (vgl. Ex 13,3–22). Als Christen gehen wir mit Christus *aus dieser Welt zum Vater* (vgl. Joh 14,1–9).

Wir sollen Liebhaber der Weisheit sein, die uns zuruft:
Kommt alle zu mir, die ihr euch nach mir sehnt.
Sättigt euch an meinen Früchten.

Kapitel 1/Teil 2 Kosmologische Spurensuche

Die Betrachtung Gottes durch seine Spuren in der Schöpfung

Denn von der Größe und Schönheit der Geschöpfe läßt sich auf ihren Schöpfer schließen (Weish 13,5).

10. In der Schöpfung spiegelt sich,
wie überaus mächtig, weise und zugewandt Gott ist.

Die Sinneswahrnehmung trägt dies auf dreifache Weise in uns hinein. Die leiblichen Sinne dienen dem, der rational forscht, ebenso wie dem, der getreu glaubt, wie auch dem, der mit Vernunft betrachtet. Letzterer hat die tatsächliche Existenz der Dinge vor Augen, der, der glaubt, ihren gewöhnlichen Ablauf, und der, der forscht, ihre mögliche Vollendung.

11. Der Betrachter sieht die Dinge zunächst in sich selbst. Er beobachtet ihr Gewicht, ihre Zahl und ihr Maß. Das Gewicht eines Objektes wird danach beobachtet, inwieweit es sich einer gewissen Lage zuneigt; bei der Anzahl interessiert der Unterschied und beim Maß die Grenze. So erfassen wir, wie die Dinge sind, ihre Schönheit und Ordnung ebenso wie Substanz, Energie, und Wirksamkeit. Das führt uns wie auf einer Spur zur Einsicht, daß es möglich ist, dabei dem machtvollen, weisen und überaus guten Schöpfer zu begegnen.

12. Ein Gläubiger lenkt seine Aufmerksamkeit auf den Ursprung der Welt, ihren geschichtlichen Prozeß und ihr Ziel. Wir glauben nämlich fest, daß alles durch das Wort des Lebens entstanden ist. Wir glauben fest, daß es drei Phasen der Geschichte gibt: Natur, Schrift und Gnade. Wir glauben fest, daß diese Welt durch das jüngste Gericht ans Ziel kommt. In der Natur erkennen wir die Macht höchster Kreativität, in der Schrift seine Führung und in der Gnade seine Gerechtigkeit.

13. Der, der rational forscht, erkennt, daß manches einfach da ist, manches da ist und lebt und wieder anderes da ist, lebt und denken kann. Und letzteres ist höher entwickelt als das erste. Außerdem unterscheidet er bloße Materie von einer Kombination aus Materie und Geist und rein Geistigem. Letzteres hat einen höheren und würdigeren Rang als die anderen. Der, der den Dingen auf den Grund geht, bemerkt auch, daß es manches gibt, was sich verändert und vergeht, das nämlich, was an die Erde gebunden ist. Anderes wiederum verändert sich zwar, vergeht aber nicht, was wir das Himmlische nennen. So fällt auf, daß es auch etwas gibt, was sich weder verändert noch vergeht, sprich das, was jenseits von Himmel und Erde ist.

Wenn wir von diesen sichtbaren Dingen ausgehen, gelangen wir unmittelbar zur Betrachtung des mächtigen, weisen und guten Gottes. Wir erfassen Gott als einen, der ist, der lebt und erkennt. Gott ist rein geistig, unvergänglich und unveränderlich.

14. Nun können wir unsere Überlegungen noch im Blick auf die sieben Eigenschaften alles Geschaffenen fortsetzen. Sie belegen nämlich siebenfach die Macht, Weisheit und Güte Gottes. Es sind Ursprung, Größe, Vielheit, Schönheit, Fülle, Wirkweise und Ordnung zu unterscheiden.

Was die Erschaffung, Unterscheidung und Ausgestaltung im göttlichen Schöpfungswerk angeht, verweist uns der Ursprung der Dinge zunächst auf die Macht, die alles aus nichts erzeugt. Dann lenkt er unseren Blick auf die Weisheit, die alles klar zu unterscheiden vermag und auf die Güte, die alles so wunderschön und aus freien Stücken ausgestaltet.

Die Größe der Dinge bemißt sich nach Länge, Breite und Tiefe ihrer Masse und Kraft. Das zeigt sich auch darin, wie sich Licht ausbreitet. Die Größe mißt sich auch daran, wie etwas nach innen, wie lange und mit welcher Verteilung wirkt. Das verdeutlicht beispielsweise ein Feuer. Ganz klar spiegelt die Größe der Dinge die grenzenlose Macht, Weisheit und Güte des dreieinen Gottes wider. Auch wenn Gott sich darin nicht erschöpft, er ist in allem da, durch seine Macht, Gegenwart und sein Wesen.

Auch die Vielheit der Dinge, eine menschlich nicht faßbare Vielfalt an Substanzen, Formen oder Gestalten und Wirkweisen, zeigt überdeutlich die Unermeßlichkeit göttlicher Macht, Weisheit und Güte. Die Schönheit der Dinge verkündet dies ebenso: das vielfältige Spiel des Lichts, der Formen und Farben, ob jetzt bei den einfachen, kombinierten oder komplexeren Dingen, also den Himmelskörpern, den Mineralien, den Steinen, Metallen, Pflanzen und Tieren. Göttliches wird auch erkennbar in der Fülle der Dinge. Materie ist nämlich voll dynamischer Kraft, aus der Formen hervorgehen, die wiederum Kräfte freisetzen und voller Wirkmöglichkeiten stecken. Wie unterschiedlich sich Dinge – im natürlichen, im künstlichen, wie auch im moralischen Bereich – auswirken, zeigt die Unermeßlichkeit jener Kraft, Kunst und Güte, die auf vielfältigste Art und Weise aller Dinge *Daseinsursache, Erkenntnisgrund und Lebensordnung* ist.

Schließlich läßt uns die Ordnung im Buch der Schöpfung – wie lange etwas andauert, wo es sich befindet und worauf es wirkt, ebenso was früher oder später kommt, höher oder tiefer liegt, edler oder gewöhnlicher ist – klar erkennen, daß Gott wirklich Anfang, Tiefe und Würde schlechthin ist. So drängt sich uns die Unendlichkeit göttlich-schöpferischer Macht geradezu auf. Die Unermeßlichkeit seiner Weisheit zeigt sich in der Ordnung der göttlichen Gesetze, Gebote und Urteile, die wir in der Heiligen Schrift finden. Die Ordnung der göttlichen Sakramente, der guten Taten und Wiedergutmachungen, die sich in der Kirche zeigt, belegt die Unermeßlichkeit seiner Güte. So führt uns diese Ordnung also ganz offensichtlich zum Ersten, Höchsten, Mächtigsten, Weisesten und Besten überhaupt.

15. Wer das trotz der Deutlichkeit nicht erkennt, ist blind.
Wer durch solchen Lärm nicht wach wird, ist taub.
Wer Gott deswegen nicht lobt, ist stumm.
Wer alle diese Indizien prüft und
sich dem Anfang aller Dinge nicht zuwendet, ist ein Dummkopf.
Öffne also deine Augen,
neige dein geistiges Ohr,
löse deine Lippen und
schließ auf dein Herz,
damit du deinen Gott in der gesamten Schöpfung
sehen, hören, loben, lieben und
anbeten, verehren und rühmen kannst.
Die Erde wird sich sonst wider dich erheben!
Aus dem Grund wird nämlich die ganze Welt
gegen die Toren zum Kampf antreten (vgl. Weish 5,20).
Denen aber, die ihre Sinne dafür öffnen,
wird sie Ehre erweisen.
Und sie werden mit dem Psalmisten sprechen:
Du hast mich durch deine Taten froh gemacht;
Herr, ich will jubeln über die Werke deiner Hände (Ps 92,5).
Herr, wie zahlreich sind deine Werke!
Mit Weisheit hast du sie alle gemacht,
die Erde ist voll von deinen Geschöpfen (Ps 104,24).

Kapitel 2 Mit allen Sinnen leben

Die Betrachtung Gottes *in* der Wahrnehmung

1. Wir können Gott in der Schöpfung wie durch einen Spiegel erfahren. Diese Begegnung ist nicht nur *durch* seine Spuren möglich, sondern auch *in ihnen*. Gott ist nämlich in Form seines Wesens, seiner Kraft und seiner Gegenwart in der Welt da. Das führt uns einen Schritt weiter. Deshalb ist es die zweite Stufe, auf der wir Gott *im* Prozeß unserer Wahrnehmung, nämlich wie wir die Dinge sinnlich in uns aufnehmen können, betrachten.

2. Wir können folgendes festhalten: Die Welt um uns, Makrokosmos genannt, begegnet uns Menschen, dem sogenannten Mikrokosmos, durch die fünf Sinne. Durch diese Tore nehmen wir etwas bzw. jemanden wahr, wir freuen uns an dieser Wahrnehmung, und wir beurteilen sie anschließend. Ein Beispiel dazu: In unserer Welt gibt es einige Dinge, die etwas erzeugen, andere, die erzeugt sind, und noch mal andere, die über beiden stehen. Die, die etwas hervorbringen, sind einfach, wie beispielsweise die Himmelskörper und die vier Elemente. Denn alles, was natürlich entsteht, muß aus diesen Elementen entstehen, und zwar durch die Kraft des Lichts, das die Gegensätzlichkeit der Elemente in den zusammengesetzten Dingen vereint. Die erzeugten Dinge setzen sich aus den Elementen zusammen, wie beispielsweise die Mineralien, Pflanzen, Tiere und Menschen. Das, was diese beiden Kategorien übersteigt, nennen wir das Geistige. Das Geistige ist entweder ganz an einen Körper gebunden, wie bei den Tieren, oder zwar körperlich gebunden, aber doch auch trennbar, wie bei den geistigen Wesen, oder auch ganz unabhängig von einem Körper, wie bei himmlischen Wesen. Diese nennen wir »Engel«, die Philosophen sagen zu ihnen »Geistwesen«. Die Philosophen meinen auch, daß diese »Geistwesen« die Gestirne bewegen können, weshalb ihnen im Weltall das Regiment zugeschrieben wird. Von Gott, der über allem steht, empfangen sie eine Kraft, die sie ihrerseits gemäß ihrer führenden Funktion weiterleiten, was sich insbesondere auf den natürlichen Bestand aller Dinge bezieht. Die Theologen meinen, daß die Engel speziell deswegen über die Welt herrschen sollen, um sie mit Gott zu versöhnen. Aufgrunddessen

werden sie *dienende Geister* genannt, *ausgesandt, um denen zu helfen, die das Heil erben sollen* (Hebr 1,14).

3. Wir Menschen, die sogenannte »Welt im Kleinen«, besitzen fünf Sinne. Das Wissen um »die Welt da draußen« tritt wie durch fünf Tore in uns ein. Die Augen nehmen alle Dinge auf, die sich in der Luft befinden, Licht empfangen und farbig sind, während wir durch das Tasten Festes und Irdenes, durch die drei mittleren Sinne alles, was dazwischenliegt, in uns einlassen. Flüssiges nehmen wir durch das Schmecken, Luftiges durch das Hören und Gase, die etwas Feuchtes, Luftiges, Feuriges oder Warmes an sich haben, durch das Riechen in uns auf. Das beobachten wir beispielsweise, wenn wir wohlriechende Stoffe verbrennen.

Durch diese Tore, unsere Sinne, nehmen wir also sowohl einfache wie auch komplexere Objekte in uns auf. Es handelt sich aber nicht nur um einzelne Sinne, wie beispielsweise Licht, einen Ton, den Duft, den Geschmack und über den Tastsinn die vier Grundeigenschaften (kalt, warm, feucht, trocken). Wenn es aber um Dinge wie Zahl, Größe, Gestalt, Ruhe und Bewegung geht, sind mehrere Sinne beteiligt. Schon Aristoteles meint, *alles, was sich bewege, werde durch etwas anderes in Bewegung versetzt.* Einige setzen sich selbst in Bewegung und kommen wieder zur Ruhe, wie die Tiere. Durch diese fünf Sinne nehmen wir die Bewegungen von Körpern wahr und können dadurch die »geistigen Motoren« erkennen, ebenso wie wir über eine Wirkung auf die Ursachen schließen können.

4. Im Wahrnehmungsprozeß nehmen wir also die gesamte äußere Welt in ihren drei Erscheinungsformen in uns auf. Durch die Tore der fünf Sinne treten diese äußeren Dinge in uns ein. Ich betone, daß nicht die Substanz der Dinge selbst in uns eingeht, sondern die Bilder, die wir uns von ihnen machen. Zunächst bilden sie sich in einem Medium, nähern sich dann dem entsprechenden Teil des Körpers, und zwar von außen nach innen, und werden von dort ins Wahrnehmungsvermögen weitergeleitet. Unsere Wahrnehmung besteht also immer aus diesen Schritten: im Medium bildet sich etwas ab, das sich dem Menschen nähert, in ihn eindringt und schließlich von ihm wahrgenommen wird.

5. Dieser Prozeß löst Freude bzw. Genuß aus, wenn etwas beispielsweise Spaß macht. Wir freuen uns entweder aufgrund der Schönheit, so beim Sehen, oder wegen der Lieblichkeit, so beim Riechen und Hören, oder weil es für uns paßt, so beim Schmecken und Tasten. Genuß und Freude ist immer eine Frage von Proportionen, d.h. eines bestimmten Verhältnis-

ses zwischen Empfänger und Original. Das Bild, das im Wahrnehmungsprozeß als erstes entsteht, beinhaltet Gestalt, Energie und Wirkweise bzw. Verhalten, und zwar jeweils im Bezug auf den Ursprung, dem es entspringt, das Medium, das es vermittelt und das Ziel, auf das es sich auswirkt. Die Proportion, die sich auf das Bild bezieht, insofern es die Gestalt angeht, nennen wir Schönheit. *Was die Zahl angeht, ist Schönheit dabei nichts anderes als Übereinstimmung.* Augustin meint auch, daß *eine bestimmte Anordnung der Teile mit lieblichen Farben verbunden ist.* Die Proportionen können wir auch sehen, soweit es um Kraft und Energie geht. Wir nennen das lieblich bzw. süß, denn die einwirkende Kraft überfordert den Empfänger nicht, was der Proportion nicht entsprechen würde. Unsere Sinne vertragen das Übermäßige nämlich nicht, genießen aber das Ausgewogene. Was Verhalten und Aufeinander-Einwirken angeht, ist dann etwas angemessen, wenn es dem Bedürfnis des Empfängers entspricht, mit anderen Worten, ihn heilt und nährt. Am deutlichsten wird das beim Schmecken und Tasten.

Wenn uns also etwas Angenehmes begegnet und wir uns daran freuen, nehmen wir es in uns als ein Abbild auf. Wir freuen uns in dreifacher Weise daran.

6. Wenn wir etwas wahrgenommen und genossen haben, beurteilen wir es. Dabei schätzen wir nicht nur ein, ob etwas schwarz oder weiß ist – das besorgt nämlich bereits die einzelne Sinnesart –, ob etwas nützt oder schadet – das ist Sache des inneren Sinnes –, sondern wir fragen nach dem Grund, warum etwas Spaß macht. In diesem Schritt geht es also um den Grund der Freude, die mit der Sinneswahrnehmung entsteht.

Und was begründet nun Schönheit, Lieblichkeit und Gesundheit? Der Grund liegt, wie ich finde, in einer ausgewogenen Beziehung. Diese Ausgewogenheit gleicht sich im Großen wie im Kleinen. Wenn sich die Dimensionen verändern, weitet sie sich nicht aus, noch unterliegt sie einer Abfolge oder paßt sich Dingen an, die vergehen oder sich verändern.

Diese Beziehung oder Proportion ist also von Ort, Zeit und Bewegung unabhängig und somit unveränderlich, unbegrenzt, endlos und etwas völlig Geistiges. Wenn wir also etwas beurteilen, vollzieht sich etwas, das die Sinneseindrücke gereinigt und in abstrakter Form zum Verstand weiterleitet. So tritt die ganze Welt durch das Tor der Sinne und die beschriebenen drei Prozesse in unser Inneres ein.

7. Hier haben wir überall Spuren, *in* denen wir unseren Gott betrachten können. Denn wenn wir etwas wahrnehmen, führt uns das Abbild, das

sich im Medium bildet und dann den menschlichen Sinnesorganen einprägt, durch genau diesen Eindruck zu seinem Original, d.h. zu dem, was es eigentlich zu erkennen gilt. So hat das ewige Licht aus sich ein Bild oder einen Abglanz gezeugt, der von gleicher Art, gleicher Substanz und ebenso ohne Anfang ist. Dies ist *das Ebenbild des unsichtbaren Gottes* (Kol 1,15), *der Abglanz seiner Herrlichkeit und das Abbild seines Wesens* (Hebr 1,3). Am Anfang vom Vater gezeugt, ist es überall gegenwärtig, wie das Abbild im Medium ganz da ist. Dann wurde es eins mit dem Menschen Jesus, vergleichbar dem Abbild, das das körperliche Sinnesorgan erreicht. Eins mit dem Menschen, wollte er uns zum Vater als dem Urquell und Original schlechthin zurückführen. Wenn also alles Wahrnehmbare sein Abbild erzeugt, so spiegelt sich darin quasi die ewige Zeugung des Wortes, Bildes und Sohnes Gottes, des ewigen Vaters.

8. Parallel dazu verweisen uns schöne, liebliche und wohltuende Abbilder, an denen wir uns freuen, darauf, daß in dem Abbild Schönheit, Lieblichkeit und Wohlsein selbst wohnen. Das Abbild entspricht nämlich ganz dem Schöpfer, ja es ist ihm gleich. In ihm fließt die Kraft nicht aufgrund von »Einbildungen«, sondern aufgrund echter Wahrnehmung. In ihm geschieht eine Berührung, die jedes Bedürfnis des sich öffnenden Menschen heilt, sättigt und befriedigt. Wenn also »Genuß bzw. Freude dort ist, wo sich das verbindet, was zusammenpaßt«, und wenn nur Gottes Abbild Schönheit, Lieblichkeit und Wohlsein in Fülle zukommt, wenn es schließlich in einer Wahrheit, Intimität und Fülle eins wird, wie wir sie uns nicht vollständiger vorstellen können, dann können wir ganz klar nur in Gott allein grundlegende und wahre Freude erfahren. Immer und überall, wo wir uns freuen, werden wir auf die Spur wahrer Freude geführt.

9. Noch besser und direkter kann uns die menschliche Fähigkeit, etwas zu beurteilen, zur ewigen Wahrheit führen. Der Verstand leitet nämlich unser Urteil. Er abstrahiert dabei von Ort, Zeit, möglicher Veränderung und daher auch von Quantität, Abfolge und Wandel. Dabei ist der Verstand unveränderlich, unbegrenzbar und ohne Ende. Völlig unveränderlich, unbegrenzbar und ohne Ende aber ist nur das Ewige. Alles Ewige aber ist identisch mit Gott oder von Gott umfangen.

Wenn wir nun alles, was wir beurteilen, auf diese Art und Weise mit größerer Gewißheit beurteilen, ist klar, daß Gott selbst der Dinge Grund, ihre unerschütterliche Ordnungsstruktur und ihr wahres Licht ist. In diesem Grund findet sich alles in unfehlbarer, unauslöschlicher, unbezweifelbarer, unwiderlegbarer, unveränderlicher, unendlicher, unteilbarer und geistiger Weise wieder.

Nach den Gesetzen des Verstandes beurteilen wir alles ganz klar, was wir durch unsere Sinne wahrnehmen. Wer etwas wahrnimmt und diese Gesetze anwendet, kann sich nicht irren. Diese Gesetze sind über jeden Zweifel erhaben. Wer an sie denkt, dem sind sie unauslöschlich eingeprägt, so als hätte er sie stets gegenwärtig. Sie sind nicht zu widerlegen und zu beurteilen, weil, wie Augustin sagt, *niemand über sie, sondern durch sie urteilt.* Sie können nur unveränderlich und unerschütterbar, sprich notwendig, unbegrenzbar, sprich schrankenlos, und ohne Ende, sprich ewig, sein. Und aus dem Grund dürfen sie nicht teilbar, also geistig und nicht körperlich, und nicht erschaffen, sondern ungeschaffen sein. Also müssen sie in der »ewigen Kunst« ewig Bestand haben. Von ihr, durch sie und nach ihrem Vorbild ist alles Schöne gestaltet. Nur durch sie können wir also sicher urteilen. Sie ist nicht nur das Modell, dem alles übrige folgt. Sie bewahrt es vielmehr und scheidet es auch voneinander. Die »ewige Kunst« ist sozusagen das, was in allem die Ur-Gestalt erhält und die Ordnungsstruktur angibt. Durch sie beurteilen wir alles, was uns durch die Sinne erreicht.

10. Wir können unsere Überlegungen nun noch dadurch ausweiten, indem wir die sieben verschiedenen Zahlenkategorien betrachten. Wir können sie als Leiter benutzen, auf der wir stufenweise Gott entgegensteigen. In seinem Werk *Die wahre Religion* und im sechsten Buch seiner Schrift *Die Musik* unterscheidet Augustin sieben Arten von Zahlen. Sie steigen von allem, was wahrgenommen werden kann, zum Schöpfer aller Dinge auf, um in allem Gott sichtbar werden zu lassen.

Augustin meint, Gegenstände, besonders aber Töne und Laute, bestünden aus Zahlen; letztere nennt er *Klangzahlen.* Andere seien von diesen losgelöst und würden unsere Sinnesorgane erreichen, die sogenannten *Ereigniszahlen.* Andere gingen auf unseren Körper in Gebärden und Tanz über, die *Ausdruckszahlen* . Die *Sinneszahlen* bestimmten alles Genießen, das sich aus der aufmerksamen Zuwendung dem wahrgenommenen Abbild gegenüber ergebe. Außerdem gebe es noch die *Gedächtniszahlen,* die unser Gedächtnis bestimmen, und schließlich die *Urteilszahlen*, die das alles beurteilen und sich, wie gesagt, nicht irren und nicht beurteilt werden können, da sie über uns stehen müssen. Sie prägen in uns auch die *Kunstzahlen*, die Augustin allerdings den *Urteilszahlen* zurechnet. Aus diesen *Kunstzahlen* fließen wiederum die *Ausdruckszahlen*, aus denen die zahllosen Kunstwerke gestaltet werden. Auf diese Weise steigen die Zahlen geordnet von den höchsten über die mittleren zu den niedrigsten ab. Und umgekehrt führt der Weg stufenweise von den *Sinneszahlen* über die *Ereigniszahlen* zu den *Gedächtniszahlen* empor.

Alles ist also von Schönheit geprägt und in gewisser Weise ein Genuß. Ohne die rechte Proportion, das rechte Verhältnis, gibt es aber keine Schönheit und keinen Genuß. Und diese Proportion läßt sich als erstes in den Zahlen festmachen. Deshalb muß alles an den Zahlen liegen. Somit *ist die Zahl das Urbild schlechthin im Geiste des Schöpfers.* Was die Dinge angeht, ist sie die Spur zur Weisheit. So ist die Zahl überall und kommt Gott am nächsten. Ganz nah führt sie – gleichsam in sieben Stufen – in Gott hinein und schafft es, daß wir Gott mit unseren Sinnen in allen Dingen erkennen. Denn wir nehmen Zahlen wahr, freuen uns an ihrer gegenseitigen Zuordnung und urteilen absolut sicher mittels der Gesetze, die durch das Verhältnis der Zahlen bestimmt werden.

[Zusammenfassung von Stufe 1 und 2]

11. Diese beiden ersten Stufen des *Itinerarium* werden durch die beiden Flügel des Seraphs symbolisch dargestellt, die bis zu den Füßen herabreichen. So können wir lernen, daß alle Geschöpfe zum ewigen Gott führen, wenn wir aufmerksam hinschauen. Denn alles ist ein Schatten, Widerhall und Abbild des allerersten, mächtigsten, weisesten und allerbesten Anfangs, dieses ewigen Ursprungs und Lichts, der ewigen Fülle, der Kunst, die alles verursacht, modelliert und lenkt. Die gesamte Schöpfung ist Spur, Gestalt und Inszenierung, die uns vorgeführt wird, um Gott zu schauen. Sie ist ein von Gott gegebenes Zeichen. Ich möchte sagen: alles Geschaffene ist Abbild oder noch besser Abgebildetes, das den Unbedarften über die Sinneswahrnehmung zum unsichtbaren Geistigen führen soll. Durch die Zeichen führt der Weg zu dem, was damit gemeint ist.

12. Diese geschaffene Welt verweist auf die unsichtbare Wirklichkeit Gottes (vgl. Röm 1,20). Gott ist nämlich aller Dinge Anfang, Modell und Ende. Jede Wirkung aber ist Zeichen für den, der sie verursacht. Jedes Modell steht für das Original und jeder Weg für das Ende, auf das er zuläuft. Diesen Zeichencharakter trägt die Schöpfung in sich, weil sie so ist, wie sie ist, weil es so prophezeit worden ist, weil es Engel bewirken oder auch weil es von Menschen so festgelegt wurde. Jedes Geschöpf ist nämlich gewissermaßen von Natur aus Abbild und Gleichnis der ewigen Weisheit. Besonders gilt das für das in der Schrift prophezeite Vorbild alles Geistlichen. Es gilt aber noch mehr für alles, was durch Engel vermittelt

ist. In ganz besonderer Weise aber wollte Gott das als Zeichen festlegen, was mehr ist als ein sogenanntes Zeichen, nämlich die Sakramente.

13. Aus all dem können wir schließen, wie von Anfang an
Gottes unsichtbare Wirklichkeit durch alles Geschaffene erkennbar ist.
Wer das nicht sieht und Gott in all dem nicht erkennt, preist und liebt,
ist *unentschuldbar* (Röm 1, 20).
Er will sich nämlich nicht *aus der Finsternis*
in sein wunderbares Licht geleiten lassen (1 Petr 2, 9).
Gott aber sei Dank durch Jesus Christus, unseren Herrn (1 Kor 15, 57),
denn durch ihn sind wir wieder in der Lage,
in diesen unseren inneren Spiegel zu blicken,
in dem Göttliches aufstrahlt.

KAPITEL 3

Die psychischen Kräfte des Menschen

Die Betrachtung Gottes *durch* Gedächtnis, Verstand und Wille

1. Auf den ersten beiden Stationen haben uns Gottes Spuren also dem Ziel schon näher gebracht. Sie bringen uns dorthin, wo wir wieder zu uns selbst kommen, in unser Inneres, wo Gottes Bild so deutliche Konturen annimmt. Im dritten Kapitel verlassen wir gleichsam den Vorhof des Tempels[7] und treten in den vorderen Tabernakel, in das Heiligtum, ein, wo wir versuchen sollen, Gott zu schauen. Wie auf einem hohen Leuchter erstrahlt auf unserem Antlitz das Licht der Wahrheit. In uns leuchtet das Bild des allerglücklichsten, dreifaltigen Gottes.

Komm ganz zu dir selbst! Schau, wie sehr du dich selbst liebst! Du kannst dich aber nicht lieben, wenn du dich nicht kennst. Du kennst dich nicht, wenn du keine Erinnerung an dich hast. Wir können nämlich nichts verstehen, woran wir uns nicht erinnern. Daraus folgern wir mit dem »Auge unseres Verstandes«[8] – nicht mit unseren physischen Augen –, daß der Mensch drei psychische Fähigkeiten besitzt. Betrachte also Funktion und Mechanismus dieser Fähigkeiten, dann wirst du durch dich, wie durch ein Bild, Gott erkennen können. Es ist so, als ob du durch einen geheimnisvollen Spiegel blicken würdest.[9]

2. Die Funktion des Gedächtnisses besteht darin, nicht nur das Gegenwärtige, Gegenständliche und Zeitliche zu speichern und wieder ins Bewußtsein zu rufen, sondern auch alles, was aufeinander folgt, was einfach und auch das, was immer so ist, wie es ist. Vergangenes speichert es durch

7 Der jüdische Tempel ist nach Exodus 25–27 in drei Teile aufgeteilt: den äußeren Vorhof bzw. das Atrium, das Zelt bzw. den Tabernakel, der schließlich durch einen Vorhang von der Bundeslade abgeteilt ist.

8 Hugo von St. Viktor unterscheidet drei »Augen« des Menschen: das körperliche Auge, das Verstandesauge und das geistliche Auge.

9 1 Kor 13,12: *Jetzt schauen wir in einen Spiegel und sehen nur rätselhafte Umrisse, dann aber schauen wir von Angesicht zu Angesicht.*

Erinnern, Gegenwärtiges durch Wahrnehmen und Kommendes durch Vorausschauen.

Es speichert Einfaches wie den Punkt, den Augenblick oder die Einheit, alles Quantitätsprinzipien, ohne die wir uns an nichts erinnern oder an etwas denken könnten. Außerdem speichert es wissenschaftliche Prinzipien, die immer gelten. Ein vernünftiger Mensch kann diese nämlich nicht vergessen. Er muß ihnen zustimmen. Es ist, als hörte er sie nicht zum erstenmal. Sie erscheinen uns wie angeboren und sind uns vertraut. Das wird klar, wenn wir Sätze wie »Etwas kann nur bekräftigt oder abgelehnt werden«, oder »Das Ganze ist größer als ein Teil«, oder irgendein anderes Axiom hören, dem *aus einem inneren Grund* nicht zu widersprechen ist.

Aufgrund der ersten Funktion, alles Zeitliche, Vergangene, Gegenwärtige wie Zukünftige aktuell zu speichern, spiegelt das menschliche Gedächtnis die Ewigkeit wider. Die unteilbare Gegenwart der Ewigkeit weitet sich nämlich über alle Zeiten aus.

Die zweite Funktion macht deutlich, daß das Gedächtnis nicht nur von außen durch die Wahrnehmung, sondern auch von oben geprägt wird, da es einfache Formen enthält, die nicht durch die Tore der Sinne und die Wahrnehmungsbilder zustande gekommen sein können.

Die dritte Funktion zeigt, daß es in unserem Gedächtnis ein Licht gibt, das sich nicht verändert. In diesem Licht erinnern wir unwandelbare Wahrheiten.

Diese Möglichkeiten des Gedächtnisses verweisen darauf, daß wir Menschen Bild und Gleichnis Gottes sind. Gott ist dem Menschen so nahe! Wir tragen Gott so in uns, daß wir ihn tatsächlich begreifen. Kraft unseres Gedächtnisses *sind wir Gott nah und können an Gott teilhaben.*

3. Die Funktion des Verstandes ist es, Begriffe, Sätze und Schlußfolgerungen zu verstehen. Der Verstand erfaßt die Bedeutung eines Begriffes, wenn er erkennt, wie er definiert ist. Definiert muß etwas aber durch übergeordnete Begriffe werden, die wiederum ihrerseits durch übergeordnete definiert sind. Schließlich kommen wir zu den übergeordnetsten und allgemeinsten Begriffen. Wenn wir diese nicht verstehen, können wir auch die untergeordneten Begriffe nicht eindeutig klären. Kennen wir das Sein an sich nicht, dann sind wir auch nicht in der Lage, irgend etwas Konkretes klar zu definieren. Das Sein an sich können wir aber nur begreifen, wenn wir es beschreiben: es ist eins, es ist wahr und es ist gut.

Dieses Sein können wir für etwas Ganzes und Unvollständiges halten,
für unvollkommen und vollkommen,
für etwas Tatsächliches und etwas nur Mögliches,
für relativ und absolut, für ein Stück und das Ganze,
für vorübergehend und bleibend,
für hergeleitet und selbständig,
für durchwachsen mit Nichtsein und Sein pur,
für abhängig und losgelöst,
für etwas, das später und früher ist,
für wandelbar und unwandelbar,
für einfach und zusammengesetzt.

Negatives können wir nur auf dem Hintergrund des Positiven erkennen, wie schon Averroes sagt. Deshalb kann unser Verstand nichts völlig erklären, wenn er keine Ahnung von dem reinsten, realsten, vollendetsten und absoluten Sein hat, das das Sein an sich ist, das ewig Seiende, das in sich den Samen aller Dinge trägt, so, wie sie eigentlich sind. Wie sollten wir auch wissen, ob etwas defekt oder unvollständig ist, wenn wir das Sein, das ohne jeden Defekt ist, nicht kennten? Dasselbe läßt sich von den anderen Eigenschaften sagen. Wir glauben, der Verstand begreife nur dann den Sinn eines Satzes ganz, wenn er sicher wahr ist. Und nur solch ein Begreifen sei echtes Begreifen, weil es nicht fehlgehen könne. Wir wissen, daß das so sein muß, d.h. unabänderlich ist. Der menschliche Verstand aber unterliegt dem Wandel. Deshalb kann er diese Wahrheit, die da unabänderlich aufleuchtet, nicht sehen, es sei denn, irgendein Licht strahlte unabänderlich auf, was wiederum über der Schöpfung stehen müßte. Wir verstehen also überhaupt nur in dem Licht, das *jeden Menschen erleuchtet, der in diese Welt kommt*. Und das ist *das wahre Licht* und *das Wort, das im Anfang bei Gott war* (Joh 1,1.9).

Worum es bei einer Schlußfolgerung geht, erkennt unser Verstand schließlich wahrheitsgemäß, wenn wir sehen, daß sich die Folgerung zwingend aus dem Vorhergehenden ergibt. Das ist aber nicht nur bei zwingenden Schlußfolgerungen so. Zum Beispiel sagen wir: Wenn jemand läuft, bewegt er sich. Das ist so, nicht nur, wenn es diese Dinge tatsächlich gibt, sondern auch wenn es sie nicht gibt. Dieser Satz gilt nämlich, ob es diesen Menschen jetzt gibt oder nicht: Wenn jemand läuft, bewegt er sich. Die Schlußfolgerung »lebt« also nicht von der wirklichen Existenz, die Grenzen hat, oder einer geistigen Existenz, was nichts anderes als eine Fiktion wäre. Die Wahrheit einer Schlußfolgerung ergibt sich aus dem Urbild in der »ewigen Kunst«, nach dem alles zueinander paßt und so zueinander steht, wie es sich in der »ewigen Kunst« darstellt.

Wie schreibt Augustin in der *Wahren Religion*: Wenn jemand seinen Verstand wirklich gebraucht, wird sie oder er von dieser Wahrheit gepackt und versucht auch, wieder zu ihr zurückzukommen. So ist es ganz offensichtlich, daß unser menschlicher Verstand mit der ewigen Wahrheit verbunden ist. Denn wir können ohne sie nichts mit Gewißheit als wahr begreifen. Diese Wahrheit kannst du also in dir entdecken. Sie lehrt dich, wenn Leidenschaften und Phantastereien dich nicht dabei behindern und sich wie Wolken zwischen dich und die Wahrheit schieben.

4. Wir besitzen außerdem die Begabung, Entscheidungen zu treffen. Wenn wir überlegen, urteilen und nach etwas verlangen, handelt es sich um diese Fähigkeit. Überlegen bedeutet, zu untersuchen, ob das eine besser als das andere ist. Wir bezeichnen etwas nur deshalb als besser, weil es sich dem Besten annähert. Das geschieht aber nur, wenn sich etwas mehr und mehr angleicht. Also weiß niemand, ob das eine besser als das andere ist, wenn er nicht feststellt, welches der beiden dem Besten ähnlicher ist. Nun weiß aber niemand, ob etwas einem anderen mehr gleicht, wenn er dieses andere nicht kennt. Ich weiß ja nicht, ob einer dem Peter ähnlich ist, wenn ich von Peter nichts weiß oder ihn nicht kenne. Also muß jeder, der überlegt, eine Ahnung vom höchsten Gut haben.

Wenn wir überlegen, erreichen wir aber nur dann ein sicheres Urteil, wenn wir uns auf ein Gesetz stützen. Das tun wir aber nur, wenn wir auch sicher sind, daß das Gesetz richtig ist und selbst nicht beurteilt werden muß. Wir urteilen aber über uns selbst. Das Gesetz aber, das wir für unser Urteil anwenden, können wir nicht beurteilen. Es steht über uns. Und wir urteilen so damit, wie es in uns angelegt ist. Da über dem menschlichen Geist aber nur sein Schöpfer steht, berühren wir beim Urteilen, wenn es ganz auf den Grund der Dinge geht, die göttlichen Gesetze.

Unser Sehnen gilt in erster Linie dem, was uns am meisten bewegt. Am meisten bewegen uns aber die Dinge, die wir am meisten lieben. Wir lieben es am meisten, glücklich zu sein. Glücklich sind wir aber nur dann, wenn wir das Beste und Äußerste erreichen. Unser Sehnen richtet sich also nur deshalb auf etwas, weil es das höchste Gut ist oder sich nach ihm ausrichtet oder ihm irgendwie gleicht. Ja, wir können überhaupt nichts lieben, wenn wir uns nicht nach dem höchsten Gut sehnen. So wichtig und stark ist das höchste Gut. In jedem Fall täuschen wir uns, wenn wir meinen, sein Abbild und seine Darstellung wären das Wirkliche. Wie nahe sind wir also Gott! Und schau, wie dich dein Gedächtnis der Funktion nach zur Ewigkeit, dein Verstand zur Wahrheit und deine Entscheidungskraft zum höchsten Gut hinführen.

5. Funktion, Ursprung und gegenseitige Beziehung dieser menschlichen Begabungen vereinen uns mit dem allerglücklichsten, dreifaltigen Gott. Das Gedächtnis gebiert nämlich die Erkenntnis wie ein Kind. Denn wir verstehen immer dann etwas, wenn ein Bild aus dem Gedächtnis ins Bewußtsein springt. Und dieses Gedächtnisbild ist nichts anderes als ein Wort. Gedächtnis und Verstand beleben die Liebe, die beide verbindet. Der Geist, der alles hervorbringt, das Wort und die Liebe, diese drei, sind in uns als Gedächtnis, Verstand und Wille angelegt. Sie teilen dasselbe Wesen, die gleiche Art und sind gleich alt. Sie durchdringen und umfangen einander. Wenn Gott daher der vollendete Geist ist, muß zu ihm auch Gedächtnis, Verstand, Wille und ebenso das Wort, das gezeugt ist, und die Liebe, die gehaucht ist, gehören. Sie müssen sich unterscheiden – zwar nicht dem Wesen und auch nicht dem Äußeren nach, aber der Person nach –, weil eins vom anderen herkommt.

Wenn wir uns also selbst betrachten, betrachten wir durch uns selbst gleichsam wie durch einen Spiegel das Glück der göttlichen Gemeinschaft des Vaters, des Wortes und der Liebe. Diese drei Personen teilen die Ewigkeit, Art und Wesen in gleicher Weise miteinander. Und zwar ist es so, daß eine die andere durchdringt und trotzdem eine nicht identisch ist mit der anderen. Diese drei aber »wohnen« in dem einen Gott.

6. Wenn wir durch die Kräfte unserer Psyche, die Gott widerspiegeln, den dreifaltigen und einen Ursprung betrachten, sind uns die wissenschaftlichen Erkenntnisse besonders hilfreich. Die Wissenschaften vervollständigen und üben nämlich diese unsere drei Begabungen und versinnbildlichen auf dreifache Weise den allerglücklichsten dreifaltigen Gott.

Jede Art von Philosophie läßt sich nämlich entweder den Naturwissenschaften, den Geisteswissenschaften oder der Ethik zuordnen. Erstere beziehen sich auf den Grund allen Seins und führen von daher zur schöpferischen Macht des Vaters hin. Zweitere beschäftigen sich mit dem Grund allen Erkennens und führen deswegen auf die Weisheit des WORTES hin. Bei der dritten Art der Philosophie, der Ethik, geht es um die Regeln des Verhaltens, was uns zur Güte des Heiligen Geistes bringt.

Die Naturwissenschaften unterteilen sich in Metaphysik, Mathematik und Physik. In der Metaphysik geht es um das Wesen der Dinge, in der Mathematik um Zahlen und Formen, und in der Physik um die Naturkräfte, die Energien und darum, wie etwas auf das andere wirkt. So führt also erstere zum Urgrund schlechthin, dem Vater, die zweite zu seinem Abbild, dem Sohn, und die dritte zum Geschenk des Heiligen Geistes.

Die zweite Art der Philosophie, die Geisteswissenschaften, läßt sich in die Grammatik einteilen, die uns befähigt, uns auszudrücken, in die Logik, die uns in die Kunst der Beweisführung einführt, und in die Rhetorik, die uns dazu vorbereitet, andere zu überzeugen und zu motivieren. Auch hier deutet sich in ähnlicher Weise das Geheimnis des allerglücklichsten, dreifaltigen Gottes an.

Die Ethik differenziert sich in Individual-, Familien- und Gesellschaftsethik. Von daher weist die erste darauf hin, daß die Ur-Quelle ohne Anfang ist, die zweite, daß der Sohn die Zusammengehörigkeit begründet, und die dritte, daß der Heilige Geist frei macht.

7. Diese Wissenschaften benutzen allesamt sichere und unfehlbare Regeln, die uns wie Lichter oder Strahlen von einem ewigen Gesetz her treffen. Aus dem Grund sind wir, wenn wir nicht blind dafür geworden sind, wirklich von solch einem Lichtglanz umgeben, daß wir durch uns selbst das ewige Licht betrachten können.

Die Strahlung dieses Lichtes führt
die Weisen, die sich ihr aussetzen, zum Staunen,
die Dummen aber, die sich dem Glauben nicht öffnen, um zu begreifen,
führt sie in das Durcheinander.
So soll sich das Wort des Propheten erfüllen:
Von den ewigen Bergen her
strahlst du wunderbar auf.
All die, die von Herzen dumm sind,
werden durcheinander kommen.

Kapitel 4 »Ihr seid der Tempel Gottes«

Die Betrachtung Gottes in der Erfahrung von Glaube, Hoffnung und Liebe

Wir betrachten Gott in seinem Abbild, das er aus freien Stücken neu gestaltet hat

1. Nicht nur *durch* unsere äußeren Erfahrungen schauen wir also den Urgrund. Wir können ihn auch *in uns* betrachten. Und das bringt uns auf dem Weg weiter und steht damit höher, also auf der vierten Stufe. Allerdings ist erstaunlich, daß nur so wenige den Urgrund in sich selbst erkennen können, obwohl Gott uns, wie beschrieben, so nahe steht. Die Begründung dafür liegt auf der Hand. Sorgen lenken die Menschen ab. Sie denken nicht daran, bei sich selbst einzukehren. Alle möglichen Vorstellungen benebeln unseren Verstand dermaßen, daß wir nicht zu uns kommen. Von Gier verführt, finden wir auch durch die Sehnsucht nach innerer Süße und spiritueller Erfüllung nicht mehr zu uns heim. So ist der Mensch völlig im Äußeren gefangen und unfähig, zu sich, als dem Bild Gottes, zu kommen.

2. Solange aber niemand kommt und einem aufhilft, muß der, der gefallen ist, liegen bleiben. Wir hätten uns nicht ganz aus der Verstrickung befreien und zur Schau unserer selbst und der ewigen Wahrheit kommen können, wenn diese Wahrheit nicht in Christus menschliche Gestalt angenommen und uns so eine Brücke geschlagen hätte. So hat er die erste Brücke, die in Adam zerbrochen war, erneuert. Und wären wir noch so begabt und gebildet, nur mit Hilfe Jesu Christi können wir zu uns selbst finden. Er sagt uns: *Ich bin die Tür; wenn jemand durch mich eintritt, wird er gerettet werden; er wird ein- und ausgehen und Weide finden* (Joh 10,9). So können wir in uns selbst Gott genießen.[10]

10 Vgl. Ps 37,4: *Freu dich innig am Herrn! Dann gibt er dir, was dein Herz begehrt.*

Dieser Tür nähern wir uns aber nur, wenn wir an ihn glauben, auf ihn hoffen und ihn lieben. Wenn wir also die Frucht der Wahrheit kosten wollen, dann müssen wir den Weg des Glaubens, der Hoffnung und der Liebe zu Jesus Christus, dem Mittler zwischen Gott und Mensch, dem paradiesischen Baum des Lebens[11], gehen[12].

3. Wir sollten also die drei theologischen Tugenden anziehen und dadurch rein, licht und vollkommen werden. Und so werden wir neugestaltet, dem himmlischen Jerusalem gleich. Wir werden ein Teil der engagiert-aktiven Kirche, die nach Paulus ein Kind des himmlischen Jerusalems ist: *Das himmlische Jerusalem aber ist frei, und dieses Jerusalem ist unsere Mutter.* Der Mensch also, der an Jesus Christus, das menschgewordene, ungeschaffene und inspirierte Wort Gottes glaubt, auf ihn hofft und ihn liebt, wird erneuert. Denn er ist *der Weg, die Wahrheit und das Leben.*

Wer nämlich gläubig auf Christus vertraut, das ungeschaffene Wort, das Wort und den Abglanz des Vaters, der kann wieder auf spirituelle Weise »hören« und »sehen«. Er kann hören, um Christi Botschaft aufzunehmen, und sehen, um das Strahlen seines Lichtes zu betrachten.

Wer aber voll Hoffnung das inspirierte Wort empfangen will, kann durch Zuwendung und Sehnsucht wieder auf spirituelle Art »riechen«.

Umfangen wir liebevoll das fleischgewordene Wort, um von ihm mit Freude beschenkt und in ekstatischer Hingabe in es verwandelt zu werden, können wir wieder »schmecken« und »tasten«.

Wenn wir die Sinne neu geöffnet haben, dann sehen, hören, riechen, kosten und umfangen wir den Bräutigam und können wie die Braut das Hohe Lied singen, das auf dieser vierten Stufe komponiert wurde und uns jetzt als Betrachtungsübung dienen soll.

Diese Stufe erklimmt niemand, außer er empfängt sie.[13] Hier geht es nämlich mehr um eine affektive Erfahrung als um rationales Überlegen. Wenn wir nun auf der vierten Stufe die inneren Sinne erneuert haben, können wir das Schöne auf vollkommenste Weise wahrnehmen, Klänge

---

11 Vgl. Gen 2,9: *Gott, der Herr, ließ aus dem Ackerboden allerlei Bäume wachsen, verlockend anzusehen und mit köstlichen Früchten, in der Mitte des Gartens aber den Baum des Lebens und den Baum der Erkenntnis von Gut und Böse.*

12 Vgl. 1 Tim 2,5: *Einer ist Gott, einer auch Mittler zwischen Gott und den Menschen: der Mensch Jesus Christus.*

13 Offb 2,17: *Wer Ohren hat, der höre, was der Geist den Gemeinden sagt: Wer siegt, dem werde ich von dem verborgenen Manna geben. Ich werde ihm einen weißen Stein geben, und auf dem Stein steht ein neuer Name, den nur der kennt, der ihn empfängt.*

auf vollkommenste Weise hören, Wohlriechendes auf vollkommenste Weise riechen, die Süße auf vollkommenste Weise schmecken und das Angenehme auf vollkommenste Weise spüren. Nach den drei Versen des Hohenliedes der Liebe werden wir zu diesem Höhepunkt menschlicher Erfahrung fähig, indem wir uns hingeben, staunen und uns von Herzen freuen. Der erste Freudenschrei löst sich aus überfließender Hingabe, in der wir einer Duftwolke von Spezereien aus Myrrhe und Weihrauch gleichen. Der zweite fließt aus der tiefsten Bewunderung, in der wir der Morgenröte, dem Mond und der Sonne gleichen. Und der dritte entspringt dem absoluten Überfluß der Freude, durch den wir von lieblichstem Vergnügen erfüllt sind und uns völlig auf unseren Geliebten stützen[14].

4. Wenn wir dies erreicht haben, werden wir innerlich »hierarchisch« geordnet, um gleichsam zum himmlischen Jerusalem aufzusteigen. Dorthin dringt niemand vor, es sei denn, wer aus Gnade vorher ganz tief in seinem Herzen ist, wie es in der Geheimen Offenbarung des Johannes beschrieben wird.[15] Jemand ist aber dann ganz tief in seinem Herzen, wenn er durch die Erneuerung des Abbildes, die theologischen Tugenden, den Genuß der spirituellen Sinne und ekstatischen Erfahrungen »hierarchisch« geworden ist. »Hierarchisch« ist gleichbedeutend mit rein, hell und vollkommen. In demselben Prozeß erscheinen in uns abgestuft auch neun Ebenen. Im Innern [des himmlischen Jerusalems] gibt es nämlich klar gegliedert Verkündigung, Anweisung, Führung, Beauftragung, Stärkung, Herrschaft, Annahme, Offenbarung und Salbung.

Diese entsprechen Stufe für Stufe den neun Chören der Engel. Beim Menschen beziehen sich die drei ersten auf die Natur, die nächsten drei auf das, was wir uns selber schaffen, und die letzten drei auf das, was uns geschenkt wird. Wenn wir all das erfahren und in uns selbst einkehren, dringen wir in das himmlische Jerusalem ein, wo wir die Chöre der Engel schauen und in ihnen Gott selbst, der ihnen innewohnt und alles, was sie tun, vollbringt. Deshalb meint Bernhard [von Clairvaux] im Gespräch mit Eugen [Papst Eugen III]: *In den Seraphim liebt Gott als Liebe, in den Kerubim erkennt er als Wahrheit, auf den Thronen residiert er als Gerechtig-*

14 Vgl. Hld 8,5 f.: *Wer ist sie, die aus der Steppe heraufsteigt, auf ihren Geliebten gestützt? Unter dem Apfelbaum hab' ich dich geweckt, dort, wo deine Mutter dich empfing, wo deine Gebärerin in Wehen lag. Leg mich wie ein Siegel auf dein Herz, wie ein Siegel an deinen Arm! Stark wie der Tod ist die Liebe …*

15 Vgl. Offb 21,2: *Ich sah die heilige Stadt, das neue Jerusalem, von Gott her aus dem Himmel herabkommen; sie war bereit wie eine Braut …*

keit, in den Herrschaften dominiert er als Majestät, in den Fürsten regiert er als Anfang von allem, in den Mächten beschützt er als Heil, in den Kräften wirkt er als Kraft, in den Erzengeln zeigt er sich als Licht, in den *Engeln unterstützt er als Frömmigkeit.*[16] Wenn wir Gott so betrachten, schließen wir aus all dem, daß er alles in allem ist.[17]

Er wohnt in allen Menschen, wo seine Liebe sich verteilt und überströmt.

5. Die Betrachtung der Heiligen Schrift, die von Gott kommt, ist an dieser Stelle unseres Weges ganz besonders und vor allem anderen wichtig – wie die Philosophie im vorigen Kapitel. Die Heilige Schrift behandelt nämlich in erster Linie das Werk der Versöhnung und Erneuerung. Deswegen geht es hauptsächlich um Glaube, Hoffnung und Liebe, durch die wir Menschen die Kraft zur Erneuerung haben. Ein ganz besonderes Gewicht hat dabei die Liebe. Paulus nennt sie ja das Ziel der Unterweisung, wenn sie *aus reinem Herzen, guten Gewissen und ungeheucheltem Glauben* kommt.[18] Die Liebe ist die *Erfüllung des Gesetzes,*[19] wie er sagt. Und Jesus selbst hat betont, das ganze Gesetz und die Propheten hingen an diesen beiden Geboten, nämlich Gott und den Nächsten zu lieben.[20] Diese beiden konkretisieren sich in dem einen Bräutigam der Kirche, Jesus Christus, der zugleich Nächster und Gott, Bruder und Herr, König und Freund, das Wort, das nicht geschaffen und doch Mensch geworden ist, unser Gestalter und Reformator, das Alpha und das Omega ist. Jesus ist der Hierarch ohnegleichen. Er macht seine Braut, und zwar die gesamte Kirche und jeden heiligen Menschen, rein, hell und vollkommen.

---

16 Bernhard von Clairvaux (1091–1153) adressierte diese Zeilen an Papst Eugen III. (im Amt 1145–1153).

17 Vgl. 1 Kor 15,28: *Wenn ihm dann alles unterworfen ist, wird auch er, der Sohn, sich dem unterwerfen, der ihm alles unterworfen hat, damit Gott herrscht über alles und in allem.*

18 Vgl. 1 Tim 1,5: *Das Ziel der Unterweisung ist Liebe aus reinem Herzen, gutem Gewissen und ungeheucheltem Glauben.*

19 Röm 13,10: *Die Liebe tut dem Nächsten nichts Böses. Also ist die Liebe die Erfüllung des Gesetzes*

20 Vgl. Mt 22,34–40: … *Meister, welches Gebot im Gesetz ist das wichtigste?* … *Du sollst den Herrn, deinen Gott, lieben mit ganzem Herzen, mit ganzer Seele und mit all deinen Gedanken* … *Ebenso wichtig ist das zweite: Du sollst deinen Nächsten lieben wie dich selbst. An diesen beiden Geboten hängt das ganze Gesetz samt den Propheten.*

6. In der gesamten Heiligen Schrift geht es um den »Hierarchen« und die kirchliche Hierarchie. Durch die Schrift können wir lernen, rein, hell und vollkommen zu werden, ganz gemäß dem dreifachen Weg, der in ihr aufgezeigt wird, nämlich der Natur, der Schrift und der Gnade.

Wir können es vielleicht noch besser an ihren drei Hauptteilen erkennen: das mosaische Gesetz, das rein macht, die Offenbarung der Propheten, die erhellt, und die Lehre des Evangeliums, die vollkommen macht.

Am allerbesten zeigt es sich in der dreifachen spirituellen Bedeutung: der tropologischen, die zum rechten Verhalten anleitet, der allegorischen, die eindeutiges Verstehen ermöglicht und der anagogischen, die durch ekstatische Erfahrungen und den tiefsten Genuß der Weisheit zur Vollkommenheit führt. Die drei bereits erwähnten »theologischen Tugenden«, die erneuerten geistlichen Sinne und die soeben besprochenen drei höheren geistlichen Erfahrungen und »hierarchischen Ordnungen« entsprechen diesem Vorgang.

All diese Prozesse führen uns zurück in unsere Mitte, wo wir Gott im Lichtglanz der Heiligen betrachten und uns wie auf einem Bett in Frieden schlafen legen und ruhen[21].

Dabei beschwört uns der Bräutigam, nicht aufzustehen, bis sein Wille nicht geschieht.[22]

[Zusammenfassung von dritter und vierter Stufe]

7. Die beiden mittleren Stufen unseres Aufstiegs führen uns zur Betrachtung Gottes in uns selbst. Als spiegelten sie uns die Abbilder, die wir in der Schöpfung vorfinden – gleichsam wie die zwei mittleren zum Flug ausgespannten Flügeln des Seraphs –, so ermöglichen sie uns die Erkenntnis, daß wir Menschen durch unsere natürlichen Fähigkeiten ins Göttliche geführt werden. Auf der dritten Stufe wird dies darin deutlich, wie diese Fähigkeiten in sich funktionieren, wie sie sich zueinander verhalten und wissenschaftlich äußern. Auf der vierten Stufe führen uns unsere erneuerten geistigen Fähigkeiten. Dies zeigt sich in den Tugenden, die uns geschenkt sind, den spirituellen Sinnen und geistigen Extremerfahrungen.

Außerdem geleiten uns »hierarchische Hilfen« – d.h. daß wir Menschen rein, hell und vollkommen gemacht werden – und die »hierarchischen Offenbarungen« der Heiligen Schriften. Die Engel haben sie uns ge-

21 Vgl. Ps 4,9: *In Frieden leg' ich mich nieder und schlafe ein; denn du allein, Herr, läßt mich sorglos ruhen.*

22 Vgl. Hld, 2,7: ... *beschwöre ich euch, Jerusalems Töchter: Stört die Liebe nicht auf, weckt sie nicht, bis es ihr selbst gefällt.*

schenkt, wie Paulus sagt: *Das Gesetz wurde durch Engel erlassen und durch einen Mittler bekannt gegeben* (Gal 3,19c). Und so werden wir durch diese heiligen und »hierarchischen Ordnungen« geführt, die dem himmlischen Jerusalem entsprechend in uns angelegt sind.

8. Wenn wir von all dem erhellt und erfüllt sind, werden wir wie das Haus Gottes von göttlicher Weisheit bewohnt.

Wir sind zur Tochter Gottes,
zur Braut und Freundin,
zum Glied am Haupt, Christus,
zur Schwester und zum Bruder und Miterben,
aber auch zum Tempel des Heiligen Geistes
erbaut worden.
Sein Fundament ist der Glaube,
Hoffnung richtet ihn auf,
Heiligkeit des ganzen Menschen weiht ihn ganz Gott.

Das alles wächst aus einer ganz und gar echten Liebe zu Christus, die *ausgegossen ist in unsere Herzen durch den Heiligen Geist, der uns gegeben ist.* Ohne den Geist vermögen wir den verborgenen Gott nicht zu kennen. *Wer von den Menschen kennt den Menschen, wenn nicht der Geist des Menschen, der in ihm ist? So erkennt auch keiner Gott – nur der Geist Gottes* (1 Kor 2,11).

Wir sollten also
in der Liebe wurzeln und gründen,
damit wir *mit allen Heiligen*
dazu fähig sein können,
die Länge der Ewigkeit,
die Weite der Freundlichkeit,
die Höhe der Majestät
und die Tiefe der alles beurteilenden Weisheit Gottes *zu ermessen*
und die Liebe Christi zu verstehen,
die alle Erkenntnis übersteigt (vgl. Eph 3,18 f.)

KAPITEL 5

SEIN und NICHTSEIN oder »Ich bin der Ich-bin-da!«

Die Betrachtung der Einheit Gottes durch das SEIN

Wir betrachten die Einheit Gottes mit Hilfe des Begriffs des SEIN

1. Die Kontemplation Gottes ist nicht nur außen und innen, sondern auch über die Erfahrung des Menschen hinaus möglich: *außen* führen uns die Spuren, *innen* das Abbild und *über* uns das Licht unseres Geistes, das Licht der ewigen Wahrheit. Schon Augustin sagt, daß *wir Menschen der Wahrheit entsprechend geschaffen sind.*

Wer sich in der ersten Stufe geübt hat, ist bereits in den Vorhof des Tempels getreten. Wer auf der zweiten Stufe Erfahrungen gesammelt hat, ist im Heiligtum angekommen. Wer nun die dritte Stufe erreicht hat, dringt mit dem Hohenpriester in das Allerheiligste vor, wo glorreiche Kerubim über der Bundeslade thronen und ihren Schatten über den Altar werfen. In den beiden Kerubim sehen wir zwei Perspektiven oder Stufen, von wo aus wir das, was an Gott unsichtbar und ewig ist, betrachten können. Die eine Art der Kontemplation konzentriert sich auf das Sein Gottes, die andere auf das, was die göttlichen Personen betrifft.

2. Die erste Stufe der Kontemplation beschäftigt sich zunächst und hauptsächlich mit dem SEIN selbst. Gott wird zuerst als der benannt, *der ist.*[23] Danach wenden wir uns dem Guten an sich zu. Gott wird zuerst gut genannt. Beim ersten Schritt beziehen wir uns auf das Alte Testament, das das Einssein Gottes ganz besonders betont. Mose ist ja gesagt worden: *Ich bin der »Ich-bin-da«*. Beim zweiten Schritt bewegen wir uns im Neuen Testament, das durch die Taufe im *Namen des Vaters, des Sohnes und des*

23 Vgl. Ex 3,14: *Da antwortete Gott dem Mose: Ich bin der »Ich-bin-da«. Und er fuhr fort: So sollst du zu den Israeliten sagen: Der »Ich-bin-da« hat mich zu euch gesandt.*

Heiligen Geistes mehrere göttliche Personen festlegt. So verband Christus, unser Lehrer, im Gespräch mit dem gesetzestreuen jungen Mann, dem er den Weg zur Vollkommenheit des Evangeliums zeigen wollte, Gott in erster Linie und unzweideutig mit dem Guten. *Niemand ist gut außer Gott, dem Einen* (Lk 18, 19). Damaszen schließt sich also in folgender Aussage Mose an: *Gott ist zuerst der, der ist.* Dionysius aber folgt Christus, wenn er feststellt: *Als erstes ist Gott gut.*

3. Willst du also den unsichtbaren Gott betrachten, so wie er ist, bedenke das SEIN selbst. Schau, das SEIN selbst ist in sich so absolut gewiß, daß es undenkbar wäre, es könnte nicht existieren. Das Sein in abstraktester Form kann uns nämlich nur als völliger Gegenpol zum Nichts begegnen. Ebenso ist NICHTS genau der Gegensatz zum SEIN.

Wie das NICHTS überhaupt nichts vom SEIN und seiner Ausgestaltung hat, so hat parallel dazu das SEIN nichts vom NICHTS, weder tatsächlich noch potentiell, weder in Wirklichkeit noch unserer Einschätzung nach. Da das NICHTS ein Mangel an Sein ist, nehmen wir es nur durch das Sein wahr. Denn alle wahrnehmbare Wirklichkeit verstehen wir entweder als NICHTS oder als tatsächliches oder potentielles Sein.

Wenn also NICHTS nur durch SEIN verstanden werden kann und potentielles Sein nur durch das tatsächliche, SEIN also die reine Wirklichkeit bezeichnet, dann nehmen wir Sein als erstes wahr und dieses Sein ist reine Wirklichkeit, purer Akt. Dabei kann es sich auch nicht um ein spezielles Seiendes handeln, da dies immer mit potentiellen Entwicklungen vermischt wäre. Es wäre ein beschränktes Sein. Es könnte sich auch nicht um analoges Sein handeln, das ja nichts Wirkliches ist und vom SEIN sehr weit weg ist. Bei diesem Sein kann es sich also nur um das göttliche SEIN handeln.

4. Wie seltsam, daß unser Verstand dafür blind ist! Wir bedenken das nicht, was wir zuerst wahrnehmen und ohne das wir überhaupt nichts erkennen können. Aber so, wie das Auge vor lauter Farben das Licht selbst nicht sieht, das ihm die Wahrnehmung ja erst ermöglicht, so erkennt unser geistiges Auge, das so von speziellen und allgemeinen Dingen belagert wird, das SEIN selbst nicht. Es gehört ja zu keiner bestimmten Gattung. Und das ist so, obwohl uns das SEIN zuerst begegnet. Erst durch das SEIN begegnen uns alle anderen Dinge. Von daher gebe ich Aristoteles vollkommen recht, wenn er sagt: *Wie das Auge der Fledermaus auf Licht reagiert, so reagiert unser geistiges Auge auf das, was ist.*

Da wir Menschen uns an das Dunkel der konkreten Welt und die Sinnesvorstellungen angepaßt haben, meinen wir, nichts zu sehen, wenn wir das Licht des höchsten SEIN schauen. Wir begreifen einfach nicht, daß dieses Dunkel die höchste Form menschlicher Erleuchtung ist[24], so wie unser Auge, wenn wir direkt ins Licht schauen, auch meint, nichts zu sehen.

5. Betrachte also dieses reinste SEIN, wenn du es kannst, und du wirst merken, daß du gar nicht darüber nachdenken kannst, als wäre es ganz woanders her. Und deshalb muß es ohne Ausnahme als erstes gedacht werden, das weder aus dem NICHTS noch anderswoher sein kann. Was hängt schon von sich selber ab? Nur das SEIN an sich ist durch sich und aus sich selbst.

Du kommst auch nicht um die Erkenntnis herum, daß ihm Nichtsein gänzlich fehlt. Aus diesem Grund hat es weder Beginn noch jemals ein Ende. Es ist ewig. Außerdem wirst du merken, daß es nichts, aber auch gar nichts beinhalten kann, es sei denn das SEIN selbst. Daher kann es auch mit nichts anderem zusammengesetzt sein. Es ist ganz einfach.

Dir fällt auch auf, daß es keine Entwicklungsmöglichkeiten besitzt. Jede Möglichkeit trägt etwas vom NICHTS in sich. Es ist deshalb das Wirklichste überhaupt. Du wirst auch keine Defizite oder Schwächen beobachten. So ist es das Vollkommenste. Schließlich stellst du in ihm keinerlei Unterschiede fest. Also ist es ganz eins. Sein also, das rein, einfach und absolut ist, ist das erste, ewige, einfachste, wirklichste, vollkommenste und völlig eine SEIN.

6. Dies ist so sicher, daß sich kein vernünftiger Mensch das SEIN an sich anders vorstellen könnte. Die eine Eigenschaft schließt die andere notwendig mit ein.

Weil es das SEIN schlechthin ist, ist es also einfach das erste.
Weil es einfach das erste ist, wird es von nichts anderem verursacht,
noch konnte es aus sich selbst wachsen; weshalb wir es ewig nennen.
Und so geht es weiter:
Weil es zuerst und ewig ist, besteht es auch nicht aus anderen Teilen.
Also ist es unübertrefflich einfach.
Weil es zuerst, ewig und äußerst einfach ist,
sind keine Übergänge vom Möglichen zum Wirklichen vorhanden.
Folglich ist es das Wirklichste.
Weil es das erste, ewige, einfachste und wirklichste ist,
ist es das vollkommenste, dem nichts abgeht noch hinzufügt werden
kann.

24 Ps 139,11 f.: *Würde ich sagen: »Finsternis soll mich bedecken, statt Licht soll Nacht mich umgeben«, auch die Finsternis wäre für dich nicht finster, die Nacht würde leuchten wie der Tag, die Finsternis wäre wie Licht.*

Weil es das erste, ewige, einfachste, wirklichste und vollkommenste ist,
ist es auf höchste Weise eins.
Wenn ich das im Überschwang sage, gilt das für alles. Schon Aristoteles sagt:
Was in Überfülle ausgesagt wird, kann nur einem einzigen zukommen.
Wenn »Gott« also das erste, ewige, einfachste, wirklichste und vollkommenste SEIN bezeichnet, ist es einfach unmöglich, sich vorzustellen,
»Gott« gebe es nicht oder »Gott« wäre nicht ein einziger.
Höre, Israel! Jahwe, unser Gott, Jahwe ist einzig.
Wenn du das mit purer Geisteseinfalt wahrnimmst,
wird Dich ewiges Licht durchdringen.

7. Aber es kommt noch besser! Das SEIN selbst ist nämlich zuerst und zuletzt, ewig und ganz gegenwärtig, überaus einfach und groß, uneingeschränkt wirklich und in keinster Weise wandelbar, durch und durch vollkommen und alles übersteigend, es ist auf höchste Weise eins und dennoch alles. Grund genug, das einfach zu bewundern! Wenn du weitergehst, wird's noch klarer. Gerade, weil es zuerst ist, ist es auch zuletzt. Weil es zuerst ist, schafft es alles um seiner selbst willen. Und deshalb muß es das letztendliche Ziel, Anfang und Ende, Alpha und Omega sein.[25]

So ist es ganz gegenwärtig, weil es ewig ist. Da es nämlich ewig ist, stammt es weder von einem anderen ab, noch verfällt es von sich aus und verformt sich auch nicht von einem zum anderen. Es kennt also weder Vergangenheit, noch Zukunft. Dieses SEIN ist nur Gegenwart. So ist es unbeschreiblich groß, weil es ganz einfach ist. Da es durch und durch einfach ist, besitzt es die größte Kraft. Je geeinter, umso unbegrenzter ist die Kraft.

So ist es völlig unveränderlich, weil es absolut wirklich ist. Da es reine, aktuelle Wirklichkeit ist, ist es reiner Akt. Als solches kommt nichts Neues dazu, noch weicht es von einem erreichten Zustand ab. Und deshalb ist es unveränderlich.

So ist es unermeßlich, da es absolut vollkommen ist. Weil es nämlich absolut vollkommen ist, können wir uns nichts Besseres, Edleres oder Würdevolleres, und deswegen auch nichts Größeres vorstellen. Als solches muß es unermeßlich sein.

So ist es allseitig, da es in höchster Weise eins ist. Weil es so eins ist, ist es das allgemeine Prinzip aller Vielheit. Und deshalb bewegt es allgemein

25 Vgl. Offb 1,8: *Ich bin das Alpha und das Omega, spricht Gott, der Herr, der ist und der war und der kommt, der Herrscher über die ganze Schöpfung.*

alle Dinge, ist deren Modell und vollendendes Ziel. So ist es der *Urgrund allen Seins, allen Erkennens und die Lebensordnung schlechthin.* Es ist also allumfassend, nicht im Sinne eines gemeinsamen Wesens aller Dinge, sondern im Sinne eines bewegenden Grundes aller übrigen Wesensarten. Dieser Beweggrund ist superexzellent, bezieht sich auf absolut alles und genügt in jeder Hinsicht. Die Kraft dieses SEIN ist in ihrer Effizienz auf höchste Weise völlig unbegrenzt und äußerst vielfältig.

8. Fassen wir zusammen. Da SEIN ganz rein und absolut, also SEIN schlechthin ist, ist es zuerst und zuletzt. Daher ist es die Quelle aller Dinge und ihr vollendendes Ziel.

Ewig und ganz gegenwärtig, ist es jenseits und doch ganz innerhalb jeder zeitlichen Dauer. Es ist sozusagen die Zeitmitte und zugleich deren Begrenzung.

Ganz einfach und überaus groß, ist es sowohl völlig innerhalb wie außerhalb aller Dinge. Und deshalb ist es *etwas Geistiges, dessen Mitte überall und dessen Begrenzung nirgends ist.* Völlig wirklich und unveränderlich, *bleibt es stabil und bewegt doch alles.*

Unvergleichlich vollkommen und unermeßlich, ist es in allem, aber nicht gefangen; außerhalb, doch nicht ausgeschlossen, über allem, doch nicht erhöht, unter allem und doch nicht unten liegend.

Weil es aber ganz eins und alles ist, ist es *alles in allem* (1 Kor 15,28), egal, ob mit »alles« »viel« gemeint ist und es selbst eins ist. Aufgrund der ganz einfachen Einheit, der völlig reinen Wahrheit und dem Guten, das makellos ist, besitzt dieses SEIN alle Kraft, Modellhaftigkeit und Kommunikation. *Denn aus ihm und durch ihn und auf ihn hin ist die ganze Schöpfung* (Röm 11,36). Und das ist so, weil es allmächtig, allwissend und in jeder Hinsicht gut ist. Wenn du das ganz begreifst, wirst du glücklich sein. So ist es auch Mose gesagt worden: *Ich will meine ganze Schönheit vor dir vorüberziehen lassen.*[26]

26 Vgl. Ex 33,18–23: *Dann sagte Mose: Laß mich doch deine Herrlichkeit sehen! Der Herr gab zur Antwort: Ich will meine ganze Schönheit vor dir vorüberziehen lassen und den Namen des Herrn vor dir ausrufen. Ich gewähre Gnade, wem ich will, und ich schenke Erbarmen, wem ich will. Weiter sprach er: Du kannst mein Angesicht nicht sehen, denn kein Mensch kann mich sehen und am Leben bleiben. Dann sprach der Herr: Hier, diese Stelle ist da! Stell dich an diesen Felsen! Wenn meine Herrlichkeit vorüberzieht, stelle ich dich in den Felsspalt und halte meine Hand über dich, bis ich vorüber bin. Dann ziehe ich meine Hand zurück, und du wirst meinen Rücken sehen. Mein Angesicht aber kann niemand sehen.*

Kapitel 6 Vom Glück der Enteignung oder wie gut Gott ist

Die Betrachtung Gottes im Guten

Das Gute: ein anderes Wort für Gott Wie unvergleichlich glücklich die Trinität ist

1. Um den einen Kerub – der sich auf das SEIN an sich konzentriert – den anderen an die Seite zu stellen, sollten wir die allerglücklichste Trinität nun »kontuitiv«[27] betrachten. Wie das SEIN selbst, das alles übrige erkennen hilft, Uranfang und Name für die Schau des göttlichen Seins ist, so ist das Gute selbst die allererste Basis, um auf das zu schauen, was aus Gott fließt.

2. Also paß auf: Das Allerbeste ist das, was wir uns einfach nicht besser vorstellen können. Und das ist so, weil wir NICHTSEIN als solches gar nicht denken können, da SEIN natürlich besser ist als NICHTSEIN. Außerdem ist dem, was unser Denken übersteigt, drei und eins zuzuordnen. Denn *vom* GUTEN *sagen wir, daß es sich mitteile, daß es ausströme.* Das höchste Gut teilt sich also zur Gänze mit. Bei dieser äußersten Form der Kommunikation muß es sich aber um eine Mitteilung handeln, die tatsächlich geschieht und authentisch ist, die substantiell und persönlich ist, Natur und Wille entspricht, frei und gebunden, ohne Fehl und vollkommen ist. Würde das höchste Gut nicht ständig und tatsächlich in sich ein genaues Abbild seiner selbst schaffen, und wäre dieses Abbild nicht ebenso edel wie das, was es zeugt bzw. haucht – das bedeutet, daß es in ihm einen Geliebten und einen Mitgeliebten, einen Gezeugten und einen Gehauchten, also den Vater, den Sohn und den Heiligen Geist gibt –, dann handelte es sich auch nicht um das höchste Gut. Es verströmt sich bzw.

27 »contuitio« ist hier ein höchst interessanter Begriff. Im Vergleich zur Intuition kann die »Kontuition« die Zusammenhänge und Zusammenschau des Gesamten besser zum Ausdruck bringen.

teilt sich nämlich auf die wunderbarste Weise mit. Von daher können wir uns noch ein größeres Sich-Mitteilen vorstellen, wenn nämlich der, der teilt, dem anderen alles, Substanz und Natur, weitergibt. Fehlte der Sache oder unserem Verstand nach daran irgendetwas, wäre es also nicht das höchste Gut.

So kannst du mit deinem geistigen Auge das Gute in seiner reinsten Form (kontuitiv) erfassen. Es ist das bloße Geschehen bzw. die reine Tatsache der Urquelle, die bedingungslos und zugleich bedingt und beides kombinierend in liebevoller Liebe liebt. Es ist die natürlich und willentlich maßloseste Verteilung. Es geht dabei um die Kommunikation des Wortes, in dem alles ausgesprochen wird. Und es geht um die Kommunikation des Geschenkes, in dem alle anderen Geschenke enthalten sind. Von diesem unüberbietbaren Austausch, der sich im Guten vollzieht, müssen wir auf die Trinität des Vaters, des Sohnes und des Heiligen Geistes schließen. Da es das höchste Gut ist, muß in ihnen dichteste Kommunikation, aus dem Grund höchste Wesensgleichheit, wegen der wiederum höchste Gleichförmigkeit, darum auch höchste Gleichartigkeit und eben deshalb höchste »Gleichewigkeit« und aufgrund all des Genannten höchste gegenseitige Intimität herrschen. Dadurch geht der eine ganz in den anderen ein, und sie durchdringen sich gegenseitig ganz. Jeder wirkt mit dem anderen völlig zusammen, weil es keine Barrieren zwischen ihnen gibt bezüglich Substanz, Kraft und Wirksamkeit des dreifaltigen Gottes.

3. Wenn du dies überlegst, gib aber acht und denke nicht, du könntest das Unbegreifliche begreifen. Es gibt darüber hinaus noch einiges zu beachten, worüber du dich wundern wirst.

In der göttlichen Dreiheit vereinen sich nämlich intensivste Kommunikation mit individuellen Personen, maximale Wesensgleichheit mit pluraler Ausformung, höchste Gleichförmigkeit mit verschiedenen Persönlichkeiten, weitestgehende Gleichheit mit Abstufungen. Obwohl alle gleich ewig sind, fließt doch eins aus dem anderen. Größte gegenseitige Intimität vereint sich mit einer Sendung nach außen. Ist das alles nicht zum Staunen?

Wenn wir das erhabenste Gute bedenken, erkennen wir ohne jeden Zweifel, daß sich im dreifaltigen Gott all dies findet. Wenn in Gott nämlich höchste Einheit und wahre Trennung existieren, dann finden sich in ihm auch Ursprung und echte Unterscheidung. Weil aber alles kommuniziert bzw. geteilt wird und nicht nur ein Teil, so schenkt es sich ohne Vorbehalt ganz selbst. Einer fließt heraus und ein anderer gebiert. Sie unterscheiden sich nach ihren Eigenheiten und sind doch eins. Weil sie sich durch die Eigenheiten unterscheiden, haben sie also persönliche Eigenheiten, keine einheitliche Gestalt, eins, das aus dem Ursprung hervorgeht und keine zeitliche, sondern eine Rangordnung, die sich auf den Ursprung bezieht. Außerdem dringt etwas nach außen, was keine Ortsveränderung bedeutet, sondern eine Inspiration, die die schöpferische Quelle dem Gesandten ohne Bindung mitgibt. Da sie aber eins sind, müssen sie in Wesen, Gestalt, Würde, Ewigkeit, Dasein und Unbeschreiblichkeit eins sein.

Betrachten wir das jeweils für sich, reicht es aus, die Wahrheit zu erspüren. Es aber in ein Netzwerk von gegenseitigen Beziehungen zu bringen, wird uns tief beeindrucken. Deshalb müssen wir uns all das zugleich vor Augen halten, um uns voller Staunen auf eine wunderbare Kontemplation einzulassen.

4. Auch die einander zugewandten Kerubim verweisen darauf. Es ist Teil des Geheimnisses, daß sie sich über dem Altar von Angesicht zu Angesicht anblickten. So wird das johanneische Jesus-Wort wahr: *Das ist das ewige Leben: dich, den einzigen wahren Gott, zu erkennen und Jesus Christus, den du gesandt hast* (Joh 17,3). Es geht nämlich nicht nur darum, Gottes Wesen und das, was der jeweiligen Person eigen ist, in sich zu bewundern, sondern sie auch mit dem faszinierenden Einssein von Gott und Mensch in der Einheit der Person Christi zu vergleichen.

5. Als der eine Kerub betrachtest du nämlich das Wesen Gottes und wirst dich wundern!
Denn das göttliche Sein ist erstes und letztes zugleich,
ewig und ganz im Jetzt,
äußerst einfach und groß bzw. unbegrenzbar,
immer alles und niemals faßbar,
ganz verwirklicht und niemals bewegt,
überaus vollkommen, weder zu viel noch zu wenig,
und dennoch maß- und grenzenlos unendlich,
auf höchste Weise eins und doch allumfassend:
alle Kraft, alle Wahrheit und alles Gute.
Schau auf den Altar und staune:
In Christus ist das Erste mit dem Letzten verbunden,
Gott mit dem Menschen, der am sechsten Tag geschaffen wurde,
das Ewige mit der Zeitlichkeit des Menschen,
geboren aus der Jungfrau in der Fülle der Zeiten,
das Einfachste mit dem Komplexesten,
das gänzlich Verwirklichte mit dem, der am meisten litt und starb,

das überaus Vollkommene und Immense mit dem Bescheidenen,
das ganz Eine und Allesumfassende mit einem Individuum,
das sich aus verschiedenen Komponenten aufbaut
und vom Übrigen abgrenzt, nämlich mit dem Menschen Jesus.

6. Als der andere Kerub betrachtest du,
was den einzelnen Personen eigen ist
und du wirst dich wundern,
daß es ein Ineinanderfließen, das das je Eigene wahrt, gibt
daß es ein Einssein gibt, das die Vielfalt gleichermaßen zuläßt,
daß es eine gemeinsame Gestalt gibt,
die trotzdem die je eigene Persönlichkeit nicht verleugnet,
daß alle gleich, und doch einer Ordnung unterworfen sind,
daß alle ohne Anfang und Ende sind,
und doch einer die anderen hervorbringt,
daß sie sich unendlich nah sind und doch auseinandergehen.
Der Sohn wird nämlich vom Vater,
und der Heilige Geist von den beiden zugleich gesandt.
Dennoch ist der Geist ihnen immer nahe und verläßt sie nie.
Schau also auf den Ort des Bundes und wundere dich!
Christus ist nämlich eine Person,
besitzt aber drei Substanzen und zwei Naturen.
In ihm herrscht in jeder Hinsicht Übereinstimmung
trotz unterschiedlicher Meinungen;
Gott und Mensch drücken sich in ihm gleichzeitig aus
trotz der je eigenen Charakteristik.
Gemeinsam werden sie angebetet,
und doch geht es um vielerlei Werte.
Gemeinsam werden sie über alles verehrt,
und doch ist ihre Würde differenzierbar.
Gemeinsam regieren sie,
und doch sind ihre Kompetenzen aufgeteilt.

7. Dies ist der Höhepunkt menschlicher Betrachtung. Wie am sechsten Schöpfungstag sehen wir den Menschen, der nach dem Bild Gottes geschaffen ist. Wenn nämlich das Abbild eine ausdrückliche Ähnlichkeit ist, betrachten wir in Christus, dem Sohn und Abbild des von Natur aus unsichtbaren Gottes, unsere Menschlichkeit, und zwar auf so wunderbare Weise geehrt und unvorstellbar geeint. Wir erkennen in dem Einen den Anfang und das Ende, das Höchste und Tiefste, Peripherie und Zentrum,

A und O, Wirkung und Ursache, Schöpfer und Geschöpf, das innen und außen beschriebene Buch. Wir haben also auf dieser sechsten Stufe gleichsam wie am sechsten Schöpfungstag mit Gottes Hilfe den Höhepunkt, die Fülle der Erleuchtungen, erreicht.

Es bleibt nun nichts weiter als der Tag der Ruhe. In Ekstase ruht der Mensch und läßt alle geistige Spitzfindigkeit sein, *nachdem er sein ganzes Werk vollbracht hat.*

Kapitel 7 Vom Loslassen oder Eintauchen in Gottes lichtes Dunkel

Die mystische Ekstase läßt den menschlichen Verstand zur Ruhe kommen.
Die Gefühle gehen ganz in Gott auf.

1. Wir sind also sechs Schritte der Betrachtung gegangen. Diese Meditationen gleichen dem sechsstufigen Thron der Wahrheit Salomons. Friede kehrt dort ein, wo ein Mensch wahren Friedens im Frieden verweilt, als wäre er in der Stadt Gottes.

Ebenso gleichen diese Schritte den sechs Flügeln des Seraphs, mit deren Hilfe die wahren Kontemplativen voll göttlicher Weisheit aufsteigen können. Ich vergleiche sie auch mit den ersten sechs Tagen der Schöpfung, an denen wir uns zu üben haben, um schließlich den Sabbat der Ruhe zu genießen.

Wir haben Gott wahrgenommen
außerhalb
durch und *in* seinen Spuren,
innerhalb
durch und *in* seinem Abbild
und schließlich über uns
durch die Gleichheit göttlichen Lichts, das über uns erstrahlt,
und *in* dem Licht selbst.
Die Intensität dieser Erfahrung
ist von dem Wegabschnitt und unserer Übung abhängig.
Wenn wir also in der sechsten Stufe dort angekommen sind,
wo wir das erste und letzte Prinzip,
den Mittler zwischen Gott und Menschen,
Jesus Christus, betrachten,
dem kein anderes Geschöpf gleicht
und der all unser Begreifen weit übersteigt,

dann bleibt nun noch,
in der Betrachtung all das zu überschreiten,
nicht nur diese Welt, die wir mit allen Sinnen wahrnehmen können,
sondern auch uns selbst.
In diesem Übergang ist
Christus für uns *der Weg und die Tür* (vgl. Joh 10,7; 14,6).
Christus ist Leiter und Fortbewegungsmittel,
gleichsam der Altar der Lade Gottes
und *das von Ewigkeit her verborgene Geheimnis* (Eph 3,9),
das Sakrament schlechthin.

2. Wer diesem Christus, der am Kreuz hängt, in Glaube, Hoffnung und Liebe ganz zugewandt ist, schaut ihn mit Hingabe, Staunen, Lobpreis, Wertschätzung und Jubel. Wir feiern mit ihm das Pascha, den Übergang. Mit dem Stab des Kreuzes durchschreiten wir das Rote Meer, auf dem Weg aus Ägypten in die Wüste, wo wir das verborgene Manna kosten werden. Mit Christus ruhen wir, scheinbar tot, im Grab. Soweit es uns möglich ist, fühlen wir aber dabei mit, was dem mit Christus am Kreuz hängenden Dieb gesagt wurde: *Heute noch wirst du mit mir im Paradies sein* (Lk 23,43).

3. Auf dem hohen Berg, wo ich diese Dinge jetzt bedenke, machte Franziskus dieselbe Erfahrung. In kontemplativer Ekstase begegnete ihm der Seraph. Er hing am Kreuz und hatte sechs Flügel. Bruder Leo, sein damaliger Gefährte, erzählte mir und vielen anderen davon auf La Verna. In einer Art kontemplativer Ekstase ging Franziskus dort ganz in Gott auf und wurde uns so zum Beispiel vollkommener Kontemplation, wie er es schon vorher in der Aktion als ein zweiter Jakob und Israel (Gen 35,10) geworden war. Auf diese Weise lädt Gott durch ihn alle wirklich geistlichen Menschen zu solcher Verwandlung und Ekstase ein, weniger durch sein Wort als vielmehr durch sein Beispiel.

4. Soll diese Verwandlung aber vollkommen sein, müssen wir alle intellektuelle Anstrengung zurücklassen. Unser Empfinden muß ganz in Gott aufgehen. Unsere Gefühle sollen gleichsam in Gott hinein verwandelt werden.

Das ist jedoch ein mystischer Prozeß
und äußerst verborgen.
Niemand kennt das Geheimnis,
außer denen, die es empfangen (Offb 2,17).

Niemand empfängt es,
außer denen, die es in Sehnsucht erwarten;
niemand ersehnt es,
außer diejenigen, die das Feuer des Heiligen Geistes,
den Christus in diese Welt gesandt hat (Lk 12,49),
in ihrem Innersten gepackt hat.

Daher sagt Paulus, diese mystische Weisheit sei vom Heiligen Geist geoffenbart (vgl. 1 Kor 2,10 ff.[28]).

5. Die natürliche Konstitution kann dazu kaum etwas beitragen,
wenig nur die persönliche Anstrengung.
Wenig Bedeutung sollten wir der Nachforschung beimessen,
doch viel der Salbung,
wenig der sprachlichen Gewandtheit,
viel der inneren Freude.
Wenig sollten wir uns auf Wort und Schrift stützen,
voll und ganz aber auf das Geschenk Gottes,
den Heiligen Geist.
Wenig oder überhaupt nicht sollten wir uns auf das Geschaffene konzentrieren, ganz jedoch auf die schöpferische Kraft,
den Vater, den Sohn und den Heiligen Geist.
Mit Pseudo-Dionysios wenden wir uns an den dreifaltigen Gott:
Dreifaltiger Gott,
der du weit über allem bist,
sogar weit jenseits dessen, was wir uns unter Gott vorstellen können,
du allerbester Weisheitslehrer der Christen:
zeige uns den Weg hinauf zum Gipfel,
der ganz und gar unbekannt, strahlend hell und
von erhabener Schönheit ist;
dort sind neue und von allem bisherigen losgelöste und
unveränderliche Geheimnisse des Sprechens von Gott verborgen
im Dunkel, das doch überaus hell strahlt,
und in allertiefster, schwärzester Finsternis,

28 1 Kor 2,10–12: *Denn uns hat es Gott enthüllt durch den Geist. Der Geist ergründet nämlich alles, auch die Tiefen Gottes. Wer von den Menschen kennt den Menschen, wenn nicht der Geist des Menschen, der in ihm ist? So erkennt auch keiner Gott – nur der Geist Gottes. Wir aber haben nicht den Geist der Welt empfangen, sondern den Geist, der aus Gott stammt, damit wir das erkennen, was uns von Gott geschenkt worden ist.*

die dem Schweigenden Lehre erteilt.
Diese Lehre ist ganz und gar offenbar geworden und leuchtet über jedes Maß hinaus.
In ihr strahlt alles wider.
Sie erfüllt mit dem Glänzen unsichtbarer Geistesgaben völlig die unsichtbaren Geistwesen.

Das bezieht sich auf Gott. Uns aber sagt derselbe Autor:

Freund, geh mutig auf dem Weg mystischer Erfahrungen weiter.
Laß deine Sinne und den Verstand,
sichtbare und unsichtbare Dinge,
alles Nichtsein und Sein zurück.
Und in diesem Zustand des Nichtwissens
sei, so weit wie möglich, frei für die Einheit mit dem,
der über allem Sein und Wissen ist.
Wenn du dich selbst und alle Dinge
in unermeßlicher und absoluter Ekstase reinen Geistes
hinter dir läßt, alles losläßt und von allem frei bist,
wirst du zum Licht göttlicher Finsternis hinaufsteigen,
das weit über allem ist, was ist.

6. Suchst du aber eine Antwort darauf, wie das alles vor sich geht,
dann wende dich hin
zum Geschenk der Gnade, nicht zur Belehrung,
zur Sehnsucht, nicht zum Verstand,
zu seufzendem Beten, nicht belesenem Studium,
zum Liebhaber, nicht zum Lehrer,
hin zu Gott, nicht zum Menschen,
zur Dunkelheit, nicht zur Klarheit,
nicht zum Licht, sondern zum Feuer, das einen ganz erfaßt.
Dieses Feuer ist wie eine Salbung,
die einen zutiefst berührt, dich gefühlsmäßig entflammt
und in Gott hineinverwandelt.
Dieses Feuer ist Gott selbst.
In Jerusalem wird es in Brand gesetzt (Jes 31,9).
Christus hat es entzündet
in der Leidenschaft und Glut seines Leidens.
Das begreifen nur die, die sagen:
Erwürgt zu werden zöge ich vor,

den Tod diesem Totengerippe (Ijob 7,15).
Wer diesen Tod liebt, kann Gott begegnen.
Das ist nämlich sicherlich wahr:
Kein Mensch kann mich sehen und am Leben bleiben (Ex 33,20b).
Sterben wir also und gehen hinein ins Dunkel!
Bringen wir unser Sorgen, unsere Sehnsüchte
und unsere Vorstellungskraft
zur Ruhe!
Gehen wir mit dem gekreuzigten Christus
aus dieser Welt zum Vater.
Wenn sich der Vater uns zeigt,
können wir wie Philippus sagen: *Das genügt uns* (Joh 14,8c).
Mit Paulus hören wir dann: *Meine Gnade genügt dir* (2 Kor 12,b).
Und mit David laßt uns jubeln:
Auch wenn mein Leib und mein Herz verschmachten,
Gott ist der Fels meines Herzens,
und mein Anteil auf ewig (Ps 73,26)*!*
Gepriesen sei der Herr vom Anfang bis ans Ende der Zeiten.
Alles Volk soll sprechen: Es geschehe, es geschehe. *Amen* (Ps 106,46).

Hier endet des Menschen Wanderweg in Gott hinein.

Spiritualität im Alltag

Ruhe und Gelassenheit im Alltag finden

Wolfram Nugel

Alles in uns schweige

Erfahrungen der Stille

128 S., Pb., s/w-Abb., 11,7 x 22 cm, DM/sFr 22,80, öS 166,–, ISBN 3-532-62232-7

Wie kann ich in meinem Alltag mehr Gelassenheit und Ruhe finden, in der auch Gott Raum findet?

»Alles in uns schweige« ist ein kompetentes, praxisorientiertes Buch für alle, die christliche Meditation für sich entdecken wollen.

Die Lebenskraft der Bäume spirituell erfahren

Eckart Winter

Ich sehe die Menschen wie Bäume

Begegnungen mit einem Symbol des Lebens

88 S., Pb., s/w-Abb., 11,7 x 22 cm, DM/sFr 19,80, öS 145,–, ISBN 3-532-62235-1

Der Autor verknüpft alte Annäherungsweisen mit eigenen spirituellen Erfahrungen und ermöglicht so einen ganz neuen, umfassenden Zugang zu Bäumen als Mitgeschöpfen und Symbolen des Lebens.

Claudius Verlag · Birkerstraße 22 · 80636 München